Enfoques y métodos
en la enseñanza de idiomas

Enfoques y métodos en la enseñanza de idiomas

Jack C. Richards
Theodore S. Rodgers

Traducción de José M. Castrillo y María Condor

Edición española a cargo de
Álvaro García y Josep M. Mas

PUBLICADO POR THE PRESS SYNDICATE OF THE UNIVERSITY OF CAMBRIDGE
The Pitt Building, Trumpington Street, Cambridge, United Kingdom

CAMBRIDGE UNIVERSITY PRESS
The Edinburgh Building, Cambridge CB2 2RU, UK   http://www.cup.cam.ac.uk
40 West 20th Street, New York, NY 10011–4211, USA   http://www.cup.org 10
Stamford Road, Oakleigh, Melbourne 3166, Australia
Ruiz de Alarcón, 13, 28014 Madrid, España

Título original: *Approaches and Methods
in Language Teaching* (ISBN 0 521 80365 9)
publicado por Cambridge University Press 2001
Primera edición, 1986
© Cambridge University Press 2001

Edición española como *Enfoques y métodos en la enseñanza de idiomas*
Primera edición 1998
Segunda edición 2003

Traducción española © Cambridge University Press,
Sucursal en España 1998, 2003
(ISBN 84 8323 355-X rústica)

© Editorial Edinumen

ISBN: 978-84-9848-206-5
Depósito Legal: M-31387-2009
Impreso en España
Printed in Spain
0721

Diseño de cubierta:
Albert Rocarolls y David Prieto

Imprime:
Gráficas Muriel. Madrid

Editorial Edinumen
José Celestino Mutis, 4. 28028 Madrid
Teléfono: 91 308 51 42
e-mail: edinumen@edinumen.es
www.edinumen.es

Sumario

Prefacio

Ésta es una versión nueva y revisada de la primera edición, publicada en 1986. Más de la mitad del contenido de esta nueva edición ha sido redactado especialmente para ella. Desde la publicación de la primera, este libro se ha convertido en uno de los más citados de los que versan sobre métodos de enseñanza. Sin embargo, desde entonces ha habido muchas novedades en la enseñanza de idiomas. Al planificar esta nueva edición, hemos hecho por tanto una serie de cambios sustanciales.

Hemos dividido el libro en tres partes principales.

La Parte I se ocupa de las grandes tendencias en la enseñanza de idiomas en el siglo XX. Los capítulos de esta sección son en esencia los mismos que en la primera edición.

La Parte II trata de enfoques y métodos opcionales. Esta sección describe diversos enfoques y métodos que han gozado de apoyo, en diferentes épocas y lugares, a lo largo de los últimos treinta años aproximadamente, pero que no han sido aceptados de manera general o, en algunos casos, no han tenido muchos seguidores. Los capítulos sobre la Respuesta Física Total, la Vía Silenciosa, el Aprendizaje Comunitario de la Lengua y la Sugestopedia son versiones más cortas de capítulos de la primera edición. Dado que estos métodos ya no se suelen utilizar, nos pareció apropiado tratarlos más brevemente. Los lectores que precisen un examen más pormenorizado de estos métodos deberán consultar la primera edición. Completan la Parte II nuevos capítulos sobre la Lengua Total, las Inteligencias Múltiples, la Programación Neurolingüística, el enfoque léxico y la Enseñanza de Idiomas Basada en Competencias. Aunque estos últimos enfoques tienen algunos rasgos en común con los enfoques comunicativos de la Parte III, creemos que se diferencian lo suficiente de ellos como para agruparlos con los demás enfoques analizados en la Parte II.

La Parte III se ocupa de los enfoques comunicativos actuales. Incluye dos capítulos de la primera edición —sobre la Enseñanza Comunicativa de la Lengua y el Enfoque Natural— y capítulos nuevos sobre el Aprendizaje Cooperativo de la Lengua, la Instrucción Basada en Contenidos, la Enseñanza de la Lengua Basada en Tareas y la era post-métodos. Se han añadido nuevos materiales a las últimas secciones del capítulo sobre la Enseñanza Comunicativa de la Lengua.

La historia de la enseñanza de idiomas se ha caracterizado por su búsqueda de maneras más eficaces de enseñar segundas lenguas o lenguas extranjeras. Durante más de cien años, los debates y discusiones dentro de la profesión docente se han centrado en cuestiones como el papel de la gramática en los programas de idiomas, el desarrollo de la precisión y la fluidez en la enseñanza, la elección de marcos programáticos en el diseño de los cursos, el papel del vocabulario en el aprendizaje de idiomas, las habilidades docentes productivas y receptivas, las teorías del aprendizaje y su aplicación en la enseñanza, la memorización y el aprendizaje, la motivación de los estudiantes, las estrategias eficaces de aprendizaje, las técnicas para la enseñanza de las cuatro destrezas y el papel de los materiales y la tecnología. Aunque se ha avanzado mucho en la aclaración de estos y otros importantes temas de la enseñanza idiomas, la profesión docente está continuamente explorando nuevas opciones para abordar estas cuestiones básicas y muchas otras, así como la eficacia de diferentes estrategias y métodos de enseñanza en el aula.

La enseñanza de cualquier disciplina se basa por lo general en un análisis de la naturaleza de la propia materia y la aplicación de principios de enseñanza y aprendizaje extraídos de la investigación y la teoría en el campo de la psicología educativa. El resultado se denomina generalmente enfoque o método de enseñanza, expresión con la que nos referimos a una serie de principios esenciales de enseñanza y aprendizaje, junto con un conjunto de prácticas en el aula que se derivan de ellos. Lo mismo se puede decir de la enseñanza de idiomas; el campo de los métodos de enseñanza ha estado muy activo en la enseñanza de idiomas desde la década de 1900. En el transcurso del siglo xx proliferaron nuevos enfoques y métodos. Algunos alcanzaron amplia aceptación y popularidad en diferentes épocas, pero después fueron reemplazados por métodos basados en ideas y teorías nuevas o más atractivas. Entre los ejemplos de este tipo figuran el Método Directo, el Método Audiolingüístico y el Enfoque Situacional. Algunos, como la Enseñanza Comunicativa de la Lengua, fueron adoptados de manera casi universal y conquistaron rango de ortodoxia metodológica. Al mismo tiempo, las alternativas a los enfoques dominantes han hallado siempre un cierto nivel de apoyo dentro de la enseñanza de idiomas, aunque a menudo esto no ha conducido a que su aceptación o su uso se extendieran más. Entre los métodos de esta categoría se encuentran los de la década de 1970, tales como la Vía Silenciosa, el Aprendizaje-Orientación, la Sugestopedia y la Respuesta Física Total, así como métodos y enfoques alternativos más recientes como las Inteligencias Múltiples, la Programación Neurolingüística y el enfoque léxico.

Enfoques y métodos en la enseñanza de idiomas pretende ofrecer una exposición completa y comprensible de las tendencias principales y secundarias en los métodos de la enseñanza de idiomas desde principios del siglo xx hasta la actualidad. Para destacar las similitudes y diferencias entre enfoques y métodos se utiliza en todo el libro el mismo esquema descriptivo. Este modelo se presenta en el capítulo 2 y se utiliza en los capítulos posteriores. Describe los enfoques y métodos según sus teorías subyacentes sobre el lenguaje y el aprendizaje de idiomas; los objetivos del aprendizaje; el modelo de programa utilizado; el papel de profesores, estudiantes y materiales dentro del método o enfoque; y los procedimientos y técnicas de trabajo en el aula de los que se vale el método. Cuando un método o enfoque tiene relaciones amplias y reconocidas con una tradición concreta en la enseñanza de lenguas extranjeras, se tratan estos antecedentes históricos en la primera sección del capítulo correspondiente. En otros casos hemos intentado establecer vínculos entre el método o enfoque y unas tradiciones lingüísticas, psicológicas o educativas más generales.

Dentro de cada capítulo, nuestra finalidad ha sido presentar una imagen objetiva y general de un determinado enfoque o método. Hemos evitado las valoraciones personales, prefiriendo dejar que el método hable por sí mismo y permita a los lectores hacer su propia valoración. El libro no está concebido para popularizar o promocionar enfoques o métodos concretos, ni para adiestrar a los profesores en el uso de los métodos que se describen. Antes bien, se pretende proporcionar al profesor o al aprendiz de profesor una introducción sencilla a unos métodos de uso general y no tan general, y una serie de criterios para leer, observar, analizar y cuestionar críticamente los enfoques y métodos.

Hemos incluido varias referencias a artículos accesibles en Internet, a través de las bases de datos de ERIC y de los Boletines de ERIC. Para ver resúmenes de las referencias de ERIC citadas o para encargar copia impresa o en microficha de los artículos completos o para leer los textos completos de los Boletines de ERIC, consúltese el (los) sitio(s) de ERIC en la Web y síganse los procedimientos de búsqueda allí detallados.

Jack C. Richards
Theodore S. Rodgers

I Las principales tendencias lingüísticas en la enseñanza de idiomas en el siglo xx

La enseñanza de idiomas adquirió plena relevancia como profesión en el siglo xx. Los fundamentos de la enseñanza contemporánea de idiomas se establecieron en su totalidad en la primera parte del siglo xx, cuando los expertos en lingüística aplicada y otros profesionales se plantearon elaborar principios y procedimientos para el diseño de métodos y materiales de enseñanza, basándose en los campos, en pleno desarrollo, de la lingüística y la psicología, en los que buscaron apoyo para una serie de propuestas de métodos considerados más eficaces y teóricamente sólidos. La enseñanza de idiomas en el siglo xx se caracterizó por los frecuentes cambios e innovaciones y por el desarrollo de ideologías de enseñanza de idiomas en ocasiones enfrentadas. Buena parte del impulso para el cambio en los enfoques de la enseñanza de idiomas vino de los cambios habidos en los métodos de enseñanza. El concepto de método de enseñanza –la idea de un conjunto sistemático de prácticas docentes fundadas en una determinada teoría del lenguaje y del aprendizaje de idiomas– posee gran vigor; la búsqueda de métodos mejores fue una preocupación constante para numerosos profesores y expertos en lingüística aplicada a lo largo de todo el siglo xx. Los partidarios de cada método profesan la creencia de que las prácticas docentes que defiende ofrecen un fundamento más eficaz y teóricamente sólido para la enseñanza que los anteriores.

Los capítulos de la Parte I examinan los avances que llevaron al primer paradigma importante de la enseñanza moderna de idiomas: la adopción de métodos de enseñanza basados en la gramática, que vinieron a denominarse enfoque estructural o Enseñanza Situacional de la Lengua en el Reino Unido y Método Audiolingüístico en Estados Unidos. En el capítulo 1 exponemos los antecedentes históricos de la enseñanza de idiomas en la primera parte del siglo xx. En el capítulo 2 presentamos un modelo o marco para la descripción de métodos, modelo que identifica tres niveles de organización, enfoques subyacentes y métodos, que denominamos Enfoque, Diseño y Procedimiento. En el capítulo 3 describimos una de las propuestas para la enseñanza de la lengua inglesa más importantes del siglo xx, el Enfoque Oral o Enseñanza Situacional de la Lengua, un método que sigue siendo ampliamente utilizado hoy en día en manuales y materiales de enseñanza, si bien un tanto modificado en su forma. En el capítulo 4 exponemos el sistema conocido como Método Audiolingüístico, un método de enseñanza norteamericano que ha dejado igualmente un legado continuado y duradero por lo que respecta a los procedimientos docentes habitualmente utilizados.

1 Breve historia de la enseñanza de idiomas

Mediante una breve revisión de la historia de los métodos de enseñanza de idiomas, en este capítulo se ofrece una base para el debate sobre los métodos contemporáneos y se adelantan ya los asuntos a los que nos referiremos al analizar dichos métodos. Desde esta perspectiva histórica, también podremos ver que las preocupaciones que han dado pie a innovaciones metodológicas modernas son similares a las que siempre han estado presentes en las discusiones sobre la enseñanza de lenguas extranjeras. Las transformaciones en los métodos de enseñanza de idiomas a través de la historia han evidenciado cambios de los planteamientos sobre el tipo de competencia lingüística que necesitan los alumnos, con un énfasis mayor, por ejemplo, en la competencia lingüística oral, en vez de en la comprensión escrita, como objetivo fundamental. También han reflejado los cambios teóricos sobre la naturaleza de la lengua y su aprendizaje. Kelly (1969) y Howatt (1984) han demostrado que muchas cuestiones actuales en la enseñanza de idiomas no son particularmente nuevas. Las controversias actuales reflejan unas respuestas contemporáneas a preguntas planteadas a menudo a través de la historia de la enseñanza de las lenguas.

Se estima que alrededor del sesenta por ciento de la población mundial actual es multilingüe. Desde una perspectiva contemporánea e histórica, el bilingüismo o el multilingüismo es más la norma que la excepción. Por tanto, parece justo decir que a través de la historia el aprendizaje de una lengua extranjera siempre ha sido una preocupación práctica importante. Mientras que hoy el inglés es la lengua extranjera más ampliamente estudiada en el mundo, hace quinientos años el latín era la lengua dominante en la educación, el comercio, la religión y el gobierno en el mundo occidental. En el siglo XVI, sin embargo, el francés, el italiano y el inglés ganaron importancia como consecuencia de los cambios políticos en Europa, y el latín fue gradualmente desplazado como lengua de comunicación oral y escrita.

Como el latín pasó de utilizarse como lengua viva a considerarse una simple asignatura en el currículo escolar, su estudio adoptó una función diferente. El estudio del latín clásico (el latín en el que Virgilio, Ovidio y Cicerón escribieron su obra) y el análisis de su gramática y de su retórica se convirteron en el modelo para el estudio de las lenguas extranjeras durante los siglos XVII y XVIII. En los siglos XVI, XVII y XVIII, en Inglaterra, al entrar en la *Grammar school* los niños recibían una introducción rigurosa a la gramática latina, con un aprendizaje memorístico de las reglas gramaticales, el estudio de las declinaciones y las conjugaciones, la traducción y la práctica de escribir ejemplos de oraciones; algunas veces incluso se usaban textos y diálogos bilingües (Kelly, 1969; Howatt, 1983). Una vez que se conseguía una competencia básica, se introducía a los alumnos en el estudio avanzado de la gramática y la retórica. El aprendizaje en la escuela tuvo que haber sido una experiencia terrible para los alumnos, ya que las faltas de conocimiento conllevaban frecuentemente un castigo brutal. Hubo intentos puntuales para promover enfoques alternativos en la educación; Roger Ascham y Montaigne, en el siglo XVI, y Comenius y John Locke en el XVII, por ejemplo, hicieron propuestas específicas de reforma curricular y de cambios en la enseñanza del latín (Kelly, 1969; Howatt, 1984), pero puesto que el latín –y, en menor grado, el griego– había sido considerado como la forma lingüística «clásica» y más elevada, no sorprendía que las ideas sobre el papel del estudio de las lenguas en el currículo reflejara la posición establecida desde hacía tiempo por el latín.

El declive del latín también trajo una nueva justificación para su enseñanza. Se decía que el latín desarrollaba capacidades intelectuales, y el estudio de la gramática latina llegó a ser un fin en sí mismo.

> Cuando la lengua latina había cesado de ser un medio normal de comunicación y había sido sustituida por las lenguas vernáculas, pasó rápidamente a ser considerada una «gimnasia mental», la lengua «muerta» suprema, cuyo estudio sistemático y disciplinado se consideraba indispensable como base para todas las formas de educación superior.
>
> (V. Mallison, citado en Titone, 1968: 26)

Cuando las lenguas «modernas» empezaron a incluirse en el currículo de las escuelas europeas en el siglo XVIII, se enseñaban usando los mismos procedimientos básicos que se usaban para enseñar latín. Los libros de texto consistían en enunciados de reglas abstractas de gramática, listas de vocabulario y oraciones para traducir. Hablar la lengua extranjera no era el objetivo, y la práctica oral se limitaba a que los alumnos leyesen en voz alta las oraciones que habían traducido. Estas oraciones se construían para ilustrar el sistema gramatical de la lengua y, consecuentemente, no mantenían ninguna relación con la lengua de la comunicación real. Los estudiantes trabajaban traduciendo oraciones como las siguientes:

> El filósofo tiraba del pico inferior de la gallina.
> Mis hijos han comprado los espejos del duque.
> El gato de mi tía es más traicionero que el perro de tu tío.
>
> (Titone, 1968: 28)

En el siglo XIX, este enfoque basado en el estudio del latín se consideraba el camino normal para el estudio de las lenguas extranjeras en las escuelas. Un libro de texto típico de la mitad del siglo XIX consistía en capítulos o lecciones organizadas alrededor de aspectos gramaticales. Se presentaba cada uno de los aspectos gramaticales, se explicaban las reglas para su uso y se ilustraba con ejemplos.

> Los autores de libros de texto en el siglo XIX estaban preocupados fundamentalmente por codificar la lengua extranjera en reglas de morfología y de sintaxis con el fin de explicarlas y que, finalmente, se pudieran memorizar. El

trabajo oral se reducía al mínimo, mientras que unos cuantos ejercicios escritos, construidos al azar, servían como apéndice de las reglas. De los muchos libros publicados en este periodo, los de Seidenstücker y Plötz fueron quizá los más típicos... [Seidenstücker] redujo el material a oraciones desprovistas de contexto que ilustraban reglas específicas. Dividía el texto cuidadosamente en dos partes, en una de las cuales se daban las reglas y los paradigmas necesarios, mientras que en la otra se daban oraciones en francés para traducir al alemán y oraciones en alemán para traducir al francés. El objetivo inmediato era que el alumno aplicase las reglas que se daban con ejercicios apropiados... En los libros de texto [de Plötz], divididos como ya se ha descrito, la única forma de enseñanza era la traducción mecánica. Oraciones típicas eran: «Tú tienes un libro. La casa es bonita. Nosotros tenemos un pan [sic]. La puerta es negra. Él tiene un libro y un perro. El caballo del padre era manso».
(Titone, 1968: 27)

Este enfoque para la enseñanza de lenguas extranjeras se conoce como el Método Gramática-Traducción.

El Método Gramática-Traducción

Como sugieren los nombres de algunos de sus exponentes principales (Johann Seidenstücker, Karl Plötz, H. S. Ollendorf y Johann Meidinger), el Método Gramática-Traducción es heredero de la práctica académica alemana, cuya finalidad, de acuerdo con uno de sus críticos menos amables, era «saber todo sobre cualquier cosa más que sobre la cosa en sí» (W. H. D. Rouse, mencionado en Kelly, 1969: 53). Este método se conoció primero en Estados Unidos como el Método Prusiano. (Un libro de B. Sears, un profesor americano de lenguas clásicas, publicado en 1845, se titulaba «El método ciceroniano o prusiano para la enseñanza de los elementos de la lengua latina» [Kelly, 1969].) Las características principales del Método Gramática-Traducción eran las siguientes:

1. El objetivo en el estudio de lenguas extranjeras es aprender una lengua con el fin de leer su literatura o con el fin de beneficiarse de la disciplina mental y del desarrollo intelectual que resultan de su estudio. Con este método de estudio de una lengua, nos acercamos primero a ella a través del análisis detallado de sus reglas gramaticales, para seguir después con la aplicación de este conocimiento a la tarea de traducir oraciones y textos a y desde la lengua objeto. Por tanto, se considera que el aprendizaje de una lengua extranjera es poco más que la memorización de reglas y datos con el fin de entender y manipular su morfología y su sintaxis. «La primera lengua sirve como sistema de referencia en la adquisición de una segunda lengua» (Stern, 1983: 455).
2. La lectura y la escritura son los focos principales; se presta poca o ninguna atención sistemática a hablar y escuchar.
3. La selección de vocabulario se basa solamente en los textos de lectura utilizados y las palabras se enseñan a través de listas bilingües, el estudio del

diccionario y la memorización. En un texto tipo, se presentan e ilustran las reglas gramaticales, se presenta una lista de vocabulario con sus equivalencias y se realizan ejercicios de traducción.

4. La oración es la unidad básica para la enseñanza y la práctica lingüística. La mayor parte de la lección se dedica a traducir oraciones a y desde la lengua objeto, siendo esta importancia de la oración la característica distintiva del método. Enfoques anteriores en el estudio de lenguas extranjeras utilizaban la gramática como ayuda para el estudio de los textos. Sin embargo, se consideró que esto era demasiado difícil para los estudiantes de escuelas secundarias y que el enfoque en la oración haría más fácil el aprendizaje de un idioma (véase Howatt,1984: 131).

5. Se pone énfasis en la corrección. Los alumnos tienen que conseguir un alto grado de corrección en la traducción, puesto que «se daba mucha importancia a los niveles de corrección, que además de tener un valor moral intrínseco, era un requisito para aprobar los exámenes escritos que crecían en número durante esta época» (Howatt, 1984: 132).

6. La gramática se enseña de manera deductiva; es decir, a través de la presentación y el estudio de las reglas gramaticales, que son más tarde practicadas con ejercicios de traducción. En la mayoría de los textos de este método, se establecía mediante un programa la secuencia de los aspectos gramaticales a lo largo del texto y se intentaba enseñar gramática de una manera sistemática y organizada.

7. Se utiliza la lengua materna del estudiante como medio de enseñanza. Se usa para explicar los nuevos elementos que permiten establecer comparaciones entre la lengua extranjera y la lengua materna del estudiante.

El Método Gramática-Traducción dominó la enseñanza de lenguas europeas y extranjeras desde 1840 hasta 1940 y, con modificaciones, continúa en la actualidad usándose ampliamente en algunas partes del mundo. Como Howatt señala (1984), a veces este método no es tan terrible como sus críticos lo dibujan. Los peores excesos los introdujeron los que querían demostrar que el estudio del francés o del alemán no era menos riguroso que el estudio de las lenguas clásicas. Esto originó unos cursos del tipo gramática-traducción, que llegaron a ser odiados por miles de alumnos, para quienes aprender una lengua extranjera constituyó una tediosa experiencia de memorización de largas listas de palabras y reglas gramaticales inútiles y el empeño de producir traducciones perfectas de una prosa literaria y arcaica. Aunque este método crea a menudo frustración en los alumnos, exige poco a los profesores. Todavía se utiliza en situaciones donde la comprensión de textos literarios es lo más importante en el estudio de las lenguas extranjeras y hay poca necesidad de hablarlas. Textos actuales para la enseñanza de lenguas extranjeras en el nivel universitario frecuentemente reflejan los principios del Método Gramática-Traducción. Estos textos son a menudo realizados por personas formadas más bien en la literatura que en la enseñanza de la lengua o en la lingüística aplicada. Por consiguiente, aunque pueda ser cierto que este método esté ampliamente extendido, no tiene defensores. Es un método para el que no existe una teoría. No hay publicaciones que ofrezcan una justificación teórica o que intenten relacionarlo con cuestiones lingüísticas, psicológicas o educativas.

A mediados y finales del siglo XIX, se desarrolló paulatinamente una oposición a este método en varios países europeos. Este Movimiento de reforma, como se denominó entonces, puso los cimientos para el desarrollo de nuevas formas de enseñar idiomas e inició un debate sobre asuntos controvertidos que ha continuado hasta la actualidad.

Las innovaciones en la enseñanza de lenguas en el siglo XIX

Hacia mediados del siglo XIX varios factores contribuyeron a cuestionar y rechazar el Método Gramática-Traducción. Al aumentar las oportunidades de comunicación entre los europeos, se fue creando una demanda en torno a la capacidad de hablar lenguas extranjeras. En un principio, esta necesidad derivó en la aparición de un mercado de libros de conversación y de libros con frases para el estudio privado, aunque los especialistas en la enseñanza de idiomas también consideraron la manera en que las lenguas modernas se enseñaban en las escuelas secundarias. Se pensaba que el sistema de enseñanza pública fracasaba en su cometido. En Alemania, Inglaterra, Francia y otras partes de Europa, especialistas en la enseñanza de lenguas desarrollaban nuevos enfoques, cada uno con un método específico para reformar la enseñanza de las lenguas modernas. Algunos de estos especialistas, como C. Marcel, T. Prendergast y F. Gouin, no llegaron a tener un impacto duradero, aunque sus ideas son de interés histórico.

El francés C. Marcel (1793–1896) consideraba el aprendizaje de la lengua por parte del niño como un modelo para la enseñanza de la lengua, y destacó la importancia del significado en el aprendizaje, al tiempo que proponía que la lectura fuera enseñada antes que otras destrezas lingüísticas e intentaba conectar la enseñanza de una lengua dentro de un modelo educativo más amplio. El inglés T. Prendergast (1806–1886) fue uno de los primeros en describir, a partir de observaciones, el hecho de que los niños usan ayudas relacionadas con la situación y el contexto para interpretar enunciados y que se valen de frases memorizadas y de «rutinas» al hablar. Propuso el primer «programa estructural», defendiendo que se enseñase a los alumnos las estructuras más básicas de la lengua. De esta forma, estaba anticipando una cuestión que iba a ser retomada entre 1920 y 1940, como veremos en el capítulo 3. El francés F. Gouin (1831–1896), quizá el más conocido de estos reformadores de mitad del siglo XIX, desarrolló un enfoque sobre la enseñanza de una lengua extranjera basándose en la observación del uso de la lengua por los niños. Gouin creía que se facilitaba el aprendizaje de la lengua cuando ésta se usaba para conseguir una secuencia de acciones relacionadas. Su método usaba situaciones y temas con el fin de organizar y presentar la lengua oral, las famosas «series» de Gouin, que incluyen secuencias de oraciones relacionadas con actividades como cortar madera o abrir la puerta. Gouin fundó escuelas para enseñar de acuerdo con este método, que llegó a alcanzar bastante popularidad durante cierto tiempo. En la primera lección de una lengua extranjera se podría aprender la siguiente serie:

Camino hacia la puerta.	camino
Me acerco a la puerta.	me acerco
Me acerco más a la puerta.	me acerco más
Llego a la puerta.	llego
Me paro ante la puerta.	me paro
Extiendo mi brazo.	extiendo
Sujeto el tirador de la puerta.	sujeto
Giro el tirador de la puerta.	giro
Abro la puerta.	abro
Empujo la puerta.	empujo
La puerta se mueve.	se mueve
La puerta gira sobre sus bisagras.	gira
La puerta gira y gira.	gira
Abro la puerta completamente.	abro
Dejo el tirador de la puerta.	dejo

(Titone, 1968: 35)

La importancia que atribuye Gouin a la necesidad de presentar los nuevos elementos de enseñanza en un contexto que haga más claro su significado, además del uso de gestos y acciones que apoyen el significado de los enunciados, son prácticas que más tarde llegaron a ser parte de enfoques y métodos como la Enseñanza Situacional de la Lengua (capítulo 3) y la Respuesta Física Total (capítulo 6).

El trabajo de especialistas de lengua individuales como éstos reflejan el clima de cambios en la época. Los educadores daban mayor importancia (como objetivo de los programas de lenguas extranjeras) a la necesidad de desarrollar la competencia oral que al desarrollo de la comprensión escrita, el uso de la gramática o una apreciación literaria. Había interés en saber cómo aprendían los niños las lenguas, lo que propiciaba intentos por desarrollar principios de enseñanza basados en la observación o, más propiamente, en la refexión, sobre el aprendizaje de la lengua por el niño. Pero las ideas y los métodos de Marcel, Prendergast, Gouin y otros innovadores se desarrollaron fuera de los círculos institucionales de educación y, por tanto, no dispusieron de los medios para una mayor difusión, aceptación y aplicación. Escribieron en una época en que los profesionales dedicados a la enseñanza de idiomas no disponían de una estructura organizativa suficiente (p. e., en forma de asociaciones profesionales, publicaciones y conferencias) para permitir que las nuevas ideas se convirtieran en movimientos educativos. Sin embargo, esto empezó a cambiar hacia finales del siglo XIX, cuando empezó a haber una mayor coincidencia en los intereses de los profesores de idiomas interesados en el cambio y los lingüistas. Los profesores y los lingüistas empezaron a escribir sobre las necesidades de los nuevos enfoques en la enseñanza de idiomas y, a través de opúsculos, libros, discursos y artículos se pusieron los cimientos para reformas pedagógicas más amplias. Este esfuerzo se conoce como el Movimiento de reforma en la enseñanza de lenguas.

El Movimiento de reforma

Los especialistas en enseñanza de lenguas como Marcel, Prendergast y Gouin habían hecho mucho por promover enfoques alternativos en la enseñanza de lenguas, pero sus ideas no consiguieron un apoyo o una atención amplia. Desde 1880, sin embargo, lingüistas con interés práctico como Henry Sweet en Inglaterra, Wilhelm Viëtor en Alemania y Paul Passy en Francia dieron el empuje intelectual necesario para dotar a las ideas reformistas de una mayor credibilidad y aceptación. Se revitalizó la lingüística como disciplina. Se estableció la fonética –el análisis científico y la descripción del sistema de sonidos de una lengua–, disciplina que abrió nuevas perspectivas en el estudio de los procesos del habla. Los lingüistas consideraban que el habla, más que la palabra escrita, era la forma primaria de la lengua. Se fundó en 1886 la Asociación Fonética Internacional –y se estableció el Alfabeto Fonético Internacional (AFI)– para permitir que los sonidos de cualquier lengua pudieran ser transcritos correctamente. Uno de los fines primeros de la asociación fue mejorar la enseñanza de las lenguas modernas. Defendía lo siguiente:

1. el estudio de la lengua hablada
2. la formación fonética, con el fin de establecer buenos hábitos de pronunciación
3. el uso de textos de conversación y diálogos para introducir frases y expresiones de la lengua oral
4. un enfoque inductivo en la enseñanza de la gramática
5. la enseñanza de nuevos significados mediante el desarrollo de asociaciones en la lengua objeto, más que en la lengua materna

Los lingüistas también se interesaron por la polémica que surgió sobre la mejor forma de enseñar lenguas extranjeras. Las ideas se discutían con pasión y se defendían en libros, artículos y opúsculos. Henry Sweet (1845–1912) defendía unos principios metodológicos sólidos basados en un análisis científico de la lengua y el estudio de la psicología. En su libro *The Practical Study of Languages* (1899) propuso cuatro principios para el desarrollo del método de enseñanza. Estos principios incluían:

1. seleccionar, de manera cuidadosa, lo que se tiene que enseñar
2. imponer límites sobre lo que se tiene que enseñar
3. distribuir lo que se tiene que enseñar en las cuatro destrezas de escuchar, hablar, leer y escribir
4. establecer la gradación de materiales de simples a complejos

En Alemania, el famoso Wilhelm Viëtor (1850–1918) se sirvió de la teoría lingüística para justificar su opinión sobre la enseñanza de idiomas. Argumentaba que la formación en fonética permitiría a los profesores pronunciar la lengua correctamente. Los modelos de habla, más que la gramática, eran los elementos fundamentales de la lengua. En 1882 publicó sus opiniones en un importante opúsculo, *Language Teaching Must Start Afresh*, en el que criticaba duramente lo inadecuado del Método Gramática-Traducción y acentuaba el valor de la formación de los profesores en la nueva ciencia de la fonética.

Viëtor, Sweet y otros reformadores del siglo XIX compartieron muchas ideas sobre los principios en los que debería basarse un nuevo enfoque para la enseñanza de la lengua extranjera, aunque a menudo diferían considerablemente en los procedimientos específicos que aconsejaban para la enseñanza de la lengua. En general, los reformadores creían que:

1. la lengua hablada es fundamental; esto debería reflejarse en una metodología basada en lo oral
2. los hallazgos de la fonética deberían aplicarse a la enseñanza y a la formación de los profesores
3. los alumnos deberían oír la lengua primero, antes de verla de forma escrita
4. las palabras deberían presentarse en oraciones y las oraciones deberían practicarse en contextos significativos y no enseñarse aisladamente, como elementos desconectados
5. las reglas gramaticales deberían enseñarse solamente después de que los alumnos hubieran practicado los aspectos gramaticales en su contexto; es decir, la gramática debería enseñarse de manera inductiva
6. debería rechazarse la traducción, aunque la lengua materna podría usarse con el fin de explicar nuevas palabras o para comprobar la comprensión

Estos principios ofrecían los fundamentos teóricos de un enfoque de la enseñanza de idiomas basado en el planteamiento científico para el estudio y el aprendizaje de la lengua. Reflejan los principios de la lingüística aplicada: la parte del estudio de la lengua que se preocupa del estudio científico de la enseñanza y el aprendizaje de una segunda lengua o de una lengua extranjera. Los documentos escritos de lingüistas como Sweet, Viëtor y Passy aportan sugerencias sobre la manera en que estos principios de la lingüística aplicada podían ponerse mejor en práctica. Sin embargo, ninguna de estas propuestas asumía la posición de un método, en el sentido de un plan pedagógico para la enseñanza de lenguas ampliamente reconocido y aplicado de modo uniforme. Pero paralelamente a las ideas propuestas por los miembros del Movimiento de reforma había un interés por desarrollar los principios para la enseñanza de lenguas basados en los supuestos naturalistas del aprendizaje de una lengua, como puede observarse en la adquisición de una primera lengua. Esto llevó a lo que se ha llamado *métodos naturales* y, finalmente, al desarrollo de lo que se conoce como el Método Directo.

El Método Directo

Gouin fue uno de los primeros reformadores del siglo XIX que intentaron construir una metodología basada en la observación del aprendizaje de la lengua por parte del niño. Otros reformadores de finales de siglo también prestaron atención a los principios naturalistas del aprendizaje de la lengua, por lo que a veces se les ha llamado defensores del método «natural». En realidad, en varios momentos a través de la historia de la enseñanza de la lengua se ha intentado que el aprendizaje de una segunda lengua se parezca más al aprendizaje de la lengua materna. Por ejemplo, en el siglo XVI Montaigne describía que fue confiado a un tutor que sólo le hablaba en latín durante los primeros años de su vida, porque su padre quería que lo hablase bien. Entre los que intentaron aplicar los principios naturales a las clases de lengua en el siglo pasado tenemos a L. Sauveur (1826–1907), quien utilizaba una interacción oral intensiva en la lengua objeto, empleando preguntas como forma de presentar y estimular el uso de la lengua. Abrió una escuela de lenguas en Boston a finales de la década de 1860 y su método pronto se conoció como el Método Natural.

Sauveur y otros seguidores del Método Natural defendían que una lengua extranjera podía enseñarse sin traducir o usar la lengua materna del alumno si se transmitía el significado directamente a través de la demostración y la acción. El académico alemán F. Franke escribió sobre los principios psicológicos de la asociación directa entre forma y significado en la lengua objeto (1884), ofreciendo una justificación teórica para la enseñanza monolingüe. De acuerdo con Franke, una lengua podía enseñarse mejor usándola activamente en el aula. Más que aplicar procedimientos analíticos centrados en la explicación de las reglas gramaticales, los profesores deben estimular el uso espontáneo y directo de la lengua extranjera en el aula. Los alumnos deben, por tanto, ser capaces de inferir las reglas gramaticales. El profesor reemplazaba el libro de texto en los primeros estadios del aprendizaje. Se empezaba a hablar prestando una atención sistemática a la pronunciación. Las palabras conocidas podían ser utilizadas para enseñar vocabulario nuevo, utilizando también la mímica, la demostración y los dibujos.

Estos principios naturales del aprendizaje de lenguas ofrecieron los cimientos de lo que llegó a conocerse como el Método Directo, como se denomina al método más extendido de entre los métodos naturales. Defensores entusiastas del Método Directo lo introdujeron en Francia y en Alemania (se aprobó oficialmente en ambos países a principios de siglo), y llegó a ser ampliamente conocido en Estados Unidos a través de Sauveur y Maximilian Berlitz, con sus escuelas de idiomas de gran éxito comercial. (En realidad, Berlitz nunca usó el término; él se refería al método usado en sus escuelas como el Método Berlitz.) En la práctica, este método se basaba en los siguientes principios y procedimientos:

1. La enseñanza en el aula se hacía exclusivamente en la lengua objeto.
2. Sólo se enseñaba el vocabulario y las estructuras cotidianas.
3. Las destrezas de comunicación oral se desarrollaban en una progresión graduada cuidadosamente y organizada alrededor de intercambios con preguntas y respuestas entre los profesores y los alumnos en clases pequeñas e intensivas.
4. La gramática se enseñaba de manera inductiva.
5. Los nuevos elementos de enseñanza se introducían oralmente.

6. El vocabulario concreto se enseñaba a través de la demostración, objetos y dibujos; el vocabulario abstracto se enseñaba por asociación de ideas.
7. Se enseñaba la expresión y la comprensión oral.
8. Se incidía especialmente en la pronunciación y en la gramática.

Estos principios se pueden ver en la siguiente guía –que aún se utiliza en las escuelas Berlitz actuales– para la enseñanza de la lengua oral:

> Nunca traduzcas: demuestra.
> Nunca expliques: actúa.
> Nunca hagas un discurso: haz preguntas.
> Nunca imites errores: corrige.
> Nunca utilices palabras aisladas: usa oraciones.
> Nunca hables demasiado: haz que hablen mucho los alumnos.
> Nunca uses el libro: usa tu propia programación.
> Nunca saltes el orden: sigue tu programa.
> Nunca vayas demasiado deprisa: sigue el ritmo del alumno.
> Nunca hables demasiado despacio: habla normalmente.
> Nunca hables demasiado rápido: habla con naturalidad.
> Nunca hables demasiado fuerte: habla con naturalidad.
> Nunca seas impaciente: tómatelo con calma.

(citado en Titone, 1968: 100–101)

El Método Directo tuvo bastante éxito en las escuelas de idiomas privadas, como las de la cadena Berlitz, donde los alumnos tenían una motivación alta y los profesores normalmente eran hablantes nativos. Pero a pesar de la presión de los defensores del método, fue difícil su aplicación en la educación secundaria pública. Se acentuaban demasiado y se distorsionaban las semejanzas entre el aprendizaje de una primera lengua y el aprendizaje de una lengua extranjera en el aula, olvidándose de las realidades prácticas del aula. Además, el método no disponía de una base teórica rigurosa en lingüística aplicada, por lo que los defensores del Movimiento de reforma, con mayor base académica, lo criticaban. El Método Directo representaba el producto de la intuición del aficionado ilustrado. Se percibían algunos inconvenientes. Primero, se necesitaban profesores que fueran hablantes nativos o que tuvieran una fluidez en la lengua extranjera parecida a la de un nativo. Se basaba más en la destreza del profesor que en el libro de texto, y no todos los profesores tenían la suficiente competencia lingüística en la lengua extranjera como para aplicar los principios del método. Los críticos señalaban que la aplicación estricta de los principios del Método Directo era con frecuencia contraproducente, ya que los profesores tenían que hacer grandes esfuerzos para no usar la lengua materna, cuando algunas veces una simple explicación en la lengua materna del alumno suponía una manera más eficaz de conseguir la comprensión.

El psicólogo de Harvard Roger Brown ha documentado problemas similares con técnicas estrictas del Método Directo. Este autor describe su frustración al observar a un profesor haciendo grandes esfuerzos verbales en su intento por explicar el significado de palabras japonesas, cuando la traducción hubiese sido una técnica mucho más eficaz (Brown, 1973: 5).

Como consecuencia de estos problemas, en la década de los veinte el uso del Método Directo en escuelas no comerciales europeas había disminuido. En Francia y en Alemania, este método se modificó gradualmente hasta llegar a versiones que combinaban algunas técnicas del Método Directo con actividades gramaticales más controladas. La popularidad que el Método Directo tuvo en Europa en la primera parte del siglo XX llevó a que especialistas en lenguas extranjeras en Estados Unidos intentaran ponerlo en práctica en escuelas y universidades americanas, aunque decidieron ser prudentes. Un estudio emprendido en 1923 sobre el estado de la enseñanza de las lenguas extranjeras llega a la conclusión de que ningún método podía garantizar por sí mismo resultados satisfactorios. El objetivo de intentar enseñar habilidades en la práctica de la conversación se consideró poco práctico, dada la escasez de tiempo disponible para la enseñanza de la lengua extranjera en el aula, la limitada competencia de los profesores y lo irrelevante de las habilidades de conversación en la lengua extranjera para el típico alumno universitario americano. Este estudio –publicado como el Informe Coleman– defendía que un objetivo más razonable para el estudio de las lenguas extranjeras sería el conocimiento mediante la lectura en la lengua extranjera, que se podía conseguir a través de la introducción gradual de palabras y de estructuras gramaticales en textos de lectura sencillos. Como consecuencia de esta recomendación, la lectura se convirtió en el objetivo de la mayoría de los programas de lenguas extranjeras en Estados Unidos (Coleman, 1929). El énfasis dado a la lectura continuó caracterizando la enseñanza de las lenguas extranjeras en Estados Unidos hasta la Segunda Guerra Mundial.

Aunque el Método Directo fue popular en Europa, no todo el mundo lo aceptaba con entusiasmo. El lingüista británico Henry Sweet había reconocido las limitaciones de este método. Ofrecía innovaciones en los procedimientos de enseñanza, pero le faltaba una base metodológica fuerte. Su principal foco era el uso exclusivo de la lengua objeto en el aula, pero no trataba muchos aspectos que Sweet consideraba más importantes. Sweet y otros lingüistas defendieron el desarrollo de principios metodológicos fuertes que pudieran servir de base a las técnicas de enseñanza. En las décadas de los años veinte y treinta, la lingüística aplicada sistematizó los principios propuestos por el Movimiento de reforma y, de esta forma, se pusieron los cimientos de lo que llegó a ser el enfoque británico de la enseñanza del inglés como lengua extranjera. Desarrollos posteriores derivaron en el Método Audiolingüístico (véase capítulo 4) en Estados Unidos y en el Enfoque Oral o la Enseñanza Situacional de la Lengua (véase capítulo 3) en Gran Bretaña.

¿Qué sucede con el concepto de «método» cuando surge la enseñanza de lenguas extranjeras como preocupación importante en el campo de la educación durante los siglos XIX y XX? Hemos visto en este repaso histórico algunas de las preguntas que impulsaron innovaciones y trazaron nuevas direcciones en la enseñanza de idiomas en el pasado:

1. ¿Cuáles deberían ser los objetivos de la enseñanza de idiomas? ¿Debería un curso de idiomas centrarse en las habilidades conversacionales, en la lectura, en la traducción o en cualquier otra destreza?

2. ¿Cuál es la naturaleza básica de la lengua y cómo influye en el método de enseñanza?
3. ¿Cuáles son los principios en que se basa la relación de los contenidos lingüísticos en la enseñanza de una lengua?
4. ¿Qué principios de organización, gradación y dificultad facilitan más el aprendizaje?
5. ¿Cuál debería ser el papel de la lengua materna?
6. ¿Cuáles son los procesos que utilizan los alumnos para aprender una lengua y cómo pueden incorporarse en un método?
7. ¿Qué tipo de técnicas de enseñanza y de actividades funcionan mejor y en qué circunstancias?

Los distintos métodos se diferencian en la forma en la que responden a estas preguntas. Pero para poder entender la naturaleza fundamental de los métodos de enseñanza de idiomas es necesario considerar el concepto de método de una manera más sistemática. Este es el objetivo del siguiente capítulo, en el que presentamos un modelo para la descripción, el análisis y la comparación de métodos. Este modelo se utilizará como base para los análisis posteriores de los fundamentos y las características de los distintos métodos en la enseñanza de idiomas.

La era de los métodos

Uno de los legados duraderos del Método Directo fue la idea misma de «método». La polémica en torno al Método Directo fue el primero de muchos debates sobre cómo debían enseñarse la segunda lengua y los idiomas extranjeros. La historia de la enseñanza de idiomas en el transcurso de buena parte del siglo xx presenció el surgimiento y desaparición de variados enfoques y métodos de la enseñanza de idiomas, los principales ejemplos de los cuales se describen en este libro. La mayoría de ellos tienen en común dar por sentadas las siguientes ideas:

– Un enfoque o método se refiere a un conjunto coherente de procedimientos de enseñanza que definen la mejor práctica en la enseñanza de idiomas.
– Los enfoques y métodos concretos, si se siguen de manera precisa, conducirán a unos niveles de aprendizaje de idiomas más eficaces que otros modos de enseñanza alternativos.
– La calidad de la enseñanza de idiomas mejorará si los profesores se valen de los mejores enfoques y métodos disponibles.

Los diferentes enfoques y métodos de enseñanza que han aparecido en los últimos sesenta años aproximadamente, aunque muchas veces poseen distintas características en cuanto a metas, ideas básicas de cómo se aprende una segunda lengua y técnicas docentes favoritas, tienen en común la creencia de que el perfeccionamiento del aprendizaje del idioma se conseguirá por medio de los cambios y mejoras de la metodología docente. Han reforzado esta idea las organizaciones profesionales que refrendan determinados enfoques y métodos de enseñanza, los académicos que respaldan unos y rechazan otros, los editores que producen y venden manuales basados en los últimos enfoques y métodos docentes y los profesores que buscan constantemente el «mejor» método. Comenta Lange:

> El desarrollo del profesor de lenguas extranjeras (...) está básicamente orientado hacia los métodos docentes. Por desgracia, las últimas metodologías «oportunistas» se sitúan en primer plano sin mucho estudio ni interpretación, sobre todo las que parecen más fáciles de aplicar inmediatamente en el aula o las que cuentan con el apoyo de un determinado «gurú». Aunque la preocupación por el método no es desde luego un tema nuevo, la actual atracción hacia el «método» tiene su origen a finales de la década de 1950, época en la que se hizo creer falsamente a los profesores de lenguas extranjeras que había un método para remediar los «problemas de la enseñanza y el aprendizaje de idiomas» (1990: 253).

La época más activa en la historia de los enfoques y métodos se extiende entre las décadas de 1950 y 1980. Los años cincuenta y sesenta fueron testigo de la aparición del Método Audiolingüístico y del Método Situacional, que fueron superados por el Enfoque Comunicativo. Durante el mismo periodo hubo otros métodos que atrajeron menos seguidores pero igualmente entusiastas, como la Vía Silenciosa, el Enfoque Natural y la Respuesta Física Total. En los noventa hicieron su aparición la Instrucción Basada en Contenidos y la Enseñanza de la Lengua Basada en Tareas como nuevos enfoques de la enseñanza de idiomas, así como movimientos tales como la Instrucción Basada en Competencias, que se centra en los resultados del aprendizaje en vez de en los métodos de enseñanza. Otros enfoques, como el Aprendizaje Cooperativo, el Enfoque de la Lengua Total y las Inteligencias Múltiples, que se desarrollaron originariamente en la educación general, se han extendido a entornos de segunda lengua. Estos enfoques y métodos se examinarán en las Partes II y III de este libro. En 1990, sin embargo, muchos expertos en lingüísitica aplicada y profesores de idiomas habían abandonado la creencia de que unos enfoques y métodos nuevos y mejores son la solución a los problemas de la enseñanza de idiomas. Se han perfilado modos opcionales de entender la naturaleza de la docencia de lenguas, unos modos que en ocasiones se consideran característicos de la «era post-métodos». Nos ocuparemos de ellos en el último capítulo de este libro.

Los enfoques y métodos en los programas de formación de profesores

A pesar de los cambios en el rango de los enfoques y métodos en la enseñanza de idiomas, el estudio de los métodos docentes pasados y presentes sigue siendo un componente importante de los programas de formación de profesores. Las razones para ello son las siguientes:

- El estudio de los enfoques y métodos proporciona a los profesores una visión de cómo ha evolucionado el campo de la enseñanza de idiomas.

- Los enfoques y métodos se pueden estudiar no como recetas docentes, sino como una fuente de prácticas bien utilizadas, que los profesores pueden adaptar o llevar a la práctica según sus propias necesidades.
- La experiencia en el uso de diferentes enfoques y métodos puede proporcionar a los profesores unas habilidades docentes básicas que posteriormente pueden aumentar o completar conforme desarrollan su experiencia docente.

Esta es la orientación que adoptamos en lo relativo a los enfoques y métodos docentes expuestos en este libro. No obstante, con el fin de entender la naturaleza fundamental de los métodos en la enseñanza de idiomas, es preciso describir el concepto de enfoque y método de una manera más sistemática. Este es el objeto del capítulo siguiente, en el que presentamos un modelo para la descripción, análisis y comparación de los métodos. Este modelo será utilizado como marco en nuestros posteriores debates y análisis de los concretos métodos y filosofías de enseñanza de las lenguas.

2 La naturaleza de los enfoques y de los métodos en la enseñanza de idiomas

Hemos visto en el capítulo anterior que los cambios en la fundamentación de los estudios de lenguas extranjeras, así como los procedimientos y las técnicas utilizadas en la clase para la enseñanza de idiomas, habían sido el reflejo de las respuestas que se habían ido dando a una variedad de preocupaciones y circunstancias. Durante muchos años, la tradición fue el principal aspecto organizador. El Método Gramática-Traducción reflejaba una visión académica y consagrada de la lengua y de su estudio. A veces, la realidad práctica del aula determinaba tanto los objetivos como los procedimientos, como en el caso de la elección de la lectura como objetivo en las universidades y en escuelas americanas a finales de la década de los veinte. Otras veces, se usaban teorías que tenían su origen en la lingüística, en la psicología o en una mezcla de ambas para desarrollar una base teórica y práctica en la enseñanza de idiomas, como fue el caso de varias propuestas reformistas del siglo XIX. A medida que el estudio de los métodos y de los procedimientos de enseñanza de idiomas tuvieron un papel más importante dentro de la lingüística aplicada a partir de 1940, se hicieron varios intentos para describir la naturaleza de los métodos y explorar más sistemáticamente la relación entre la teoría y la práctica en cada método concreto. En este capítulo aclararemos la relación entre enfoque y método, presentando un modelo para la descripción, el análisis y la comparación de los métodos.

Enfoque y método

Cuando los lingüistas y los especialistas en el lenguaje buscaron mejorar la calidad en la enseñanza de idiomas a finales del siglo XIX, lo hicieron basándose en principios y en teorías generales con respecto a cómo se aprenden las lenguas, cómo se representa y organiza en la memoria el conocimiento de la lengua o cómo se estructura la propia lengua. Lingüistas como Henry Sweet (1845–1912), Otto Jespersen (1860–1943) y Harold Palmer (1877–1949) –véase capítulo 3– elaboraron principios y enfoques que justificaban con fundamentos teóricos la elaboración de programas, de cursos y de materiales para la enseñanza de idiomas, aunque se dejaron muchos de los detalles prácticos para que otros los concretaran. Estos lingüistas buscaron una respuesta racional a preguntas como las relacionadas con los principios para realizar la selección y la secuencia del vocabulario y de la gramática, aunque ninguno de ellos vio en ningún método existente la representación ideal de sus ideas.

Al describir los métodos, resulta fundamental la diferencia entre una filosofía sobre la enseñanza de la lengua en el nivel de la teoría y de los principios, por una parte, y el conjunto de procedimientos aplicados a la enseñanza, por otra. En un intento por clarificar esta diferencia, en 1963 el lingüista americano Edward Anthony propuso un modelo. Identificó tres niveles de definición y organización, que llamó «enfoque», «método» y «técnica»:

> La organización es jerárquica. La clave para esta organización es que las técnicas desarrollan un método que es coherente con un enfoque...
>
> ... Un enfoque es un conjunto relacionado de supuestos con respecto a la naturaleza de la enseñanza y el aprendizaje de la lengua. Un enfoque es axiomático. Describe la naturaleza de la materia que se enseña...
>
> ... El método es un plan general para la presentación ordenada del material lingüístico, en el que ninguna parte se contradice con otras y todas se basan en un enfoque seleccionado. El enfoque es axiomático, mientras que el método es procedimental.
>
> Sobre la base de un enfoque puede haber muchos métodos...
>
> ... La técnica es la aplicación, lo que en realidad ocurre en el aula. Es un truco, una estratagema o un artificio que se usa para conseguir un objetivo inmediato. Las técnicas deben ser coherentes con el método y, por tanto, deben también estar en armonía con el enfoque.
>
> (Anthony, 1963: 63–67)

Según el modelo de Anthony, el enfoque es el nivel en el que se especifican los supuestos y las creencias sobre la lengua y su aprendizaje; el método es el nivel en el que se pone en práctica la teoría y en el que se toman las decisiones sobre las destrezas concretas que se enseñan, el contenido que se enseña y el orden en el que este contenido se presenta; la técnica es el nivel en el que se describen los procedimientos de enseñanza.

El modelo de Anthony es útil para distinguir entre distintos grados de abstracción y especificidad en diferentes propuestas para la enseñanza de idiomas. Así, podemos ver que las propuestas del Movimiento de reforma estaban situadas en el nivel del enfoque y que el Método Directo es un método derivado de este enfoque. Lo que se llamaba Método de Lectura, que apareció como consecuencia del Informe Coleman (véase capítulo 1), debería en realidad describirse en plural –métodos de lectura–, puesto que se han desarrollado diferentes formas de poner en práctica un enfoque sobre la lectura.

Se han propuesto otras varias formas para describir los enfoques y los métodos en la enseñanza de idiomas. Mackey, en su libro *Language Teaching Analysis* (1965), elaboró el modelo quizá más conocido de la década de los sesenta, que se centra principalmente en los niveles de método y técnica. El modelo de Mackey sobre la enseñanza de la lengua trata las dimensiones de selección, gradación, presentación y repetición que configuran un método. En realidad, a pesar del título del libro, este autor se preocupa principalmente del análisis de los libros de texto y de los principios de organización en que se basan esos libros. Su modelo no trata el nivel del enfoque y tampoco trata las conductas de los profesores y de los alumnos en el aula, excepto en la medida en que aparecen representadas en los libros de texto. Por tanto, este libro no puede servir realmente como base para un análisis amplio tanto de los enfoques como de los métodos.

Aunque la propuesta original de Anthony tiene la ventaja de ser simple y amplia, aparte de ser útil para distinguir la relación entre los principios teóricos subyacentes y las prácticas que se derivan de estos principios, no presta suficiente atención a la naturaleza del propio método. No se dice nada sobre los papeles de los profesores y de los alumnos en un método, por ejemplo, y tampoco sobre el papel de los materiales de enseñanza o la forma que se supone que deben tener. No trata la manera en que un enfoque puede concretarse en un método, o cómo se relacionan métodos y técnicas. Con el fin de presentar un modelo más amplio para el análisis de los enfoques y de los métodos, hemos revisado y ampliado el modelo original de Anthony. Las áreas fundamentales que necesitan una mayor aclaración son, usando la terminología de Anthony, el método y la técnica. Consideramos que el enfoque y el método se tratan en el nivel del diseño, que es el nivel donde se determinan los objetivos, el programa y los contenidos y donde se especifican los papeles de los profesores, de los alumnos y de los materiales de enseñanza. Para referirnos a la fase de aplicación (el nivel de la técnica en el modelo de Anthony), utilizamos el término más amplio de «procedimiento». Por tanto, un método se relaciona en el plano teórico con un enfoque, viene determinado por un diseño en lo relativo a la organización y se aplica en la práctica con un procedimiento. En lo que queda de este capítulo analizaremos la relación entre el enfoque, el diseño y el procedimiento, usando este análisis para comparar enfoques y métodos concretos en la enseñanza de idiomas. En el resto de los capítulos del libro usaremos el modelo presentado aquí como base para describir una serie de enfoques y de métodos de uso generalizado.

Enfoque

Siguiendo a Anthony, el *enfoque* se refiere a las teorías sobre la naturaleza de la lengua y su aprendizaje, que son la fuente de las prácticas y de los principios sobre la enseñanza de idiomas. Vamos a examinar por separado los aspectos psicológicos y lingüísticos de los enfoques.

Teoría de la lengua

Por lo menos un mínimo de tres teorías distintas sobre la lengua y la naturaleza del conocimiento lingüístico inspiran de manera implícita o explícita los enfoques y los métodos actuales de enseñanza de idiomas. El primero, y el más tradicional de los tres, es el punto de vista *estructural*, que considera la lengua como un sistema de elementos relacionados estructuralmente para codificar el significado. Se piensa que el objetivo del aprendizaje de una lengua es el conocimiento de los elementos del sistema, que generalmente se definen como unidades fonológicas (es decir, fonemas), unidades gramaticales (cláusulas, frases y oraciones), operaciones gramaticales (añadir, cambiar, unir o transformar elementos) y elementos léxicos (palabras funcionales y palabras estructurales). Como podemos ver en el capítulo 4, el Método Audiolingüístico representa esta visión particular de la lengua, como también lo hacen métodos contemporáneos como la Respuesta Física Total (capítulo 5) y la Vía Silenciosa (capítulo 6).

La segunda teoría de la lengua es la *funcional*, que considera a la lengua como un vehículo para la expresión de un significado funcional. El movimiento comunicativo en la enseñanza de idiomas suscribe este planteamiento (véase capítulo 14). Esta teoría hace mayor hincapié en la dimensión semántica y comunicativa que en las características gramaticales de la lengua, y se centra en la especificación y la organización de los contenidos de la enseñanza mediante categorías de significado y función, más que mediante elementos estructurales y gramaticales. *Notional Syllabuses* (Wilkins, 1976) es un intento de desarrollo de las implicaciones de esta teoría de la lengua en la elaboración de un programa. Un programa nocional incluiría no solamente elementos de gramática y de léxico, sino que también especificaría los temas, las nociones y los conceptos que el alumno necesita para comunicarse. De la misma forma, el movimiento del inglés para fines específicos[1] no se basa en una teoría estructural de la lengua, sino en las necesidades funcionales del alumno (Robinson, 1980).

La tercera teoría de la lengua puede llamarse *interactiva*. Considera la lengua como un vehículo para el desarrollo de relaciones personales y la realización de transacciones de tipo social entre individuos. Se concibe la lengua como un instrumento para crear y mantener relaciones sociales. Las áreas de investigación que se trabajan en el desarrollo de enfoques interactivos para la enseñanza de la lengua incluyen el análisis de la interacción, el análisis de la conversación y la etnometodología. Las teorías interactivas se centran en el análisis de la estructura de los modelos de los movimientos, los actos, la negociación y la interacción que se encuentra en los intercambios conversacionales. El contenido de la enseñanza, de acuerdo con esta teoría, puede especificarse y organizarse a partir de modelos de intercambio e interacción, o bien puede dejarse sin especificar, de manera que puedan ser completados a partir de las indicaciones de los propios alumnos como participantes de la interacción.

La «interacción» ha sido fundamental en las teorías de la pedagogía y el aprendizaje de la segunda lengua desde los años ochenta. Rivers (1987) definió la perspectiva interactiva en la educación lingüística: «Los estudiantes logran la facilidad en el uso de una lengua cuando su atención se centra en transmitir y recibir mensajes auténticos (es decir, mensajes que contienen información de interés para el hablante y para el oyente en una situación importante para los dos). Esto es la *interacción*» (Rivers, 1987: 4). El concepto de interactividad se ha relacionado también con la enseñanza de las habilidades de lectura y escritura además de las

---

1 English for Specific Purposes (ESP), en el original. [N. del E.]

de comprensión auditiva y expresión oral. Carrell, Devine y Esky (1988) utilizan el concepto de «interactividad» para referirse al uso simultáneo por los lectores, en la comprensión lectora, de un procesamiento simultáneo de arriba abajo y de abajo arriba. Se utiliza asimismo para aludir a la relación existente entre lector y escritor, a quienes se considera participando en una conversación de base textual (Grabe en Carrell, Devine y Esky, 1988). La Enseñanza de la Lengua Basada en Tareas (capítulo 18) se inspira también en una visión interactiva de la lengua, como hasta cierto punto la Lengua Total (capítulo 9), la Programación Neurolingüística (capítulo 11), el Aprendizaje Cooperativo de la Lengua (capítulo 16) y la Instrucción Basada en Contenidos (capítulo 17). A pesar de su entusiasmo por la «interactividad» como concepto definidor en la enseñanza de idiomas, no se ha descrito un modelo de la «Lengua como Interacción» con el mismo nivel de detalle que los modelos que se han desarrollado para los planteamientos estructurales y funcionales de la teoría del lenguaje.

Los modelos estructural, funcional e interactivo de la lengua (o sus posibles variaciones) proporcionan los axiomas y la base teórica que pueden fundamentar un método de enseñanza particular, como el Audiolingüístico. En sí mismas, sin embargo, estas teorías son incompletas, y tienen que ser complementadas con teorías sobre el aprendizaje de la lengua. Pasemos a estudiar esta dimensión.

Teoría sobre el aprendizaje de la lengua

A pesar de que ciertas teorías específicas sobre la naturaleza de la lengua pueden constituir la base de un método de enseñanza determinado, otros métodos se basan fundamentalmente en una teoría sobre el aprendizaje de la lengua. Una teoría de aprendizaje que sirva de base a un enfoque o a un método responde a dos preguntas: ¿Cuáles son los procesos cognitivos y psicolingüísticos presentes en el aprendizaje de la lengua? y ¿Cuáles son las condiciones necesarias para activar estos procesos de aprendizaje? Las teorías de aprendizaje asociadas con un método en el nivel del enfoque pueden poner énfasis en una o en ambas dimensiones. Las teorías orientadas hacia el proceso se basan en procesos de aprendizaje, como la formación de hábitos, la inducción, la inferencia, la comprobación de hipótesis y la generalización. Las teorías orientadas hacia las condiciones inciden en la naturaleza del entorno físico y humano en el que ocurre el aprendizaje de la lengua.

El Modelo del monitor de Stephen D. Krashen sobre el desarrollo de una segunda lengua (1981) es un ejemplo de una teoría de aprendizaje sobre la que se ha construido un método (el Enfoque Natural, véase capítulo 15). La Teoría del monitor trata tanto la dimensión de los procesos como la de las condiciones de aprendizaje. En cuanto a los procesos, Krashen distingue entre adquisición y aprendizaje. *Adquisición* se refiere a la asimilación natural de las reglas de la lengua a través de su uso para la comunicación. *Aprendizaje* se refiere al estudio formal de las reglas de la lengua y su proceso consciente. De acuerdo con Krashen, sin embargo, el aprendizaje sólo actúa como «monitor». El monitor es el almacén del conocimiento gramatical consciente de una lengua que se aprende a través de la enseñanza formal y al que se recurre para codificar enunciados producidos a través del sistema adquirido. La teoría de Krashen también trata las condiciones necesarias para que se produzca el proceso de adquisición. Krashen describe estas condiciones a partir de la información que recibe el alumno. La información debe ser comprensible, un poco por encima del nivel de competencia del alumno, interesante o relevante, no manipulada con arreglo a criterios de secuencia gramatical, presentada en cantidad suficiente y experimentada en contextos de baja ansiedad.

El Enfoque Natural de Tracy D. Terrell (1977) es un ejemplo de un método derivado en primer término más de una teoría del aprendizaje que de una teoría particular de la lengua. Aunque el Enfoque Natural se basa en una teoría del aprendizaje que especifica tanto procesos como condiciones, la teoría del aprendizaje que subyace en métodos como el Aprendizaje-Orientación y la Vía Silenciosa trata principalmente las condiciones que se consideran necesarias para que se produzca el aprendizaje, sin especificar los procesos que se consideran necesarios (véanse capítulos 6 y 7).

En sus escritos sobre el Aprendizaje-Orientación (*Counseling-Learning*), Charles A. Curran (1972), por ejemplo, se centra fundamentalmente en las condiciones necesarias para que se produzca un aprendizaje satisfactorio. Curran piensa que la atmósfera del aula es un factor crucial, y su método busca mejorar los sentimientos de miedo e inseguridad que experimentan muchos alumnos. El método de Respuesta Física Total de James Asher (1977) es también un método que tiene su origen más en una teoría del aprendizaje que en una teoría de la naturaleza de la lengua (véase capítulo 5). La teoría del aprendizaje de Asher responde tanto al proceso como a las condiciones del aprendizaje. Parte del supuesto de que el aprendizaje de la lengua por parte del niño se basa en una actividad motora, en la que se coordinan lengua y acción, y que esto debería constituir la base de la enseñanza de una lengua extranjera a adultos. Asher piensa que, relacionando la producción y la comprensión lingüística con el movimiento corporal y las acciones físicas, se consiguen las condiciones que permiten que el aprendizaje de la lengua sea un éxito. La Vía Silenciosa de Caleb Gattegno (1972, 1976) se construye también alrededor de una teoría que plantea las condiciones necesarias para que se produzca un aprendizaje satisfactorio. Los escritos de Gattegno tratan las necesidades que los alumnos tienen de sentirse seguros sobre el aprendizaje y de asumir un control consciente sobre el mismo. Muchas de las técnicas usadas en el método se proponen con el fin de formar a los alumnos en el uso consciente de su inteligencia para aumentar su potencial de aprendizaje.

A menudo parece que hay afinidades naturales entre ciertas teorías de la lengua y teorías sobre el aprendizaje de un idioma; sin embargo, se pueden imaginar diferentes emparejamientos de la teoría de la lengua y de la teoría del aprendizaje que podrían funcionar tan bien como los ya observados. La unión del estructuralismo (una teoría lingüística) y el conductismo (una teoría del aprendizaje) produjo el Método Audiolingüístico. Esta unión concreta, no obstante, no era inevitable. Los defensores de un código cognitivo (véase capítulo 4), por ejemplo, han intentado unir un modelo más sofisticado de estructuralismo a un tipo de teoría del aprendizaje más mentalista y menos conductista.

Por lo que al enfoque se refiere, por tanto, nos preocupan los principios teóricos. Con respecto a la teoría lingüística, tenemos que definir el modelo de competencia lingüística y los rangos elementos básicos de la organización lingüística y el uso de la lengua. Con respecto a la teoría del aprendizaje, tenemos que definir los procesos centrales del aprendizaje y las condiciones que consideramos que facilitan un aprendizaje eficaz de la lengua. Estos principios pueden o no llevar a un método. Los profesores pueden, por ejemplo, desarrollar sus propios procedimientos de enseñanza, influidos por unas concepciones particulares de la lengua y de la enseñanza. Así, pueden revisar, variar y modificar constantemente los procedimientos de enseñanza y de aprendizaje sobre la base de la actuación de los alumnos y sus reacciones con respecto a la práctica de enseñanza. Un grupo de profesores con parecidos puntos de vista sobre la lengua y su aprendizaje (es decir, que compartan un enfoque similar) pueden cada uno de ellos poner en práctica estos principios de forma diferente. Un enfoque no especifica procedimientos. La teoría no establece una serie concreta de técnicas y actividades de enseñanza. Lo que une la teoría con la práctica (o el enfoque con el procedimiento) es lo que llamamos el diseño.

Diseño

Para que de un enfoque se derive un método, es necesario que se desarrolle el diseño de un sistema de enseñanza. El diseño es el nivel de análisis del método en el que consideramos cuáles son los objetivos del método; cómo se selecciona y organiza el contenido de la lengua en el método, es decir, el modelo de programa que incorpora el método; los tipos de tareas de aprendizaje y de actividades de enseñanza que defiende el método; el papel de los alumnos; el papel del profesor, y el papel de los materiales de enseñanza.

Objetivos

Diferentes teorías sobre la lengua y su aprendizaje influyen en el enfoque de un método; es decir, determinan lo que un método pretende conseguir. La especificación de objetivos de aprendizaje concretos, sin embargo, es un producto del diseño, no del enfoque. Algunos métodos ponen énfasis en las destrezas orales y dicen que las destrezas de lectura y de escritura son secundarias con respecto a las orales. Otros métodos se proponen la enseñanza de destrezas comunicativas generales y dan más importancia a la habilidad para expresarse y hacerse entender que a la corrección gramatical o a la pronunciación perfecta. Otros dan una mayor importancia a la corrección gramatical y de la pronunciación desde el principio. Algunos métodos pretenden la enseñanza de una gramática y un vocabulario básico de una lengua. Otros definen sus objetivos no tanto desde una perspectiva lingüística como desde un punto de vista de las conductas de aprendizaje, es decir, los procesos o las habilidades que se espera que el alumno adquiera como resultado de la enseñanza. Por ejemplo, Gattegno escribe: «El aprendizaje no es el medio de acumular conocimiento, sino el medio de llegar a ser un estudiante más capaz en aquello que se estudia» (1972: 89). Este objetivo orientado hacia el proceso puede ofrecerse como contraste a los objetivos orientados hacia los resultados propios de los métodos más tradicionales. El grado en el que un método tiene objetivos orientados hacia el resultado o hacia el proceso puede verse a través del énfasis dado a la adquisición del vocabulario y la competencia gramatical, y en cómo se tratan los errores gramaticales y de pronunciación en el método. Muchos métodos que defienden una mayor orientación hacia el proceso, en realidad demuestran una gran preocupación por la consecución de los objetivos gramaticales y léxicos, así como un afán por la corrección de la gramática y la pronunciación.

La selección y la organización del contenido: programa

Todos los métodos de enseñanza de idiomas conllevan el uso de la lengua objeto. Por tanto, todos los métodos incluyen unas decisiones implícitas o explícitas con respecto a la selección de los elementos lingüísticos (palabras, estructura de oraciones, tiempos verbales, construcciones, funciones, temas, etc.) que se van a usar en un curso o en un método. Las decisiones con respecto a la selección del contenido de la lengua se relacionan tanto con el tema como con la lengua. En otras palabras, uno toma decisiones sobre lo que dice (el tema) y sobre cómo lo dice (la lengua). Los cursos de inglés para fines específicos, por ejemplo, se centran en un enfoque basado en el tema en cuestión. Los métodos estructurales, como el de la Enseñanza Situacional de la Lengua y el Método Audiolingüístico, tienen un enfoque basado en la lengua. Los métodos generalmente se diferencian en cuanto a la lengua que consideran relevante, en cuanto a los temas sobre los que la enseñanza de la lengua debe organizarse y en cuanto a los principios a partir de los cuales se usan para organizar los contenidos de un curso en secuencias. Al hablar de contenidos incluimos los principios de selección (Mackey, 1965) que finalmente configuran el programa adoptado en un curso y los materiales de enseñanza que se usan, así como los criterios de gradación que el método adopta. En los cursos basados en la gramática, los aspectos de secuencia y gradación se determinan generalmente de acuerdo con la dificultad de los elementos lingüísticos y su frecuencia. En los cursos con orientación funcional o comunicativa (p. e., en los programas de enseñanza de idiomas con fines específicos), la secuencia puede establecerse de acuerdo con las necesidades comunicativas de los alumnos.

Tradicionalmente, el término *programa* se ha usado para referirse a la forma en la que se especifica el contenido lingüístico en un curso o en un método. Inevitablemente, el término se ha asociado estrechamente con métodos más centrados en el resultado que en el proceso. Se pueden identificar los programas y los principios de programación de los métodos Audiolingüístico, Estructural-Situacional y de los métodos nocional-funcionales, así como de los enfoques de fines específicos. El programa que subyace en los métodos Situacional y

Audiolingüístico consiste en una lista de elementos y construcciones gramaticales, frecuentemente junto a una lista asociada de elementos de vocabulario (Fries y Fries, 1961; Alexander *et al.*, 1975). Los programas nocional-funcionales especifican el contenido comunicativo de un curso por lo que a funciones, nociones, temas, gramática y vocabulario se refiere. Estos programas generalmente se determinan antes de la enseñanza, y por esta razón se han llamado «programas apriorísticos».

Se han propuesto diversas taxonomías de tipos de programa en la enseñanza de idiomas, por ejemplo, Yalden (1987), Long y Crookes (1992) y Brown (1995). Brown (1995: 7) enumera siete tipos básicos de programa: Estructural, Situacional, Tópico, Funcional, Nocional, Basado en Habilidades y Basado en Tareas; por lo general, éstos se pueden unir a enfoques o métodos concretos: Oral/Situacional (Situacional); Audiolingüístico (Estructural); Enseñanza Comunicativa de la Lengua (Nocional/Funcional); Enseñanza Basada en Tareas (Basado en Tareas). Sin embargo, para algunos de los enfoques y métodos examinados en este libro hemos tenido que hacer nuestras deducciones en lo tocante a programas, ya que no se especifica nada en este sentido. Esto es así, sobre todo, cuando es la organización de contenidos en vez de la organización de la lengua o las cuestiones pedagógicas la que determina el diseño de programas, como sucede con la Instrucción Basada en Contenidos (capítulo 17).

El término programa, sin embargo, se utiliza con menor frecuencia en los métodos basados en el proceso, en los que las consideraciones sobre el contenido de la lengua son frecuentemente secundarias. El método de Aprendizaje-Orientación, por ejemplo, no tiene un programa de lengua como tal. Ni la lengua ni el tema se especifican de antemano. Los alumnos seleccionan el contenido eligiendo los temas de los que quieren hablar. Estos temas son después traducidos a la lengua objeto y usados como base de la interacción y de la práctica lingüística. Para descubrir el contenido lingüístico que ha sido generado y practicado durante un curso organizado según los principios de este método, sería necesario grabar las lecciones y más tarde determinar qué elementos de la lengua se han practicado. Se trataría de una especificación del programa *a posteriori*; es decir, la programación vendría determinada por el examen de la transcripción de las lecciones. Con métodos como la Vía Silenciosa y la Respuesta Física Total, el examen de las lecciones, los manuales del profesor y los textos utilizados revela que los programas que subyacen en estos métodos son de tipo léxico-gramatical de corte tradicional. En ambos hay un fuerte énfasis en la gramática y en la corrección gramatical.

Tipos de actividades de aprendizaje y de enseñanza

Los objetivos de un método, tanto si se define principalmente en función de los resultados como si se hace en función de los procesos, se alcanzan a través del proceso de enseñanza, a través de la interacción organizada y directa entre los profesores, los alumnos y los materiales del aula. Las diferencias entre los métodos en el nivel del enfoque se concretan en la selección de diferentes tipos de actividades de aprendizaje y de enseñanza en el aula. Las actividades de enseñanza que se centran en la corrección gramatical pueden ser bastante diferentes de las que se centran en las destrezas comunicativas. Las actividades dirigidas al desarrollo de procesos psicolingüísticos específicos para la adquisición de la lengua serán distintas de las que se centran en mejorar un aspecto concreto de la gramática. Los tipos de actividades que defiende un método –el tercer componente en el nivel del diseño en el análisis de los métodos– sirven frecuentemente para distinguir métodos. El Método Audiolingüístico, por ejemplo, utiliza normalmente diálogos y práctica de estructuras. La Vía Silenciosa utiliza actividades de resolución de problemas que incluyen el uso de gráficos especiales y regletas de colores. Los teóricos de la enseñanza comunicativa han defendido el uso de tareas que incluyan un «vacío de información» y una «transferencia de información»; es decir, los alumnos trabajan en la misma tarea, pero cada alumno tiene una información diferente y necesaria para realizar la tarea.

El concepto de «tarea» como tipo fundamental de actividad en la enseñanza de idiomas se ha elaborado y perfeccionado considerablemente desde su aparición en las primeras versiones de la Enseñanza Comunicativa de la Lengua. Además, las tareas han pasado a ser un importante centro de atención en la investigación y en la pedagogía de la adquisición de la segunda lengua. La historia y algunas de las interpretaciones actuales de la naturaleza de las tareas de enseñanza de las lenguas se describen con detalle en el capítulo 18 en relación con la Enseñanza de la Lengua Basada en Tareas.

Filosofías diferentes en el nivel del enfoque pueden afectar tanto al uso de distintos tipos de actividades como a los diferentes usos de un tipo particular de actividad. Por ejemplo, los juegos interactivos se usan frecuentemente en cursos audiolingüísticos para conseguir motivación y para introducir un cambio de ritmo en los ejercicios de repetición de práctica estructural. En la Enseñanza Comunicativa de la Lengua, los mismos juegos pueden usarse para presentar o practicar un tipo de intercambio interactivo determinado. Las diferencias en los tipos de actividades en los métodos pueden también conllevar diferentes organizaciones y agrupamientos de los alumnos. Un método que pone énfasis en la repetición oral a coro requerirá un agrupamiento de los alumnos en el aula diferente de un método que usa actividades para resolver problemas o intercambiar información en parejas. Por tanto, los tipos de actividades en cada método incluyen las categorías de actividad de aprendizaje y de enseñanza que propone este método, como los diálogos, el responder a órdenes, la resolución de problemas en grupo, las actividades de intercambio de información, las improvisaciones, las preguntas y respuestas o los ejercicios de repetición.

Debido a sus distintas posiciones con respecto a los procesos de aprendizaje, a los programas y a las actividades de aprendizaje, los métodos también atribuyen distintos papeles y funciones a los profesores, a los alumnos y a los materiales en el proceso de enseñanza. Éstos son los tres componentes del diseño en el análisis de los métodos que se presentan a continuación.

Papel del alumno

El diseño de un sistema de enseñanza estará notablemente influido por cómo se considere a los alumnos. Un método refleja respuestas implícitas o explícitas a preguntas relativas a la contribución de los alumnos al proceso de aprendizaje. Esto puede advertirse en el tipo de actividades que los alumnos realizan, el grado de control que los alumnos tienen sobre el contenido del aprendizaje, los agrupamientos de los alumnos que se adopta, el grado en que los alumnos influyen en el aprendizaje de otros y la opinión que se tenga del alumno como agente del proceso, como alguien que inicia o realiza algo o como alguien que soluciona un problema.

Muchas de la críticas al Método Audiolingüístico provienen de la limitación en los papeles que se ofrecen a los alumnos en este método. Se consideraba a los alumnos como mecanismos de estímulo-respuesta cuyo aprendizaje se producía por la práctica de repetición. Metodologías más modernas generalmente muestran una mayor preocupación por los papeles del alumno y por la variedad de los alumnos. Johnson y Paulston (1976) describen del siguiente modo los papeles del alumno en un enfoque del aprendizaje de la lengua individualizado: los alumnos planifican su propio programa de aprendizaje y, de esta forma, asumen finalmente su responsabilidad sobre lo que hacen en el aula; los alumnos comprueban y evalúan su propio progreso; los alumnos son miembros de un grupo y aprenden mediante la interacción con los demás compañeros; los alumnos ayudan a otros alumnos; los alumnos aprenden del profesor, de otros alumnos y de otros recursos didácticos. El método de Aprendizaje-Orientación considera que los alumnos tienen papeles que van cambiando con su desarrollo, y Curran (1976) utiliza una metáfora ontogénica para sugerir este desarrollo: divide el proceso de desarrollo en cinco estadios, que van desde la dependencia total con respecto al profesor en el estadio 1 a la independencia total en el estadio 5. Curran considera que estos estadios del alumno son paralelos al desarrollo del niño desde el embrión a la independencia del adulto, pasando por la infancia y la adolescencia.

Papel del profesor

Los papeles del alumno en un sistema de enseñanza se relacionan estrechamente con la posición y la función del profesor. De la misma forma, los papeles del profesor se relacionan, en última instancia, con los supuestos sobre la lengua y su aprendizaje en el nivel del enfoque. Algunos métodos consideran al profesor como la única fuente de conocimiento y dirección; otros ven el papel del profesor como catalizador, consejero, guía y modelo para el aprendizaje; otros presentan un sistema de enseñanza «a prueba de profesores», limitando la iniciativa del profesor; e incluyen los contenidos de enseñanza y de dirección en la planificación de las unidades de enseñanza. Los papeles del profesor y del alumno definen el tipo de interacción característico de la clase en la que se utiliza un método determinado.

Los papeles del profesor en los métodos se relacionan con los siguientes aspectos: los tipos de funciones que los profesores deben cumplir, ya sea como director, como consejero o como modelo, por ejemplo; el grado de control que tiene el profesor sobre cómo se aprende; el grado de responsabilidad que tiene el profesor para determinar el contenido de lo que enseña, y las formas de interacción que se desarrollan entre el profesor y los alumnos. La configuración de los métodos viene determinada en gran medida por la concreción de los papeles del profesor y sus resultados. En el Método Audiolingüístico clásico, se considera al profesor como la fuente de la lengua y su aprendizaje. Sin embargo, un aprendizaje menos centrado en el profesor puede requerir papeles del profesor muy específicos e incluso más exigentes. El papel del profesor en la Vía Silenciosa, por ejemplo, depende de una formación exhaustiva y de una sólida base metodológica. Solamente los profesores que están completamente seguros de su papel y del papel de los alumnos se arriesgarán a abandonar la seguridad que proporciona una enseñanza tradicional centrada en el libro de texto.

En algunos métodos, el papel del profesor se ha especificado en detalle. Los enfoques individualizados del aprendizaje definen papeles del profesor que crean formas específicas de interacción entre el profesor y los alumnos en la clase. En estos métodos se pretende derivar la responsabilidad del aprendizaje gradualmente desde el profesor al alumno. El método de Aprendizaje-Orientación considera al profesor como un consejero psicológico, y mide la efectividad de este papel por las destrezas y las características de un consejero: cordialidad, sensibilidad y tolerancia.

Como sugieren estos ejemplos, las posibles relaciones entre los papeles del alumno y del profesor pueden ser muchas y variadas. Estas relaciones pueden ser asimétricas, como las de un director y el miembro de una orquesta, la de un médico y su paciente o la de un entrenador y el jugador. Algunas metodologías contemporáneas han intentado establecer un tipo de relaciones entre alumno y profesor más simétricas, como la que se da entre amigos o compañeros. El papel del profesor reflejará, en última instancia, los objetivos del método y la teoría de aprendizaje sobre la que este método se basa, ya que el éxito de un método depende del grado en el que el profesor pueda proporcionar el contenido o crear las condiciones para aprender la lengua de modo eficaz.

Materiales de enseñanza

El último componente en el nivel del diseño se refiere al papel de los materiales dentro del sistema de enseñanza. Lo que se especifica con respecto a los objetivos, el contenido (es decir, el programa), las actividades de aprendizaje y los papeles del alumno y del profesor condiciona la función de los materiales dentro del sistema. El programa define el contenido lingüístico mediante elementos de lengua —estructuras, temas, nociones, funciones— o, en algunos casos, mediante tareas de aprendizaje (véanse Johnson, 1982; Prabhu, 1983). También define los objetivos del aprendizaje de la lengua mediante las macrodestrezas de hablar, escuchar, leer y escribir. Los materiales de enseñanza, a su vez, especifican aún más los contenidos, incluso donde no existe un programa, y definen o sugieren la intensidad en el tratamiento de los elementos del mismo, distribuyendo la cantidad de tiempo, de atención y de detalle que requieren las tareas o los elementos del programa determinado. Los materiales de enseñanza también definen o implican los objetivos de aprendizaje diarios que, en conjunto, constituyen los objetivos del programa. Los materiales que se diseñan a partir de la suposición de que el profesor inicia y comprueba el aprendizaje tienen distintos requisitos que los que se diseñan para el aprendizaje autónomo del alumno o para el aprendizaje orientado por tutores. Algunos métodos requieren el uso de materiales concretos y elementos reales. Otros incluyen materiales a prueba de profesores, que pueden utilizar incluso aquellos que tengan una pobre formación y un control limitado de la lengua. Otros materiales requieren profesores con una formación especial y con una competencia de la lengua que enseñan cercana a la de un nativo. Otros pretenden sustituir al profesor, de forma que el aprendizaje pueda realizarse de manera independiente. Algunos materiales exigen distintas formas de interacción en el aula; otros, reprimen esta interacción; finalmente, otros no se definen en cuanto a la interacción entre el profesor y el alumno o la interacción de los alumnos entre sí.

El papel de los materiales dentro de un método o sistema de enseñanza refleja las decisiones que conciernen al objetivo principal de los materiales (p. e., presentar contenidos, practicar contenidos, facilitar la comunicación entre alumnos o facilitar que los alumnos practiquen el contenido sin la ayuda del profesor), la forma de los materiales (p. e., libros de texto, medios audiovisuales, programas de ordenador), la relación de los materiales con otras fuentes de información (es decir, si sirven como la mayor fuente de información o solamente como un componente de ella) y las habilidades del profesor (p. e., su conocimiento de la lengua o su grado de formación y de experiencia).

Un diseño especial de un sistema de enseñanza puede implicar una serie de funciones que los materiales deben cumplir como apoyo del programa, de los profesores y de los alumnos. Por ejemplo, el papel de los materiales de enseñanza en una metodología funcional comunicativa podría especificarse como sigue:

1. Los materiales se centrarán en las habilidades comunicativas de interpretación, expresión y negociación.
2. Los materiales se centrarán más en intercambios de información comprensibles, relevantes e interesantes que en la presentación de la forma gramatical.
3. Los materiales incluirán diferentes tipos de textos y de medios, que los alumnos pueden usar para desarrollar su competencia a través de distintas actividades y tareas.

Con el fin de compararlos, el papel de los materiales en un sistema de enseñanza individualizado puede incluir las siguientes especificaciones:

1. Los materiales permitirán a los alumnos progresar a su propio ritmo de aprendizaje.
2. Los materiales pemitirán distintos estilos de aprendizaje.
3. Los materiales proporcionarán oportunidades para su uso y estudio de manera independiente.
4. Los materiales proporcionarán oportunidades para la evaluación autónoma y el progreso en el aprendizaje.

Se supone que el contenido de un método como el Aprendizaje-Orientación es el producto de los intereses de los alumnos, puesto que los alumnos proponen y desarrollan sus propios temas de estudio. En este sentido, parece que no se especifica ningún contenido lingüístico o materiales en este método. Sin embargo, este método reconoce la necesidad de que el alumno domine ciertos aspectos lingüísticos como el dominio del vocabulario, la gramática y la pronunciación. El Aprendizaje-Orientación considera que estas cuestiones son secundarias con respecto al papel central del profesor como consejero. En este sentido, se propone el uso de medios mecánicos y de otros materiales programados para ayudar en el aprendizaje de los aspectos más mecánicos de la lengua y permitir que el profesor realice mejor su función como consejero del aprendizaje.

Procedimiento

El último nivel de conceptualización y organización en un método es lo que nosotros llamamos *procedimiento*. En este nivel se incluyen las técnicas concretas, las prácticas y los comportamientos que aparecen en la enseñanza de una lengua cuando se utiliza un método específico. Se trata del nivel en el que describimos la manera en que se materializa el enfoque y el diseño de un método en el desarrollo de la clase. En el nivel del diseño vimos que un método defiende el uso de ciertos tipos de actividades de enseñanza como consecuencia de unos supuestos teóricos sobre la lengua y la enseñanza. En el nivel del procedimiento, nos preocupa cómo estas tareas y actividades se integran en lecciones y se usan como base para la enseñanza y el aprendizaje. Hay tres dimensiones en el nivel del procedimiento en relación con el método: el uso de las actividades de enseñanza (ejercicios, diálogos, actividades con vacío de información, etc.) para presentar la lengua nueva y para clarificar y demostrar los aspectos formales, comunicativos, etc., de la lengua; las formas en que las actividades concretas de enseñanza se usan para practicar la lengua, y los procedimientos y las técnicas que se usan para dar información a los alumnos sobre la forma o el contenido de sus oraciones o enunciados.

Esencialmente, por tanto, el procedimiento se centra en cómo un método trata las fases de presentación, práctica y evaluación de la enseñanza. Por ejemplo, a continuación se describen los aspectos de procedimiento en un curso que sigue la metodología de la Vía Silenciosa para principiantes basado en Stevick (1980: 44 – 45):

1. El profesor señala símbolos carentes de significado en un cuadro de la pared. Los símbolos representan las sílabas de la lengua oral. Los alumnos leen los sonidos en voz alta, primero en coro y después individualmente.
2. Una vez que los alumnos puedan pronunciar los sonidos, el profesor pasa a un segundo grupo de cuadros que contienen palabras usadas frecuentemente en la lengua, incluyendo los números. El profesor da pautas a los alumnos para que pronuncien números de varias cifras.
3. El profesor usa regletas de colores y se sirve de los cuadros y la gesticulación para ayudar a los alumnos en la producción de las palabras y las estructuras gramaticales que se necesiten.

Con respecto al tratamiento del error en este método, Stevick señala lo siguiente:

> Cuando los alumnos responden correctamente a la iniciativa del profesor, generalmente éste no reacciona con una señal explícita de que lo que hicieron estaba bien. Si la respuesta de un alumno es incorrecta, sin embargo, le indica que necesita trabajar más en la palabra o frase; si lo considera necesario, muestra al alumno dónde exactamente debe hacer el trabajo adicional.

(1980: 45)

Finocchiaro y Brumfit (1983) ilustran cómo puede tratarse la fase de procedimiento en lo que ellos llaman el enfoque nocional-funcional:

1. Presentación de un diálogo breve o varios minidiálogos.
2. Práctica oral de cada enunciado en el diálogo.
3. Preguntas y respuestas basadas en el tema y la situación del diálogo.
4. Preguntas y respuestas relacionadas con la experiencia personal del alumno, pero centradas en el tema del diálogo.
5. Estudio de las expresiones comunicativas básicas usadas en el diálogo o en una de las estructuras que ejemplifican la función.
6. Descubrimiento por parte del alumno de generalizaciones o reglas que subyacen en la expresión funcional de la estructura.
7. Reconocimiento oral, procedimiento interpretativo.
8. Actividades de producción oral, que van desde la comunicación guiada a la más libre.

Los métodos deberían mostrar su carácter más distintivo en el nivel del procedimiento, pero las observaciones de aula frecuentemente revelan que los profesores no siguen necesariamente los procedimientos que propone un método.

Los elementos y subelementos que constituyen un método y que hemos descrito bajo los términos de enfoque, diseño y procedimiento se resumen en el cuadro 2.1.

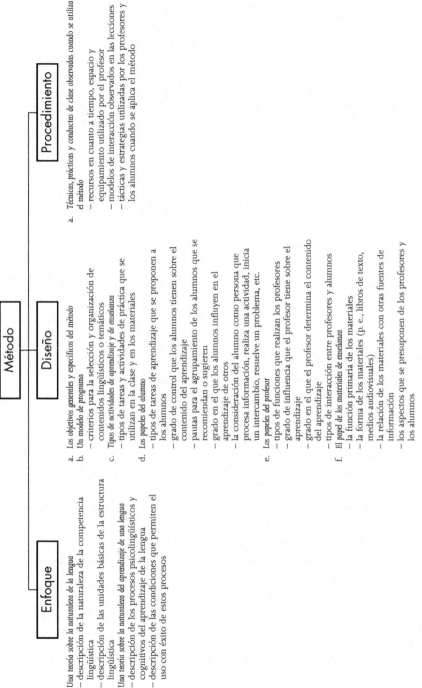

Método

Enfoque

a. *Una teoría sobre la naturaleza de la lengua*
   – descripción de la naturaleza de la competencia lingüística
   – descripción de las unidades básicas de la estructura lingüística
b. *Una teoría sobre la naturaleza del aprendizaje de una lengua*
   – descripción de los procesos psicolingüísticos y cognitivos del aprendizaje de la lengua
   – descripción de las condiciones que permiten el uso con éxito de estos procesos

Diseño

a. *Los objetivos generales y específicos del método*
b. *Un modelo de programa*
   – criterios para la selección y organización de contenidos lingüísticos o temáticos
c. *Tipos de actividades de aprendizaje y de enseñanza*
   – tipos de tareas y actividades de práctica que se utilizan en la clase y en los materiales
d. *Los papeles del alumno*
   – tipos de tareas de aprendizaje que se proponen a los alumnos
   – grado de control que los alumnos tienen sobre el contenido del aprendizaje
   – pautas para el agrupamiento de los alumnos que se recomiendan o sugieren
   – grado en el que los alumnos influyen en el aprendizaje de otros
   – la consideración del alumno como persona que procesa información, realiza una actividad, inicia un intercambio, resuelve un problema, etc.
e. *Los papeles del profesor*
   – tipos de funciones que realizan los profesores
   – grado de influencia que el profesor tiene sobre el aprendizaje
   – grado en el que el profesor determina el contenido del aprendizaje
   – tipos de interacción entre profesores y alumnos
f. *El papel de los materiales de enseñanza*
   – la función primaria de los materiales
   – la forma de los materiales (p. e., libros de texto, medios audiovisuales)
   – la relación de los materiales con otras fuentes de información
   – los aspectos que se presuponen de los profesores y los alumnos

Procedimiento

a. *Técnicas, prácticas y conductas de clase observadas cuando se utiliza el método*
   – recursos en cuanto a tiempo, espacio y equipamiento utilizado por el profesor
   – modelos de interacción observados en las lecciones
   – tácticas y estrategias utilizadas por los profesores y los alumnos cuando se aplica el método

Cuadro 2.1: Resumen de los elementos y subelementos que constituyen un método.

Conclusión

El modelo presentado en este capítulo demuestra que se puede describir cualquier método de enseñanza de lenguas en función de los aspectos que se han señalado en el nivel del enfoque, del diseño y del procedimiento. Sin embargo, muy pocos métodos son explícitos con respecto a todas estas dimensiones. En el resto de los capítulos de este libro intentaremos hacer explícitos cada uno de estos aspectos de enfoque, diseño y procedimiento en relación con los enfoques y métodos de enseñanza de idiomas que se usan más frecuentemente en la actualidad. En este sentido, a menudo tendremos que recurrir a lo que los responsables del desarrollo de estos métodos han escrito con el fin de determinar con precisión los criterios que se han utilizado para proponer las actividades de enseñanza, las afirmaciones que se han hecho con respecto a la teoría del aprendizaje, el tipo de programa que se utiliza, etc.

El modelo que se presenta no pretende dar a entender que el desarrollo metodológico se mueve de una manera clara desde el enfoque, a través del diseño, hasta el procedimiento. No está claro que esta fórmula de desarrollo sea posible, y nuestro modelo realmente no describe el caso típico. Los métodos pueden desarrollarse a partir de cualquiera de las tres categorías. Por ejemplo, se puede comenzar por una serie de procedimientos de enseñanza que parezca tener éxito y después desarrollar un diseño y un enfoque teórico que expliquen o justifiquen tales procedimientos. Algunos profesionales de la metodología se resistirían a llamar método a estas propuestas, aunque si se pueden describir en los niveles que hemos analizado, nosotros consideramos que sí lo son. A continuación vamos a examinar los principales enfoques y métodos de enseñanza que se utilizan a partir del análisis del modo en que reflejan decisiones específicas con respecto al enfoque, al diseño y al procedimiento.

3 El Enfoque Oral y la Enseñanza Situacional de la Lengua

Muy pocos profesores de lenguas en la década de los ochenta conocían los términos *Enfoque Oral* o *Enseñanza Situacional de la Lengua*, que se refieren a un enfoque de la enseñanza de la lengua desarrollado por los lingüistas británicos desde los años treinta a los sesenta. Aunque ninguno de estos términos sea utilizado actualmente, la influencia del Enfoque Oral ha sido considerablemente duradera, y ha configurado el diseño de muchos libros de texto y cursos de inglés usados ampliamente, incluso de muchos que todavía se utilizan hoy. Uno de los cursos de inglés como segunda lengua con más éxito recientemente, *Streamline English* (Hartley y Viney, 1979), refleja los principios clásicos de la Enseñanza Situacional de la Lengua, como también lo hacen muchas otras series utilizadas frecuentemente (por ejemplo, *Access to English* de Coles y Lord, 1975; *Kernel Lessons Plus* de O'Neill, 1973; y muchos de los libros de texto de L. G. Alexander, como, por ejemplo, *Alexander*, 1967). Como un reciente libro británico de metodología señala: «Este método se utiliza ampliamente en este momento y muchos libros de texto se basan en él» (Hubbard *et al.*, 1983: 36). Es importante, por tanto, entender los principios y las prácticas del Enfoque Oral y la Enseñanza Situacional de la Lengua.

Antecedentes

Los orígenes de este enfoque empezaron con el trabajo de lingüistas británicos en los años veinte y treinta. Al empezar en este tiempo, un conjunto de destacados lingüistas desarrollaron la base teórica de un enfoque metodológico en la enseñanza de idiomas. Dos de los líderes en este movimiento fueron Harold Palmer y A. S. Hornby, dos de las figuras más prominentes del siglo xx en la enseñanza de idiomas en Gran Bretaña. Ambos conocían el trabajo de lingüistas como Otto Jespersen y Daniel Jones, como también conocían el Método Directo. Lo que intentaron fue desarrollar una base más científica para un método oral de enseñanza del inglés que la que aparecía en el Método Directo. El resultado fue un estudio sistemático de los principios y de los procedimientos que podían aplicarse para la selección y la organización del contenido en un curso de idiomas (Palmer, 1917, 1921).

Control del vocabulario

Uno de los primeros aspectos que consideraron sobre el diseño metodológico fue el papel del vocabulario. En los años veinte y treinta se realizaron varias investigaciones a gran escala sobre el vocabulario de una lengua extranjera. El interés por esta investigación provenía de dos sectores determinados. En primer lugar, había un acuerdo general entre los especialistas en la enseñanza de lenguas, como Palmer, sobre la idea de que el vocabulario era uno de los aspectos más importantes en el aprendizaje de lenguas extranjeras. Una segunda influencia era la importancia que había adquirido la lectura como meta en el estudio de lenguas extranjeras en algunos países. Ésta había sido la recomendación del Informe Coleman (capítulo 1), así como también la conclusión a la que llegó otro especialista británico en la enseñanza de lenguas, Michael West, quien había estudiado el papel del inglés en la India en la década de los veinte. Se consideraba que el vocabulario era un componente esencial en la competencia lectora.

Esto dio lugar al desarrollo de principios sobre el control del vocabulario, que tendrían una gran influencia práctica en la enseñanza del inglés en las décadas posteriores. El recuento de frecuencias mostraba las 2000 palabras que aparecían con mayor frecuencia en textos escritos, y cuyo conocimiento podría ayudar en gran medida en la lectura de una lengua extranjera. Harold Palmer, Michael West y otros especialistas elaboraron una guía con el vocabulario necesario para enseñar inglés como lengua extranjera, *The Interim Report on Vocabulary Selection* (Faucett *et al.*, 1936), basado en la frecuencia y otros criterios. West revisó después esta guía en 1953 con *A General Service List of English Words*, que llegó a ser una referencia obligada en el desarrollo de materiales de enseñanza. Estos esfuerzos por introducir una base científica y racional para seleccionar el contenido de vocabulario en un curso de idiomas representaba el primer intento de establecer principios para la elaboración de programas en la enseñanza de idiomas.

Control de la gramática

Además del interés por desarrollar principios racionales para seleccionar el vocabulario, también había un interés por el contenido gramatical de un curso de lengua. En sus escritos, Palmer había puesto énfasis en los problemas de gramática del alumno que aprende una lengua extranjera. Mucho de su trabajo en Japón, donde dirigió el Instituto de investigación para la enseñanza del inglés desde 1922 hasta la Segunda Guerra Mundial, se centraba en desarrollar procedimientos de aula adecuados para enseñar estructuras gramaticales básicas a través de un enfoque oral. Sin embargo, su visión de la gramática era muy diferente del modelo abstracto de gramática que tenía el Método Gramática-Traducción, que se basaba en el supuesto de que una lógica universal constituía la base de todas las lenguas, y que afirmaba que la responsabilidad del profesor era mostrar cómo se expresaba en la lengua extranjera cada categoría de la gramática universal. Palmer consideraba la gramática como la estructura subyacente de las oraciones en la lengua oral. Palmer, Hornby y otros lingüistas británicos analizaron el inglés y clasificaron sus estructuras gramaticales más importantes (después llamadas «tablas de sustitución»), que podían usarse para ayudar a aprender las reglas de las estructuras oracionales en inglés.

Una clasificación de las estructuras de la oración inglesa se incorporó al primer diccionario para estudiantes de inglés como lengua extranjera, elaborado por Hornby, Gatenby y Wakefield y publicado en 1953 como *The Advanced Learner's Dictionary of Current English*. Se realizaron varias descripciones de la gramática inglesa con fines pedagógicos, como *A Grammar of Spoken English on a Strictly Phonetic Basis* (Palmer y Blandford, 1939), *A Handbook of English Grammar* (Zandvoort, 1945), y *Guide to Patterns and Usage in English* de Hornby (1954), que pronto se convirtieron en referencia obligada como fuente de los modelos oracionales básicos del inglés para los autores de libros de texto. Con el desarrollo de enfoques sistemáticos sobre el contenido gramatical y léxico de un curso de idiomas y con los esfuerzos de especialistas como Palmer, West y Hornby en el uso de estos recursos como parte de una base metodológica amplia para la enseñanza del inglés como lengua extranjera, se establecieron firmemente los cimientos del enfoque británico –el Enfoque Oral– para la enseñanza del inglés como lengua extranjera o como segunda lengua.

El Enfoque Oral y la Enseñanza Situacional de la Lengua

Palmer, Hornby y otros lingüistas británicos desarrollaron desde la década de los veinte en adelante un enfoque metodológico que incluía los principios sistemáticos de *selección* (los procedimientos por los que se elegía el contenido léxico y gramatical), *gradación* (los principios por los que se determinaban la organización y secuencia del contenido) y *presentación* (las técnicas usadas para la presentación y la práctica de los elementos en un curso). Aunque Palmer, Hornby y otros especialistas en la enseñanza del inglés tenían visiones diferentes sobre los procedimientos específicos que se debían usar en la enseñanza del inglés, sus principios generales se conocían como el Enfoque Oral en la enseñanza de idiomas. Este enfoque no debe confundirse con el Método Directo, que, aunque utilizaba procedimientos orales, no disponía de una fundamentación sistemática en la lingüística aplicada.

> Un Enfoque Oral no debería confundirse con el obsoleto Método Directo, donde el alumno se perdía en la utilización no graduada de la lengua, sufriendo todas las dificultades que hubiese encontrado al aprender la lengua en su contexto natural y perdiendo la mayor parte de los beneficios de una mejor contextualización en esas circunstancias.
>
> (Pattison, 1964: 4)

El Enfoque Oral fue el enfoque británico para la enseñanza de idiomas aceptado en la década de los cincuenta. Se describe en los libros de metodología más usados en la época, como French (1948–1950), Gurrey (1955), Frisby (1957) y Billows (1961). Sus principios se utilizan en el famoso *Oxford Progressive English Course for Adult Learners* (1954–1956) de Hornby y en muchos otros libros de texto más recientes. Uno de los defensores más activos del Enfoque Oral en la década de los sesenta fue el australiano George Pittman. Pittman y sus colegas desarrollaron un conjunto de materiales de enseñanza de gran influencia basados en el Enfoque Situacional, que fue ampliamente usado en Australia, Nueva Guinea y los territorios del Pacífico. La mayor parte de los territorios del Pacífico continúan usando los materiales Tate, desarrollados por la colega de Pittman, Gloria Tate. Pittman también desarrolló para el departamento de educación de Sydney los materiales situacionales usados en los programas de inglés para inmigrantes en Australia. La publicación de la serie *Situational English* en 1965 confirió a dichos materiales un carácter internacional. Los materiales de Alexander y otros destacados autores británicos de libros de texto también reflejaron los principios de la Enseñanza Situacional de la Lengua en la forma en que habían evolucionado a lo largo de los últimos veinte años. Las principales características del enfoque fueron las siguientes:

1. La enseñanza de una lengua empieza con la lengua oral. Los materiales se enseñan oralmente antes de presentarlos de forma escrita.
2. Se utiliza la lengua objeto como la lengua de expresión en el aula.
3. Los nuevos elementos de la lengua se introducen y se practican en situaciones.
4. Se utilizan procedimientos de selección de vocabulario para asegurar que se incluye el vocabulario general esencial.
5. Se gradúan los elementos gramaticales siguiendo el principio de que las formas simples deberían enseñarse antes que las complejas.
6. Se introducen la lectura y la escritura una vez que se ha establecido una base léxica y gramatical suficiente.

El tercer principio fue el que llegó a considerarse en la década de los sesenta el elemento esencial del enfoque, y fue entonces cuando el término *situacional* se extendió para referirse al Enfoque Oral. El mismo Hornby usó el término *Enfoque Situacional* en el título de una serie muy influyente de artículos publicados en *English Language Teaching* en 1950. Más tarde se extendieron los términos *Enfoque Estructural-Situacional* y *Enseñanza Situacional de la Lengua*. Con el fin de evitar más confusión, utilizaremos el término *Enseñanza Situacional de la Lengua* para incluir los enfoques Estructural-Situacional y Oral. ¿Cómo puede caracterizarse la Enseñanza Situacional de la Lengua en los niveles del enfoque, el diseño y el procedimiento?

Enfoque

Teoría de la lengua

La teoría de la lengua que subyace en la Enseñanza Situacional de la Lengua puede caracterizarse como un tipo de «estructuralismo» británico. Se consideraba que el habla era la base de la lengua y que el conocimiento de la estructura era lo esencial para poder hablarla. Palmer, Hornby y otros lingüistas británicos habían preparado descripciones pedagógicas de las estructuras gramaticales básicas del inglés que tenían que seguirse en el desarrollo metodológico. «El orden de las palabras, las palabras estructurales, las pocas inflexiones del inglés y las palabras de contenido formarán el material de nuestra enseñanza» (Frisby, 1957: 134). En cuanto a la teoría de la lengua, había poca diferencia con la versión ofrecida por lingüistas americanos como Charles Fries. De hecho, en los años sesenta Pittman se basó en las teorías sobre la lengua de Fries, pero la teoría americana era desconocida en gran medida por los lingüistas británicos en los años cincuenta. Sin embargo, los teóricos británicos le dieron un enfoque diferente al estructuralismo: la noción de «situación». «Nuestra principal actividad de aula en la enseñanza del inglés será la práctica oral de estructuras. Esta práctica oral controlada de la estructura de las oraciones debería llevarse a cabo en situaciones concebidas para permitir a los alumnos la mayor cantidad posible de práctica con el inglés oral» (Pittman, 1963: 179).

La teoría de que el conocimiento de las estructuras debe estar unido a las situaciones en que se utilizan dio a la Enseñanza Situacional de la Lengua una de sus características distintivas. Esta característica parecía reflejar la tendencia funcional de la lingüística británica desde los años treinta. Muchos lingüistas británicos habían insistido en la estrecha relación que había entre la estructura de la lengua y el contexto y la situación en la que se usaba. Lingüistas británicos como J. R. Firth y M. A. K. Halliday desarrollaron influyentes teorías de la lengua en las que el significado, el contexto y la situación tenían un papel importante: «Ahora el énfasis se pone en la descripción de la actividad lingüística como parte de un conjunto complejo de hechos que, junto con los participantes y los objetos relevantes, conforman las situaciones reales» (Halliday, McIntosh y Strevens, 1964: 38). Por tanto, en contraste con la visión estructuralista americana de la lengua (véase capítulo 4), se consideraba que la lengua era una actividad relacionada con finalidades y situaciones de la vida real. «La lengua que produce una persona... siempre se expresa con una intención» (Frisby, 1957: 16).

Teoría del aprendizaje

La teoría del aprendizaje en la que se basa la Enseñanza Situacional de la Lengua es una variante de la teoría conductista de formación de hábitos. Le preocupa fundamentalmente más los procesos que las condiciones de aprendizaje. Frisby, por ejemplo, considera válida la opinión de Palmer:

> Como Palmer señala, hay tres procesos para aprender una lengua: recibir el conocimiento o los materiales, memorizar la lengua por medio de repeticiones y usarla en la práctica real hasta que llega a constituir una habilidad personal.
>
> (1957: 136)

De la misma forma, French consideraba que el aprendizaje de una lengua requería la formación de hábitos:

> Resulta fundamental contar con hábitos de habla correctos... Los alumnos deberían ser capaces de usar las palabras, sin dudar o pensar, en modelos oracionales que sean correctos. Estos hábitos de habla pueden cultivarse por medio de ejercicios mecánicos de imitación ciega.
>
> (1950, vol. 3: 9)

Como el Método Directo, la Enseñanza Situacional de la Lengua adopta un enfoque inductivo en la enseñanza de la gramática. El significado de palabras o estructuras no se puede dar a través de una explicación en la lengua materna o la lengua objeto, sino que tiene que ser inducido de la forma en que se utilizan en una situación. «Si damos el significado de una nueva palabra, ya sea traduciéndola a la lengua materna o con un equivalente en la misma lengua, tan pronto como la presentamos debilitamos la impresión que la palabra hace en la mente» (Billows, 1961: 28). Por tanto, se desaconseja el uso de una explicación; se espera que el alumno deduzca el significado de una estructura concreta o de un elemento de vocabulario a partir de la situación en la que se presenta. La ampliación de las estructuras y del vocabulario a situaciones nuevas tiene lugar por generalización. Se espera que el alumno aplique la lengua aprendida en el aula a situaciones fuera del aula. Ésta es la manera en que se cree que los niños aprenden a hablar y, de acuerdo con los seguidores de la Enseñanza Situacional de la Lengua, los mismos procesos actuarán en el aprendizaje de una lengua extranjera.

Diseño

Objetivos

Los objetivos principales de la Enseñanza Situacional de la Lengua son la enseñanza de una competencia práctica de las cuatro destrezas lingüísticas, objetivos que comparte con la mayoría de los métodos de enseñanza de lenguas. Pero las destrezas se trabajan a través de las estructuras. Se considera fundamental la corrección de la pronunciación y de la gramática, y los errores deben evitarse por todos los medios. El control automático de las estructuras básicas es fundamental en la lectura y la escritura, y este control se produce por medio de la práctica oral. «Antes de que nuestros alumnos lean nuevas estructuras y vocabulario, les enseñaremos por medio de procedimientos orales estas estructuras y vocabulario» (Pittman, 1963: 186). Las destrezas escritas se derivan de las orales.

> La exposición oral puede ser un ejercicio muy valioso...
> Sin embargo, la habilidad con la que se trata esta actividad depende, en gran medida, del control de la lengua que sugiera el profesor y que utilicen los alumnos... Solamente cuando el profesor esté convencido de que los alumnos pueden hablar con una cierta corrección, dentro de los límites de su conocimiento de las estructuras de la lengua y del vocabulario, puede permitirles una elección libre de estructuras y de vocabulario.
>
> (Pittman, 1963: 188)

Programa

Como base para la enseñanza del inglés en una Enseñanza Situacional de la Lengua tenemos el programa estructural y la lista de palabras. El programa estructural es una lista de las estructuras básicas y los modelos oracionales del inglés, organizados según su orden de presentación. En este método, las estructuras siempre se enseñan dentro de las oraciones, y el vocabulario se elige según se requiera para la enseñanza de las estructuras de la oración. «Nuestro curso elemental consistirá en una lista de estructuras de la oración [estructura enunciativa, interrogativa e imperativa]… [e] incluirá tantas palabras estructurales como sea posible y suficientes palabras de contenido para que podamos practicar la lengua» (Frisby, 1957: 134). Frisby ofrece un ejemplo de programa estructural típico sobre el que se basa la enseñanza situacional:

	Estucturas	**Vocabulario**
Lección 1	Esto/Aquello es un/una…	libro, lápiz, pupitre, regla
Lección 2	Esto/Aquello son…	cuadro, silla, puerta, ventana
Lección 3	¿Es esto/aquello un/una…?	reloj, caja, pluma, pizarra
	Sí, lo es.	

(Adaptado de Frisby, 1957: 134)

Por tanto, el programa no era situacional en el sentido en que este término se utiliza a veces (es decir, una lista de situaciones y la lengua asociada a ellas). La situación se refiere, más bien, a la forma de presentar y practicar las estructuras de la oración, como veremos más tarde.

Tipos de actividades de aprendizaje y de enseñanza

La Enseñanza Situacional de la Lengua emplea un enfoque situacional para presentar las nuevas estructuras y practicarlas de una forma mecánica en contextos de repetición:

> nuestro método será situacional. Se controlará la situación cuidadosamente para enseñar el nuevo material lingüístico… de modo que no haya duda en la mente del alumno sobre el significado de lo que oye. … casi todo el vocabulario y las estructuras que se enseñan en los primeros cuatro o cinco años, e incluso más tarde, puede presentarse en situaciones en las que el significado esté suficientemente claro.
>
> (Pittman, 1963: 155–156)

Por *situación* Pittman entiende el uso de objetos concretos, dibujos y materiales auténticos, que junto con acciones y gestos puedan usarse para demostrar el significado de nuevos elementos de la lengua:

> La forma de palabras y estructuras nuevas se muestra mediante ejemplos y no a través de descripciones o explicaciones gramaticales. El significado de palabras y estructuras nuevas no se ofrece a través de la traducción. Se aclara visualmente (con objetos, dibujos, acciones y mímica). Cuando sea posible se relacionan oraciones modelo, sacándolas de una misma situación.
>
> (Davies, Roberts y Rossner, 1975: 3)

Las técnicas de práctica generalmente usadas consisten en repeticiones guiadas y actividades de sustitución, que incluyen repeticiones en coro, dictados, ejercicios mecánicos y tareas para escribir y leer controladas por procedimientos orales. A veces se utilizan otras técnicas de práctica oral, incluyendo la práctica por parejas y el trabajo en grupo.

Papel del alumno

En las etapas iniciales del aprendizaje, se necesita que el alumno simplemente escuche y repita lo que el profesor diga, respondiendo a las preguntas y a las órdenes que se le dirigen. El alumno no tiene control sobre el contenido del aprendizaje, y se le considera propenso a caer en conductas no deseadas a menos que el profesor le controle con habilidad. Por ejemplo, el alumno puede caer en una falta de pronunciación o en un uso erróneo de la gramática, olvidar lo que le han enseñado o no responder con suficiente rapidez; los hábitos incorrectos deben impedirse por todos los medios (véase Pittman, 1963). Más adelante, se estimula una participación más activa. Entonces, los alumnos pueden tomar la iniciativa en las respuestas y preguntarse entre ellos, aunque el control del profesor sobre la presentación y la práctica de la lengua nueva es siempre importante (véase Davies, Roberts y Rossner, 1975: 3–4).

Papel del profesor

El profesor tiene tres funciones principales. En la fase de presentación de la lección, el profesor sirve de modelo, planteando situaciones en las que se crea la necesidad de la estructura objeto y proponiendo modelos para que los alumnos repitan. Entonces el profesor «se comporta como un diestro director de orquesta, extrayendo la música de sus componentes» (Byrne, 1976: 2). El profesor debe ser un hábil manipulador; usará preguntas, órdenes y otros estímulos para conseguir enunciados correctos por parte de los alumnos. Por tanto, el profesor dirige las lecciones y decide su ritmo.

Durante la fase de práctica de la lección, se les da a los alumnos mayor oportunidad para que usen la lengua en situaciones menos controladas, pero el profesor está siempre al acecho de errores gramaticales o estructurales que puedan constituir la base de las siguientes lecciones. Organizar las revisiones es una tarea fundamental del profesor según Pittman (1963), quien resume las responsabilidades del profesor en función de:

1. el tiempo de la actividad
2. la práctica oral, para apoyar las estructuras del libro de texto
3. la revisión
4. el ajuste a las necesidades especiales de cada alumno
5. la evaluación
6. el desarrollo de otras actividades además de las del libro de texto

(Pittman, 1963: 177–178)

El papel del profesor es fundamental para el éxito del método, puesto que el libro de texto es sólo capaz de describir actividades para que el profesor las desarrolle en clase.

Materiales de enseñanza

La Enseñanza Situacional de la Lengua depende tanto del libro de texto como de las ayudas visuales. El libro de texto contiene lecciones organizadas estrechamente alrededor de diferentes estructuras gramaticales. Las ayudas visuales pueden producirlas los mismos profesores o estar ya editadas; estas ayudas consisten en murales, tarjetas, dibujos, etc. El elemento visual junto con la programación gramatical cuidadosamente graduada es un aspecto crucial de este método, lo que justifica la importancia del libro de texto. En principio, sin embargo, el libro de texto debería usarse «solamente como una guía del proceso de aprendizaje. Se espera que el profesor sea el que dirija su libro» (Pittman, 1963: 176).

Procedimiento

Los procedimientos del aula en la Enseñanza Situacional de la Lengua varían de acuerdo con el nivel de la clase, pero los procedimientos en cualquier nivel tratan de avanzar desde la práctica controlada de las estructuras a las actividades más libres y desde el uso oral de las estructuras a su uso automático en el habla, la lectura y la escritura. Pittman ofrece un ejemplo de preparación de una lección típica:

> La primera parte de la lección consistirá en la práctica del acento y la entonación... Después debería seguir la parte principal de la lección. Esta parte podría consistir en la enseñanza de una estructura. En este caso, la lección estaría formada por cuatro fases:
>
> 1. pronunciación
> 2. revisión (para preparar el trabajo nuevo si es necesario)
> 3. presentación del vocabulario y la estructura nueva
> 4. práctica oral (repetitiva)
> 5. lectura de textos con la estructura nueva o ejercicios escritos
>
> (1963: 173)

Davies *et al.* ofrecen ejemplos de preparación de lecciones para usar con este método. Las estructuras que se enseñan en las siguientes lecciones son «This is a...» y «That's a...»:

Profesor	(sujetando un reloj de pulsera) *Look. This is a watch.* (× 2) (señalando un reloj de pared en la pared o mesa) *That's a clock.* (× 2) *That's a clock.* (*This is a watch.* (dejando el reloj de pulsera y acercándose hasta tocar el reloj de pared o cogerlo) *This is a clock.* (× 2) (señalando el reloj de pulsera) *That's a watch.* (× 2) (recogiendo una pluma) *This is a pen.* (× 2) (dibujando un lápiz grande en la pizarra y alejándose) *That's a pencil.* (× 2) *Take your pens. All take your pens.* (los alumnos recogen sus plumas)
Profesor	*Listen. This is a pen.* (× 3) *This.* (× 3)
Alumnos	*This.* (× 3)
Un alumno	*This.* (× 6)
Profesor	*This is a pen.*
Alumnos	*This is a pen.* (× 3)
Alumno	(moviendo la pluma) *This is a pen.* (× 6)

Profesor	(señalando la pizarra) *That's a pencil.* (× 3) *That.* (× 3)
Alumnos	*That.* (× 3)
Un alumno	*That.* (× 6)
Profesor	*That's a pencil.*
Alumnos	(todos señalan a la pizarra) *That's a pencil.* (× 3)
Un alumno	(señalando la pizarra) *That's a pencil.* (× 6)
Profesor	*Take your books.* (tomando él mismo un libro) *This is a book.* (× 3)
Alumnos	*This is a book.* (× 3)
Profesor	(colocando el cuaderno en un lugar visible) *Tell me...*
Alumno 1	*That's a notebook.*

Ahora el profesor puede empezar a sacar objetos fuera de la caja, asegurándose de que no son elementos nuevos de vocabulario en la medida de lo posible. Los objetos grandes pueden colocarse en lugares visibles frente a la clase. Los objetos pequeños pueden distribuirse entre los alumnos.

(1975: 56)

Estos procedimientos ilustran las técnicas que se utilizan para presentar nuevos elementos de la lengua en situaciones. De la misma forma, los ejercicios de repetición se relacionan con «situaciones». Pittman ilustra la repetición oral de una estructura usando una caja llena de objetos para crear la situación. La estructura que se practica es «There's a (NOMBRE) + of + (NOMBRE) in the box» («Hay un/una (NOMBRE) + de + (NOMBRE) en la caja»). El profesor saca objetos de la caja y la clase repite:

There's a tin of cigarettes in the box.

There's a packet of matches in the box.

There's a reel of cotton in the box.

There's a bottle of ink in the box.

There's a packet of pins in the box.

There's a pair of shoes in the box.

There's a jar of rice in the box.

(Pittman, 1963: 168)

La caja de herramientas del profesor, un conjunto de elementos y objetos que pueden usarse en la práctica situacional de la lengua, es una parte esencial del equipo del profesor.

De la misma forma, Davies *et al.* dan información detallada sobre los procedimientos de enseñanza que se deben utilizar en la Enseñanza Situacional de la Lengua. La secuencia de actividades que proponen consiste en:

1. Prácticas de escuchar, con las que el profesor consigue la atención de sus alumnos. El profesor repite varias veces un ejemplo de las estructuras o una palabra aislada de manera clara, probablemente diciéndolo lentamente por lo menos una vez («¿dónde... está... el... bolígrafo?»), separando las palabras.

2. Imitación a coro, en la que todos los alumnos juntos o en grupos grandes repiten lo que el profesor ha dicho. Esto funciona mejor si el profesor da instrucciones claras como «Repetid» o «Todos», y señala con la mano para llevar el tiempo y el acento.

3. Imitación individual, en la que el profesor pide a varios alumnos que repitan el modelo que ha dado con el fin de comprobar su pronunciación.

4. Aislamiento, en el que el profesor aísla sonidos, palabras o grupos de palabras que causan problemas, volviendo a utilizar con ellos las técnicas anteriores antes de incluirlos en un contexto.

5. La construcción de un modelo nuevo, de forma que el profesor consigue que los alumnos hagan preguntas y las respondan usando las estructuras que ya conocen con el fin de presentar la información necesaria para introducir el modelo nuevo.

6. El uso de gestos, palabras, etc., con los que el profesor consigue que los alumnos hagan preguntas, construyan enunciados o den nuevos ejemplos de la estructura.

7. Prácticas de sustitución, en las que el profesor usa palabras, dibujos, números, nombres, etc., para conseguir que individualmente los alumnos mezclen los ejemplos de las estructuras nuevas.

8. Prácticas de preguntas y respuestas, con las que el profesor consigue que un alumno haga una pregunta y otro la responda hasta que la mayor parte de los alumnos en la clase hayan practicado las preguntas y respuestas de la nueva forma.

9. Corrección, en la que el profesor indica moviendo la cabeza, repitiendo el error, etc., que hay un error e invita al alumno o a otro alumno distinto a que lo corrija. Siempre que sea posible, el profesor no corrige el error. Hace que los alumnos se corrijan entre sí para conseguir que se escuchen con atención.

(Davies *et al.*, 1975: 6–7)

Davies *et al.* continúan después la descripción de cómo deben desarrollarse las actividades de escritura y las de explotación de la lectura.

Conclusión

Los procedimientos asociados con la Enseñanza Situacional de la Lengua en los años cincuenta y sesenta constituyeron una extensión y un ulterior avance de unas técnicas establecidas, propugnadas por los defensores del anterior Enfoque Oral en la escuela británica de enseñanza de idiomas. Los rasgos esenciales de la ESL se ven en el modelo de clase «P-P-P», cuyo dominio se exigió en los ochenta y principios de los noventa a miles de profesores que estudiaron para obtener el Certificado de la RSA de Cambridge para la enseñanza del inglés como lengua extranjera; se trataba de una clase en tres fases: Presentación (se presenta una nueva unidad de enseñanza en su contexto), Práctica (la unidad se practica bajo control) y Producción (una fase de práctica más libre) (Willis y Willis, 1996). La ESL suministró los grandes textos metodológicos de toda la década de 1980 y más allá (p. e., Hubbard *et al.*, 1983), y, como hemos observado, los manuales redactados con arreglo a los principios de la Enseñanza Situacional de la Lengua siguen siendo muy utilizados en muchas partes del mundo, especialmente cuando los materiales están basados en un programa gramatical. A mediados de los años sesenta, no obstante, se puso en tela de juicio la visión del lenguaje y del aprendizaje y la enseñanza de idiomas que subyacen a la Enseñanza Situacional de la Lengua. En el capítulo 14 examinaremos esta reacción y cómo condujo a la Enseñanza Comunicativa de la Lengua. Pero como los principios de la Enseñanza Situacional de la Lengua, con su firme insistencia en la práctica oral, la gramática y los modelos de oración, se ajustan a las intuiciones de muchos profesores de idiomas y ofrecen una metodología práctica adecuada para países en los que los programas nacionales de IFL/ISL [inglés como lengua extranjera/como segunda lengua] siguen teniendo una base gramatical, continúa siendo muy utilizada, aunque no necesariamente es objeto de reconocimiento general.

4   El Método Audiolingüístico

Antecedentes

El Informe Coleman en 1929 recomendaba un enfoque de la enseñanza de las lenguas extranjeras en las escuelas y universidades americanas basado en la lectura (capítulo 1). Se incidía en la enseñanza de la comprensión de textos. Los profesores enseñaban con libros que contenían textos cortos de lectura en la lengua extranjera, precedidos por listas de vocabulario. El objetivo era una lectura rápida y silenciosa, pero en la práctica los profesores frecuentemente recurrían al comentario del contenido de los textos en inglés. Los profesores que enseñaban inglés como segunda lengua en Estados Unidos en el periodo de entreguerras usaban una modificación del Método Directo, un enfoque basado en la lectura o bien una mezcla de ambos (Darian, 1972). A diferencia del enfoque que los lingüistas británicos estaban desarrollando durante este periodo, hubo pocos intentos por tratar el contenido de la lengua sistemáticamente. Se presentaban las estructuras de la oración y la gramática siguiendo los gustos del autor del libro de texto. No había ninguna norma establecida sobre la inclusión de la gramática o del vocabulario. Tampoco había ningún acuerdo sobre la gramática, las estructuras y el vocabulario que se consideraban más adecuados para los alumnos principiantes, de nivel intermedio o avanzado.

Pero la entrada de Estados Unidos en la Segunda Guerra Mundial tuvo un efecto significativo en la enseñanza de lenguas en América. Para que el gobierno de Estados Unidos pudiera tener personas que conocieran el alemán, el francés, el italiano, el chino, el japonés, el malayo y otras lenguas, y que pudieran trabajar como intérpretes y traductores, era necesario crear un programa especial para la enseñanza de lenguas. El gobierno pidió a las universidades americanas que desarrollaran programas de lenguas extranjeras para el personal militar. De esta forma, en 1942 se inicia el Programa para la Formación Especializada del Ejército[1]. A principios de 1943, participaban en el programa cincuenta y cinco universidades americanas.

El objetivo de los programas del ejército era que los alumnos adquirieran un nivel de conversación en una variedad de lenguas extranjeras. Como fuera que este no era el objetivo de los cursos convencionales de lenguas extranjeras en Estados Unidos, se necesitaban nuevos enfoques. Algunos lingüistas, como Leo-

---

[1]   *Army Specialized Training Program* (*ASTP*), en el original. [N. del E.]

nard Bloomfield en Yale, ya habían desarrollado programas de formación como parte de su investigación para que los lingüistas y los antropólogos aprendieran las lenguas de los indios americanos y otras lenguas que estaban estudiando. No existían libros de texto para estas lenguas. La técnica que Bloomfield y sus colegas usaban se conocía como el «método del informante», ya que utilizaban a un hablante nativo de la lengua —el informante— que servía como fuente de frases y de vocabulario, proporcionando oraciones para imitar, y un lingüista, que supervisaba la experiencia de aprendizaje. El lingüista no necesitaba conocer la lengua, pero estaba entrenado para sonsacar del informante las estructuras básicas de la lengua. De esta forma, los alumnos y el lingüista eran capaces de participar en conversaciones guiadas y aprendían a hablar la lengua, además de entender mucha de su gramática básica. Los alumnos de estos cursos estudiaban diez horas al día, seis días a la semana. Generalmente había quince horas de ejercicios de repetición con los hablantes nativos y veinte o treinta horas de estudio individual a lo largo de dos o tres sesiones durante seis semanas. Este fue el sistema que adoptó el ejército y, en grupos reducidos de alumnos maduros y muy motivados, se conseguían frecuentemente excelentes resultados.

El Programa para la Formación Especializada del Ejército tuvo una duración de dos años, pero atrajo mucho la atención de la prensa y de la comunidad académica. Durante los siguientes diez años se debatió el *Army method* y la conveniencia de usar este Método del ejército en programas normales de idiomas. Pero los lingüistas que desarrollaron este programa no estaban interesados especialmente en la enseñanza de idiomas. La «metodología» del Método del ejército, como la del Método Directo, se basaba más en el contacto con la lengua objeto que en una teoría metodológica bien desarrollada. Era un programa innovador principalmente por los procedimientos usados y la intensidad de la enseñanza y no por la teoría subyacente. Sin embargo, convenció a un grupo de lingüistas prominentes del valor de un enfoque oral e intensivo para aprender una lengua extranjera.

Durante este periodo, los lingüistas se preocupaban cada vez más de la enseñanza del inglés como lengua extranjera. Estados Unidos había surgido en el contexto internacional como un país poderoso. Había una demanda creciente de conocimiento sobre la enseñanza del inglés. Miles de alumnos extranjeros iban a Estados Unidos para estudiar en la universidad, y muchos de estos estudiantes necesitaban aprender inglés para poder empezar sus estudios. Estos factores hicieron que se desarrollara el enfoque americano en la enseñanza del inglés, que hacia mediados de los años cincuenta había derivado en el Método Audiolingüístico.

En 1939, la Universidad de Michigan desarrolló el primer Instituto de inglés en Estados Unidos; se especializaba en la formación de profesores de inglés como lengua extranjera y en enseñar inglés como lengua extranjera o segunda lengua. Charles Fries, director del instituto, se había formado en lingüística estructural y aplicó sus principios a la enseñanza de idiomas. Fries y sus colegas rechazaron enfoques como los del Método Directo, en los que los alumnos reciben la lengua, la usan y, gradualmente, aprenden sus estructuras gramaticales. Para Fries, la gramática, o la «estructura», era el punto de partida. La estructura de la lengua se identificaba con las estructuras básicas de la oración y las estructuras gramaticales. La lengua se enseñaba prestando una atención sistemática a la pronunciación y por medio de ejercicios intensivos de repetición oral de las estructuras básicas de la oración. La práctica de estructuras era una técnica básica del aula. «La tarea del alumno consiste en practicar estas estructuras básicas. Necesitan repetición y más repetición de estructuras, y solamente el vocabulario suficiente que permita esta repetición de estructuras» (Hockett, 1959).

Michigan no fue la única universidad dedicada al desarrollo de cursos y materiales para la enseñanza del inglés. Se establecieron varios programas similares, algunos de los primeros en la Universidad de Georgetown, la Universidad Americana en Washington, D.C. y la Universidad de Texas en Austin. Los lingüistas americanos se mostraban cada vez más activos, tanto en Estados Unidos como en el extranjero, en la supervisión de programas para la enseñanza del inglés (Moulton, 1961). En 1950, el *American Council of Learned Societies*, por medio de un contrato del Departamento de Estado, recibió el encargo de desarrollar libros de texto para enseñar inglés a hablantes de otras lenguas. El modelo que los lingüistas del proyecto siguieron se conocía como el «formato general»: una lección empezaba con la práctica de la pronunciación, la morfología y la gramática, y seguía con repeticiones y ejercicios. Las guías se publicaron con el título de *Structural Notes and Corpus: A Basis for the Preparation of Materials to Teach English as a Foreign Language* (*American Council of Learned Societies*, 1952). Este documento llegó a ser muy influyente y, junto con el «formato general», se usó como guía para desarrollar cursos de inglés para hablantes de otras diez lenguas (la famosa serie *Spoken Language*), que fueron publicados entre 1953 y 1956 (Moulton, 1961).

En esta época, la metodología usada por los lingüistas y los expertos americanos en enseñanza de lenguas presentaba un gran parecido, en muchos sentidos, con la del Enfoque Oral británico, aunque las dos tradiciones se desarrollaron independientemente. Sin embargo, el enfoque americano se diferenciaba por su estrecha relación con la lingüística estructural americana y sus aplicaciones, especialmente las del análisis contrastivo. Fries propuso sus principios en *Teaching and Learning English as a Foreign Language* (1945), donde los problemas de aprendizaje de una lengua extranjera se atribuían al conflicto de los diferentes sistemas estructurales (es decir, diferencias entre las estructuras gramatical y fonológica de la lengua materna y de la lengua objeto). El análisis contrastivo de las dos lenguas permitiría predecir y tratar, por medio de materiales de enseñanza preparados cuidadosamente, los problemas potenciales de interferencia. Así nació una gran industria americana de lingüística aplicada, que se basaba en comparaciones sistemáticas del inglés con otras lenguas con el fin de solucionar los problemas fundamentales en el aprendizaje de lenguas extranjeras.

El enfoque desarrollado por los lingüistas de Michigan y otras universidades se conocía indistintamente como el Enfoque Oral, el Enfoque Audio-Oral o el Enfoque Estructural. Defendía que se realizase la enseñanza auditiva en primer lugar y después la enseñanza de la pronunciación, seguida por hablar, leer y escribir. La lengua se identificaba con el habla, y el habla se trabajaba a través de la estructura. Este enfoque influyó en la forma en que se enseñaban las lenguas en Estados Unidos en los años cincuenta. En su papel de enfoque para la enseñanza del inglés como lengua extranjera, la nueva ortodoxia metodológica encontró en la publicación de la Universidad de Michigan *Language Learning* el medio de expresión ideal para darse a conocer. En este tiempo se consideraba que el conocimiento lingüístico era necesario y suficiente para poder enseñar la lengua. No debe resultar extraño, pues, que los materiales del aula producidos por Fries y otros lingüistas de Yale, Cornell y otros lugares mostraran un abundante análisis lingüístico pero muy poca pedagogía. Sin embargo, gozaron de un uso generalizado, y los principios lingüísticos en los que se basaron incorporaban el que se consideraba que era el enfoque científico más avanzado en la enseñanza de idiomas. Si había alguna teoría del aprendizaje en la base de los materiales audio-orales, ésta estaba basada en la aplicación de la idea común de que con la práctica se consigue la perfección. No había ninguna referencia explícita a las teorías de aprendizaje del momento en el trabajo de Fries. Fue precisamente la incorporación de los principios lingüísticos del Enfoque Audio-Oral a la corriente psicológica del aprendizaje a mitad de los años cincuenta lo que permitió que apareciera el llamado Método Audiolingüístico.

El Método Audiolingüístico apareció como consecuencia del mayor interés dado a la enseñanza de lenguas extranjeras en Estados Unidos hacia finales de los años cincuenta. La necesidad de un cambio radical y de una reflexión sobre la metodología en la enseñanza de lenguas extranjeras (que estaba fundamentalmente relacionada con el Método de Lectura) se vio estimulada con el lanzamiento del primer satélite ruso en 1957. El gobierno de Estados Unidos consideró necesario hacer un esfuerzo en la enseñanza de lenguas extranjeras con el fin de impedir su aislamiento de los avances científicos que se producían en otros países. La *National Defense Education Act* (1958), entre otras medidas, ofrecía fondos para el estudio y el análisis de las lenguas modernas, para el desarrollo de materiales de enseñanza y para la formación del profesorado. Se animaba a los profesores a asistir a escuelas de verano para mejorar su conocimiento de la lengua extranjera y para que aprendieran los métodos de enseñanza y los principios de la lingüística en que se basaban. Los especialistas en enseñanza de idiomas se propusieron desarrollar un método que pudiera adaptarse a las condiciones de las aulas en las escuelas y universidades americanas. Se basaron en la experiencia previa de los programas del ejército y en el Enfoque Audio-Oral o Estructural desarrollado por Fries y sus colegas, añadiendo intuiciones derivadas de la psicología conductista. Esta combinación de la teoría lingüística estructural, el análisis contrastivo, los procedimientos audio-orales y la psicología conductista dio lugar al Método Audiolingüístico. El audiolingualismo (método patentado por el profesor Nelson Brooks en 1964) reclamó para sí el haber transformado el arte de la enseñanza de idiomas en una ciencia que permitiría a los alumnos aprender la lengua extranjera de una forma efectiva y eficaz. Este método se adoptó de manera general para la enseñanza de lenguas extranjeras en las escuelas y universidades norteamericanas. Ofrecía la base metodológica necesaria para elaborar los materiales de enseñanza de lenguas extranjeras para ser utilizados en las escuelas y las universidades de Estados Unidos y Canadá, y sus principios formaban la base de series tan utilizadas como *Lado English Series* (Lado, 1977) y *English 900* (*English Language Services*, 1964). Aunque el método empezó a ser criticado a finales de los sesenta por razones que analizaremos más tarde, el Método Audiolingüístico y los materiales basados en sus principios todavía gozan hoy en día del favor de muchos profesionales. Vamos a examinar las características del Método Audiolingüístico en los niveles del enfoque, el diseño y el procedimiento.

Enfoque

Teoría de la lengua

La teoría de la lengua del Método Audiolingüístico se basaba en los planteamientos propuestos por los lingüistas americanos en los años cincuenta, unos planteamientos conocidos como *lingüística estructural*. La lingüística había surgido como una disciplina académica floreciente en los años cincuenta y la teoría estructural de la lengua constituía su espina dorsal. La lingüística estructural se había desarrollado en parte como reacción a la gramática tradicional. Los enfoques tradicionales en el estudio de la lengua habían relacionado el estudio de la lengua con la filosofía y con un enfoque mentalista de la gramática. La gramática se consideraba una parte de la lógica, y se creía que las categorías gramaticales de las lenguas indoeuropeas representaban las categorías ideales de las lenguas. Muchos estudiosos de la lengua en el siglo XIX habían considerado que las lenguas europeas modernas eran corrupciones de la gramática clásica y que las lenguas de otras partes del mundo eran primitivas y subdesarrolladas.

La reacción contra la gramática tradicional surgió con el movimiento hacia el positivismo y el empirismo, que la obra *Origen de las especies* de Darwin había ayudado a promover, y con el interés creciente de los académicos por las lenguas no europeas. Así surgió un interés más práctico por el estudio de la lengua. Cuando los lingüistas descubrieron nuevos tipos de sonidos y nuevas estructuras de organización lingüística, se desarrolló un nuevo interés por la fonética, la fonología, la morfología y la sintaxis. En los años treinta se pensaba que el enfoque científico del estudio de la lengua consistía en recoger ejemplos de lo que los hablantes decían y analizarlos más en función de los distintos niveles de organización estructural que de acuerdo con las categorías de la gramática latina. Se desarrolló una sofisticada metodología para recoger y analizar datos, que incluía la transcripción fonética de la lengua hablada y el posterior estudio de los sistemas fonético, morfológico (raíz, prefijos, sufijos, etc.) y sintáctico (tipos de frases, cláusulas y oraciones) que constituían la gramática de la lengua. La lengua era considerada como un sistema de elementos relacionados de manera estructural y destinados a codificar el significado, cuyos elementos eran los fonemas, los morfemas, las palabras, las estructuras y los distintos tipos de oraciones. El término *estructural* se refería a las siguientes características: se pensaba que los elementos de la lengua eran producidos linealmente, a partir de una serie de reglas (estructurados); la lengua podía ser descrita de manera exhaustiva en cualquier nivel estructural de descripción (fonético, fonémico, morfológico, etc.); se pensaba que los niveles lingüísticos eran sistemas dentro de sistemas; es decir, como si fueran estructurados piramidalmente: los sistemas fonémicos llevaban a sistemas morfémicos, y éstos, a su vez, a sistemas en un plano más elevado de frases, cláusulas y oraciones.

Se pensaba que para aprender un idioma había que conocer los elementos o bloques de construcción de la lengua y aprender las reglas que se utilizan para unir estos elementos, partiendo del fonema para llegar al morfema, la palabra, la frase y la oración. El sistema fonológico define aquellos elementos de sonido que contrastan significativamente entre sí en la lengua (fonemas), sus realizaciones fonéticas en contextos específicos (alófonos) y sus posibles secuencias (fonotáctica). Los sistemas fonológico y gramatical de la lengua constituyen la organización de la lengua y, por implicación, las unidades de producción y de comprensión. El sistema gramatical consiste en una lista de elementos gramaticales y las reglas que permiten una combinación lineal entre palabras, frases y oraciones. Los procesos reguladores consisten en añadir, eliminar y trasponer elementos.

Una característica importante de la lingüística estructural era que el medio fundamental es oral: la lengua es habla. Puesto que muchas lenguas no tienen forma escrita y, debido a que aprendemos a hablar antes que a leer o escribir, se afirma que la lengua es «primeramente lo que se habla y solamente en segundo lugar lo que se escribe» (Brooks, 1964). Por tanto, se asumía que el habla tenía prioridad en la enseñanza de la lengua. Esto era lo contrario de lo que popularmente se pensaba sobre la relación entre las formas escrita y oral de la lengua, puesto que se había asumido que la lengua existía principalmente como un símbolo escrito en un papel y que la lengua oral era una realización imperfecta de la versión escrita pura.

Este enfoque científico del análisis de la lengua parecía ofrecer las bases para la enseñanza de la misma. En 1961, el lingüista americano William Moulton, en un informe preparado para el noveno Congreso Internacional de Lingüistas, proclamó los principios lingüísticos sobre los que debería basarse la metodología de la enseñanza de idiomas: «La lengua es habla, no escritura... Una lengua es un conjunto de hábitos... Hay que enseñar la lengua, no acerca de la lengua... Una lengua es lo que sus hablantes nativos dicen, no lo que alguien piensa que deberían decir... Las lenguas son diferentes» (citado en Rivers, 1964: 5). Pero un método no puede basarse simplemente en la teoría de la lengua. También tiene que referirse a la psicología del aprendizaje y a una teoría del aprendizaje. A continuación vamos a tratar este aspecto del Método Audiolingüístico.

Teoría del aprendizaje

Los teóricos y los profesionales de la metodología de la enseñanza del inglés que desarrollaron el Método Audiolingüístico no solamente tenían una teoría de la lengua convincente y fuerte en la que basarse, sino que trabajaban en una época en la que una importante escuela americana de psicología —conocida como psicología conductista— afirmaba haber descubierto los secretos de todo el aprendizaje humano, incluido el aprendizaje lingüístico. El conductismo, como la lingüística estructural, es otro enfoque antimentalista y empírico del estudio de la conducta humana. Para el conductista, el ser humano es un organismo capaz de un amplio repertorio de conductas. Las conductas que aparecen dependerán de tres elementos cruciales del aprendizaje: un *estímulo*, que sirve para iniciar la conducta; una *respuesta* determinada por el estímulo, y un *refuerzo*, que sirve para señalar si la respuesta fue adecuada (o inadecuada) y anima a la repetición (o supresión) de la respuesta en el futuro (véanse Skinner, 1957; Brown, 1980). Estos elementos se ven representados en el diagrama 4.1.

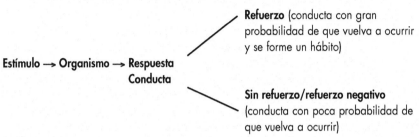

Diagrama 4.1.

El refuerzo es un elemento vital en el proceso de aprendizaje porque aumenta la probabilidad de que la conducta vuelva a ocurrir y que, finalmente, se convierta en hábito. Para aplicar esta teoría al aprendizaje de la lengua se identifica el organismo como el alumno de lengua extranjera, la conducta como la conducta verbal, la respuesta como la reacción del alumno al estímulo, y el refuerzo como la aprobación tanto extrínseca del profesor o de los compañeros como intrínseca de la autosatisfacción por el uso de la lengua objeto. El dominio de la lengua se representa como la adquisición de una serie de cadenas lingüísticas adecuadas de estímulos y respuestas.

Las prácticas descriptivas de los lingüistas estructuralistas sugerían un conjunto de hipótesis sobre el aprendizaje de la lengua y, por tanto, también sobre su enseñanza. Por ejemplo, como los lingüistas normalmente describían las lenguas empezando por el nivel fonológico y terminando con el nivel de la oración, se asumía que ésta era también la secuencia adecuada para el aprendizaje y la enseñanza. Como ahora se consideraba que el habla era fundamental y la escritura secundaria, se asumía que la enseñanza de la lengua debería centrarse en el dominio del habla, y que la presentación de la lengua escrita debería retrasarse bastante en el proceso de aprendizaje. Debido a que lo importante y distintivo en una lengua es su estructura, las primeras prácticas tenían que centrarse más en el dominio de las estructuras fonológicas y gramaticales que en el dominio del vocabulario.

A partir de todas estas influencias surgió un conjunto de principios de aprendizaje que llegó a ser la base psicológica del Método Audiolingüístico y conformó sus prácticas metodológicas. Algunos de los principios esenciales son los siguientes:

1. El aprendizaje de una lengua extranjera es fundamentalmente un proceso de formación mecánica de hábitos. Los buenos hábitos se forman dando respuestas correctas y no cometiendo errores. Con la memorización de diálogos y la realización de ejercicios mecánicos de estructuras, las posibilidades de error son mínimas. La lengua es conducta verbal —es decir, producción automática y comprensión de enunciados— y puede aprenderse incitando a los alumnos a llevar a cabo dichas actividades.

2. Las destrezas lingüísticas se aprenden mejor si los elementos de la lengua objeto se presentan de forma oral antes de que se vean de forma escrita. Se necesita una formación audio-oral para conseguir la base que permita desarrollar otras destrezas lingüísticas.

3. La analogía proporciona una base más sólida para el aprendizaje de la lengua que el análisis. La analogía incluye los procesos de generalización y de discriminación. Las explicaciones de las reglas no se dan hasta que los alumnos han practicado una estructura en una variedad de contextos y se considera que han percibido las analogías tratadas. Los ejercicios de repetición pueden permitir que los alumnos desarrollen analogías correctas. Por tanto, el enfoque para la enseñanza de la gramática es esencialmente inductivo más que deductivo.

4. Los significados que las palabras de la lengua tienen para el hablante nativo pueden aprenderse solamente en un contexto cultural y lingüístico, pero no aisladamente. Por tanto, la enseñanza de la lengua supone la enseñanza de aspectos del sistema cultural que comparten los hablantes de esa lengua.

(Rivers, 1964: 19–22)

Al abogar por estos principios, los defensores del método se inspiraban en la teoría de una escuela de psicología americana bien desarrollada: el conductismo. Un destacado conductista de Harvard, B. F. Skinner, había desarrollado una teoría del aprendizaje aplicable al aprendizaje de la lengua en su famoso libro *Verbal Behavior* (1957), en el que se afirmaba: «No tenemos razones para suponer... que la conducta verbal sea diferente, en ningún aspecto fundamental, de la conducta no-verbal, o que se necesiten nuevos principios para explicarla» (1957: 10). Con la ayuda de una teoría fuerte sobre la naturaleza de la lengua y su aprendizaje, los defensores de este método podían dedicarse ahora a diseñar cursos y materiales para la enseñanza de idiomas.

Diseño

Los seguidores del Método Audiolingüístico exigían una reorientación completa del currículo de lengua extranjera. Como los reformistas del siglo XIX, defendían una vuelta a la enseñanza basada en el habla con el objetivo fundamental de conseguir una competencia oral, rechazando el estudio de la gramática o de la literatura como metas para la enseñanza de lenguas extranjeras. «Se necesita una transformación radical, se requiere una nueva orientación en los procedimientos, y es imprescindible hacer una profunda limpieza de métodos, materiales, textos y exámenes» (Brooks, 1964: 50).

Objetivos

Brooks distingue entre objetivos a corto y a largo plazo en un programa audiolingüístico. Los objetivos a corto plazo incluyen la formación en la comprensión oral, la corrección fonética, el reconocimiento de los símbolos del habla como signos gráficos en una página impresa y la habilidad para reproducir estos símbolos por escrito (Brooks, 1964: 111). «Estos objetivos inmediatos implican otros tres: primero, el control de las estructuras del sonido, la forma y el orden en la nueva lengua; segundo, la familiarización con los elementos del vocabulario para darle contenido a estas estructuras; y tercero, el significado que los símbolos verbales tienen para los nativos de la lengua» (Brooks, 1964: 113). El objetivo a largo plazo «debe ser dominar la lengua como los hablantes nativos... Debe haber un conocimiento de la segunda lengua parecido al que posee el verdadero hablante bilingüe» (Brooks, 1964: 107).

En la práctica esto significa que el centro de atención en los primeros niveles es la destreza oral, con un aumento gradual de conexiones con otras destrezas a lo largo del aprendizaje. La competencia oral equivale a poseer una pronunciación y un conocimiento de la gramática correctos, y la habilidad para responder rápidamente y con corrección en contextos de comunicación. La enseñanza de la comprensión oral, la pronunciación, la gramática y el vocabulario se relaciona con el desarrollo de la fluidez oral. La comprensión y la expresión escritas pueden enseñarse, pero dependen de las destrezas orales previas. La lengua es principalmente habla en la teoría audiolingüística, pero la expresión oral se basa en la habilidad de percibir con corrección y producir los principales elementos fonológicos, en la fluidez en el uso de las estructuras gramaticales fundamentales, y en el conocimiento de suficiente vocabulario para poder usar estas estructuras.

Programa

El Método Audiolingüístico es un enfoque lingüístico, o basado en estructuras, de la enseñanza de la lengua. El punto de partida es un programa lingüístico, que contiene los elementos fundamentales de fonología, morfología y sintaxis de la lengua organizados según el orden de presentación. Estos elementos pueden derivarse en parte de un *análisis contrastivo* de las diferencias entre la lengua materna y la lengua objeto, puesto que se piensa que estas diferencias pueden ser la causa de las dificultades mayores que tendrá el alumno. Además, generalmente también se especifica por anticipado un programa léxico de elementos de vocabulario básico. En *Foundations for English Teaching* (Fries y Fries, 1961), por ejemplo, se propone un conjunto de elementos estructurales y léxicos graduados en tres niveles, junto a sugerencias sobre las situaciones que podrían usarse para practicar dichos elementos en contextos determinados.

Las destrezas lingüísticas se enseñan en este orden: comprensión oral, expresión oral, comprensión escrita y expresión escrita. Se considera que escuchar (la comprensión oral) consiste fundamentalmente en discriminar las estructuras básicas de los sonidos. La lengua puede presentarse en un principio de manera oral exclusivamente; la representación escrita no se presenta por lo general en los primeros niveles.

> Las actividades del alumno, en un principio, estarán confinadas a la parte audio-lingüística y gestual-visual del comportamiento lingüístico...
>
> Al reconocimiento y a la discriminación les siguen la imitación, la repetición y la memorización. Solamente cuando esté familiarizado con los sonidos, las organizaciones y las formas, podrá el alumno centrar su atención en aumentar el vocabulario... Se preocupará por conseguir la corrección antes de trabajar la fluidez.
>
> (Brooks, 1964: 50)

Cuando se introducen la lectura y la escritura, se enseña a leer y escribir lo que ya se ha aprendido a decir oralmente. Se intenta reducir las posibilidades de cometer errores tanto al hablar como al escribir usando un enfoque fuertemente estructurado para la presentación de los nuevos elementos lingüísticos. En niveles más avanzados, pueden introducirse tareas de lectura y de escritura más complejas.

Tipos de actividades de aprendizaje y de enseñanza

Los diálogos y los ejercicios de repetición forman la base de las prácticas audio-lingüísticas en el aula. Los diálogos proporcionan los medios para dotar las estructuras básicas de un contexto e ilustrar las situaciones en las que pueden usarse las estructuras, además de proporcionar algunos aspectos culturales de la lengua objeto. Se usan diálogos para la repetición y la memorización. Se hace hincapié en la corrección en la pronunciación, el acento, el ritmo y la entonación. Después de que se haya presentado y memorizado un diálogo, se seleccionan unas estructuras gramaticales específicas, sobre las cuales se realizarán varios tipos de ejercicios de repetición y práctica de estructuras.

El uso de ejercicios de repetición y la práctica de estructuras es un elemento distintivo del Método Audiolingüístico. Se usan varios tipos de ejercicios. Brooks (1964: 156–161) incluye los siguientes:

1. Repetición. El alumno repite un enunciado en voz alta tan pronto como lo oye, sin mirar al texto escrito. El enunciado debe ser suficientemente corto para que el alumno pueda retenerlo con sólo escucharlo. El sonido es tan importante como la forma y el orden.

   EJEMPLOS:
   Estamos en el mes de marzo. – Estamos en el mes de marzo.
   Después de que el alumno haya repetido un enunciado, puede decirlo otra vez añadiendo unas pocas palabras; después puede repetirlo todo y añadir más palabras.

EJEMPLOS:
Conozco a Luis desde hace años. − Conozco a Luis desde hace años.
Conozco a Luis desde hace muchos años. − Conozco a Luis desde hace muchos años, desde que íbamos juntos a la escuela...

2. Inflexión. Una palabra en un enunciado se presenta de forma distinta cuando se repite.

EJEMPLOS:
Ayer compré el billete. − Ayer compré los billetes.
Juan compró caramelos. − Luisa compró caramelos.
Llamé al fontanero ayer por la mañana. − Llamé a los fontaneros ayer por la mañana.

3. Sustitución. Una palabra en un enunciado se sustituye por otra.

EJEMPLOS:
Compró la casa muy barata. − La compró la casa muy barata.
María se fue muy temprano. − Se fue muy temprano.
Regalaron un reloj al jefe del departamento. − Le regalaron un reloj.

4. Reformulación. El alumno reformula un enunciado y se lo dice a otra persona, de acuerdo con las instrucciones.

EJEMPLOS:
Dile que te espere. − Espérame.
Pregúntale cuántos años tiene. − ¿Cuántos años tienes?
Pregúntale a Juan cuándo empezó. − Juan, ¿cuándo empezaste?

5. Completar. El alumno oye un enunciado al que le falta una palabra; entonces repite este enunciado completo.

EJEMPLOS:
Yo puedo ir a la farmacia mientras tú vas a... − Yo puedo ir a la farmacia mientras tú vas a la ferretería.
Todos tenemos... problemas. − Todos tenemos nuestros problemas.

6. Transposición. Se necesita un cambio de orden cuando se añade una palabra.

EJEMPLOS:
Tengo hambre. − Yo también (tengo hambre).

7. Expansión. Cuando se añade una palabra, ésta toma una posición determinada en la secuencia.

EJEMPLOS:
No le conozco (casi). − Casi no le conozco.
Le conozco (bien). − Le conozco bien.

8. *Contracción.* Una palabra sustituye a una frase.

EJEMPLOS:
Pon las manos *sobre la mesa.* – Pon las manos ahí.
Creen *que la tierra es plana.* – Lo creen.

9. *Transformación.* Una oración se transforma en negativa o en interrogativa. También puede haber cambios en el tiempo verbal, el modo, la voz, el aspecto o la modalidad.

EJEMPLOS:
Sabe mi dirección.
No sabe mi dirección.
¿Sabe mi dirección?
Años atrás sabía mi dirección.
Si hubiera sabido mi dirección.

10. *Integración.* Dos enunciados separados se integran en uno.

EJEMPLOS:
Tienen que actuar con responsabilidad. Es muy importante. – Es muy importante que actúen con responsabilidad.
Conozco a esa persona. Te está buscando. – Conozco a la persona que te está buscando.

11. *Respuestas.* El alumno da una respuesta adecuada a un enunciado. Se le dice antes que responda de una de estas maneras:

Sé educado.
Responde la pregunta.
Muestra que estás de acuerdo.
Muestra que estás muy de acuerdo.
Expresa sorpresa.
Expresa pesar.
Muestra que estás en desacuerdo.
Muestra que estás muy en desacuerdo.
Pregunta lo que se dijo.
Di que no entiendes.

Sé educado. EJEMPLOS:
Muchas gracias. – De nada.
¿Puedo tomar una copa? – Por supuesto.

Responde la pregunta. EJEMPLOS:
Disculpe, ¿cómo se llama? – Me llamo Guillermo Suárez.
¿Dónde sucedió? – Sucedió en plena calle.

Estar de acuerdo. EJEMPLOS:
Nos está siguiendo. – Creo que tienes razón.
Este café es muy bueno. – Sí, es muy bueno.

12. *Restauración.* Se le da al alumno una secuencia de palabras que han sido extraídas de una oración pero que todavía mantienen su significado. El alumno utiliza estas palabras con un mínimo de cambios y añadidos para reconstruir la oración en su forma original. Se le puede decir si el tiempo es el presente, el pasado o el futuro.

EJEMPLOS:
niños/esperar/autobús − Los niños esperan el autobús.
chicos/construir/casa/árbol − Los chicos construyeron una casa en el árbol.

Papel del alumno

Se considera que los alumnos son organismos que pueden ser dirigidos mediante técnicas de formación adecuadas para producir respuestas correctas. De acuerdo con la teoría de aprendizaje conductista, la enseñanza se centra más en las manifestaciones externas del aprendizaje que en los procesos internos. Los alumnos desempeñan un papel pasivo, respondiendo a estímulos, y, por tanto, tienen poco poder de decisión sobre el contenido, el ritmo y el estilo de aprendizaje. No se les pide que inicien la interacción porque ello puede conducir a errores. El hecho de que en los primeros niveles los alumnos no siempre entiendan el significado de lo que están repitiendo no se percibe como un inconveniente porque al escuchar al profesor, imitar con corrección y realizar tareas controladas están aprendiendo una nueva forma de conducta verbal.

Papel del profesor

En el Método Audiolingüístico, como en la Enseñanza Situacional de la Lengua, el papel del profesor es central y activo; se trata de un método controlado por el profesor. El profesor modela la lengua objeto, controla la dirección y el ritmo de aprendizaje, y comprueba y corrige la actuación de los alumnos. El profesor debe mantener la atención de los alumnos variando los ejercicios y las tareas, y debe además elegir las situaciones más adecuadas para practicar las estructuras. El aprendizaje de la lengua parece producirse por la interacción verbal entre el profesor y los alumnos. El fracaso en el aprendizaje sólo se produce por la aplicación inadecuada del método; por ejemplo, porque el profesor no proporciona suficiente práctica o porque el alumno no memoriza las estructuras esenciales, pero el método en sí mismo nunca es responsable del fracaso. Brooks afirma que debe formarse al profesor para que haga lo siguiente:

> Introducir, mantener y armonizar el aprendizaje de las cuatro destrezas en este orden: comprensión oral, expresión oral, comprensión escrita y expresión escrita.
> Usar −y no usar− el inglés en la clase de lengua.
> Dar el modelo de los distintos tipos de conducta lingüística que el alumno tiene que aprender.
> Enseñar la lengua oral en forma de diálogo.

Dirigir la respuesta a coro de todos o algunos alumnos de la clase.

Enseñar el uso de estructuras a través de la práctica estructural.

Guiar al alumno en la elección y en el aprendizaje del vocabulario.

Mostrar cómo las palabras se relacionan con el significado en la lengua objeto.

Conseguir que cada uno de los alumnos hable.

Premiar los ensayos de los alumnos de forma que el aprendizaje se refuerce.

Enseñar historias cortas y otras formas literarias.

Establecer y mantener una isla cultural.

Formalizar desde el primer día las reglas según las cuales se va a llevar la clase, y ponerlas en práctica.

(Brooks, 1964: 143)

Materiales de enseñanza

Los materiales de enseñanza en el Método Audiolingüístico ayudan al profesor a conseguir que el alumno pueda desarrollar el aprendizaje de la lengua. Normalmente estos materiales están centrados en el profesor. En los niveles elementales del curso no se acostumbra a utilizar un libro de texto del alumno; los alumnos principalmente escuchan, repiten y responden. En este estadio del aprendizaje, la presentación de la palabra escrita puede no considerarse conveniente porque aparta la atención de la presentación oral. Sin embargo, el profesor tendrá acceso a la guía didáctica que contiene la secuencia estructurada que debe seguirse en las lecciones, además de los diálogos, los ejercicios y otras actividades de práctica. Cuando se presentan los libros de texto y los materiales impresos a los alumnos, se incluyen los textos de los diálogos y todo lo que se necesita para hacer los ejercicios.

Las grabaciones y el equipo audiovisual generalmente desempeñan un papel fundamental en un curso audiolingüístico. Si el profesor no es un hablante nativo de la lengua objeto, la grabación proporciona modelos correctos para diálogos y ejercicios. Un laboratorio de idiomas puede también considerarse esencial, en cuanto proporciona la oportunidad de trabajar más los ejercicios y de escuchar de forma controlada y sin errores las estructuras básicas. También añade variedad al proporcionar una alternativa a la práctica del aula. Una lección grabada puede presentar primero un diálogo para practicar la comprensión oral, lo que permite que los alumnos repitan las oraciones del diálogo por líneas, y proporciona ejercicios posteriores de fluidez en torno a la gramática y la pronunciación.

Procedimiento

Como el Método Audiolingüístico es principalmente un enfoque oral para la enseñanza de la lengua, no sorprende que el proceso de enseñanza considere muy importante el trabajo oral, que se centra en la producción oral inmediata y correcta. Se le da muy poca importancia a la explicación gramatical o al análisis de la lengua. En la medida de lo posible, la lengua objeto se utiliza como medio de enseñanza, y se desaconseja la traducción o el uso de la lengua materna. Se considera óptima la clase de diez o menos alumnos, aunque generalmente son más numerosas. Para usar este método, el profesor debe adoptar, según Brooks, los siguientes procedimientos:

> El modelado por parte del profesor de todo el aprendizaje.
>
> La subordinación de la lengua materna a la segunda lengua, no utilizando el inglés mientras que se aprende la nueva lengua.
>
> El entrenamiento continuado desde los estadios iniciales del oído y de la lengua sin recurrir a los símbolos gráficos.
>
> El aprendizaje de la estructura mediante la práctica de modelos de sonido, orden y forma, más que mediante la explicación.
>
> La sustitución gradual de los sonidos por los símbolos gráficos cuando los sonidos ya se han aprendido bien.
>
> El resumen de los principios estructurales básicos para que el alumno pueda utilizarlos cuando las estructuras le son ya familiares, especialmente cuando son distintas de las de la lengua materna...
>
> La reducción de tiempo entre una actuación lingüística y el pronunciamiento sobre su corrección o incorrección, sin interrumpir la respuesta. De esta forma se pone énfasis en el refuerzo en el aprendizaje.
>
> La reducción de vocabulario hasta que todas las estructuras más frecuentes se han aprendido.
>
> El estudio del vocabulario solamente en un contexto.
>
> El mantenimiento de la práctica en el uso de la lengua sólo en la forma modelo hablante-oyente-situación.
>
> La práctica de la traducción sólo como ejercicio literario en un nivel avanzado.
>
> (Brooks, 1964: 142)

En una lección audiolingüística típica se observarían los siguientes procedimientos:

1. Primero los alumnos oyen un diálogo modelo (leído por el profesor o grabado) que contiene las estructuras que se trabajan en la lección. Repiten cada línea del diálogo, individualmente y en coro. El profesor presta atención a la pronunciación, la entonación y la fluidez. La corrección de errores de pronunciación o de gramática es directa e inmediata. El diálogo se memoriza gradualmente, línea a línea. Si es necesario, una línea puede subdividirse en varias frases. El diálogo se lee en coro, una mitad de la clase dice una parte y la otra mitad responde. Los alumnos no consultan sus libros en esta fase.

2. El diálogo se adapta al interés o a la situación de los alumnos, cambiando algunas palabras clave o frases. Los alumnos escenifican el resultado.

3. Se seleccionan y se usan algunas estructuras clave del diálogo como base para las diversas prácticas de repetición. Estas estructuras primero se practican en coro y después individualmente. Se pueden ofrecer algunas explicaciones gramaticales en este momento, pero deben ser las menos posibles.

4. Los alumnos pueden referirse a su libro de texto, pudiendo realizarse ejercicios de seguimiento de lectura, escritura y vocabulario basados en el diálogo. En los niveles elementales, la escritura es meramente imitativa y consiste en poco más que copiar oraciones que ya se han practicado. A medida que aumentan su competencia, los alumnos pueden escribir variaciones sobre los elementos estructurales que han practicado o escribir redacciones cortas sobre los temas que se ofrecen junto con las preguntas que guían el uso de la lengua.

5. Puede haber actividades posteriores en el laboratorio de idiomas, donde se puede practicar con más diálogos y ejercicios de repetición.

El declive del Método Audiolingüístico

Este método consiguió su máxima popularidad en los años sesenta y se aplicó tanto en la enseñanza de las lenguas extranjeras en Estados Unidos como en la enseñanza del inglés como segunda lengua o lengua extranjera. Produjo libros tan populares como *English 900* y *Lado English Series*, además de inspirar otros libros de texto para enseñar las principales lenguas europeas. Con el tiempo aparecieron dos focos de crítica. Por una parte, se atacaron los cimientos teóricos del método en cuanto a su teoría de la lengua y a su teoría del aprendizaje. Por otra parte, los que lo utilizaban encontraban que los resultados prácticos no se acercaban a lo esperado. Frecuentemente se comprobaba que los alumnos eran incapaces de transferir las destrezas adquiridas a través del Método Audiolingüístico a situaciones reales fuera del aula. Además, muchos alumnos consideraban la experiencia de aprender a través de estos procedimientos aburrida e insatisfactoria.

El ataque teórico a los postulados audiolingüistas tuvo su origen en los cambios de la teoría lingüística americana en los años sesenta. El lingüista Noam Chomsky rechazó tanto el enfoque estructuralista en la descripción de la lengua como la teoría conductista sobre su aprendizaje. «La lengua no es una estructura de hábitos. La conducta lingüística normalmente supone innovación, formación de oraciones y estructuras nuevas de acuerdo con reglas de gran abstracción y complejidad» (Chomsky, 1966: 153). La teoría de la gramática transformacional de Chomsky afirmaba que las propiedades fundamentales de la lengua se derivan de aspectos innatos de la mente y de cómo las personas procesan la experiencia a través del lenguaje. Sus teorías revolucionaron la lingüística americana y centraron la atención de los lingüistas y de los psicólogos en las propiedades mentales que las personas tienen para usar la lengua y aprenderla. Chomsky también propuso una teoría alternativa a la de los conductistas para aprender la lengua. El conductismo consideraba que el aprendizaje de la lengua era similar a cualquier otro tipo de aprendizaje: estaba sujeto a las mismas leyes de estímulo y respuesta, de refuerzo y asociación. Chomsky afirmaba que esta teoría del aprendizaje no podía servir como modelo para explicar cómo las personas aprenden una lengua, puesto que mucha de la lengua que se usa no es una conducta imitada, sino creada a partir del conocimiento subyacente de unas reglas abstractas. Las oraciones no se aprenden por imitación y repetición, sino que son «generadas» a partir de la «competencia» subyacente del alumno.

Rápidamente se puso en duda todo el paradigma audiolingüista: práctica de estructuras, repetición, memorización. Se podían producir conductas verbales, pero estos procedimientos no conducían a una competencia lingüística. Los círculos de enseñanza de idiomas en Estados Unidos entraron en una crisis de la que aún hoy no se han recuperado totalmente. Se ofreció un alivio temporal gracias a una teoría derivada en parte de Chomsky: el aprendizaje del código cognitivo (*cognitive code learning*). En 1966, John B. Carroll, un psicólogo que había mostrado un gran interés por la enseñanza de lenguas extranjeras, escribió:

> La teoría de hábitos audiolingüistas que es tan popular en la enseñanza de lenguas extranjeras en Estados Unidos estuvo en consonancia con la teoría psicológica de su tiempo quizá hace quince años, pero no ha sabido evolucionar juntamente con los descubrimientos recientes. Se impone, pues, una revisión, particularmente en el sentido de relacionarla con algunos de los aspectos de la teoría del aprendizaje del código cognitivo.
>
> (Carroll, 1966: 105)

Esto se refiere a un planteamiento del aprendizaje que conducía a una reflexión sobre la gramática y reconocía el papel de los procesos de aprendizaje mentales y abstractos en vez de definir el aprendizaje simplemente como la formación de hábitos. Las actividades prácticas deberían suponer el aprendizaje y el uso de la lengua atendiendo al significado. Se debería animar a que los alumnos usaran sus habilidades innatas y creativas para generar y hacer explícitas las reglas gramaticales subyacentes de la lengua. Durante un tiempo, a principios de los años setenta, hubo un interés considerable por las implicaciones de la teoría del código cognitivo en la enseñanza de idiomas (véanse, por ejemplo, Jakobovits, 1970; Lugton, 1971). Pero no surgió ninguna guía metodológica clara, y tampoco esta teoría del aprendizaje incorporó ningún método particular. El término *código cognitivo* todavía se menciona actualmente para referirse al intento consciente de organizar materiales a partir de un programa gramatical que permite también la práctica y el uso de la lengua de manera significativa. La falta de una alternativa al Método Audiolingüístico en la enseñanza de idiomas en Estados Unidos ha dado paso a un periodo de adaptación, innovación, experimentación y algo de confusión. En los años setenta aparecieron varias propuestas alternativas de métodos que no afirman tener relación alguna con el sistema dominante de la enseñanza de idiomas y la investigación de la adquisición de la segunda lengua. Entre ellos figuran la Respuesta Física Total, la Vía Silenciosa y el Aprendizaje-Orientación. Estos métodos suscitaron algún interés al principio, pero no han seguido gozando de gran aceptación. Otras propuestas posteriores han reflejado los progresos en la educación general y en otros campos fuera de la comunidad de la enseñanza de la segunda lengua; citaremos la Lengua Total, las Inteligencias Múltiples, la Programación Neurolingüística, la Enseñanza de Idiomas Basada en Competencias y el Aprendizaje Cooperativo de la Lengua. Las tendencias dominantes en la enseñanza de idiomas desde los ochenta, sin embargo, se han inspirado generalmente en teorías contemporáneas sobre el lenguaje y la adquisión de la segunda lengua como base para las propuestas de programas. El Enfoque Léxico, la Enseñanza Comunicativa de la Lengua, el Enfoque Natural, la Enseñanza Basada en Contenidos y la Enseñanza Basada en Tareas son representativos de este último grupo. Sin embargo, la preocupación por la precisión gramatical que tan importante fue en el Método Audiolingüístico no ha desaparecido; sigue suponiendo un reto para la lingüística aplicada contemporánea (véase Doughty y Williams, 1998).

Conclusión

El Método Audiolingüístico sostiene que el aprendizaje de una lengua se produce igual que otras formas de aprendizaje. Puesto que la lengua es un sistema formal determinado por reglas, puede ser formalmente organizado para conseguir la máxima eficiencia en su enseñanza y su aprendizaje. Por tanto, se pone énfasis en los aspectos mecánicos del aprendizaje de la lengua y de su uso.

Hay muchas similitudes entre la Enseñanza Situacional de la Lengua y el Método Audiolingüístico. El orden en el que se presentan las destrezas lingüísticas y la atención que recibe la corrección a través de la repetición y la práctica de las estructuras básicas de la lengua objeto puede sugerir que estos métodos están relacionados. La realidad, sin embargo, es que la Enseñanza Situacional de la Lengua fue un desarrollo del Método Directo (véase capítulo 1) y no tiene las fuertes conexiones con la lingüística y la psicología conductista que caracteriza al Método Audiolingüístico. Las similitudes de los dos métodos reflejan teorías parecidas sobre la naturaleza de la lengua y su aprendizaje, aunque estas teorías se hayan desarrollado desde tradiciones bastante diferentes.

II Enfoques y métodos alternativos

La época que abarca las décadas de 1970 y 1980 fue testigo de un gran cambio de paradigmas en la enseñanza de idiomas. La búsqueda de alternativas a los enfoques y métodos basados en la gramática condujo en varias direcciones diferentes. La tendencia dominante en la enseñanza de lenguas incluyó el creciente interés por los enfoques comunicativos de dicha enseñanza. El movimiento comunicativo se proponía hacer que el centro de la atención pasara de la gramática como componente esencial de la lengua a una visión diferente de la lengua, la enseñanza de idiomas, los profesores y los estudiantes, una visión que se centra en la lengua como comunicación y en la conversión del aula en un entorno para la comunicación auténtica. Este «movimiento comunicativo» y los enfoques con él relacionados se examinan en la Parte III. Sin embargo, también aparecieron en esta época otras direcciones de la enseñanza de idiomas; constituyen la materia de la Parte II.

Mientras que el Método Audiolingüístico y la Enseñanza Situacional de la Lengua eran métodos docentes que formaban parte de la tendencia dominante y habían sido desarrollados por lingüistas y expertos en lingüística aplicada, los enfoques y métodos descritos en esta sección o bien se configuraron fuera de dicha corriente principal o bien representan una aplicación a la enseñanza de idiomas de unos principios educativos desarrollados en otros terrenos. Entran en el primer caso métodos tan innovadores de los años setenta como la Respuesta Física Total, la Vía Silenciosa, el Aprendizaje-Orientación, la Sugestopedia y más recientemente la Programación Neurolingüística y las Inteligencias Múltiples. En vez de partir de una teoría del lenguaje y basarse en la investigación y la teoría de la lingüística aplicada, estos métodos se desarrollan en torno a teorías específicas sobre el aprendizaje y los estudiantes, en ocasiones las de un único teorizador o educador. Estos métodos, por lo tanto, se hallan relativamente infradesarrollados en el ámbito de la teoría del lenguaje, y los principios de aprendizaje que reflejan son por lo general diferentes de las teorías que se encuentran en los manuales de adquisición de la segunda lengua. Una excepción es el Enfoque Léxico, que se basa en un modelo de programa alternativo al que aparece en las metodologías basadas en la gramática, y que da prioridad al vocabulario y a las expresiones léxicas como componentes de la competencia comunicativa. Un caso distinto es el representado por la Lengua Total y la Instrucción Basada en Competencias. Estos son movimientos que aparecieron dentro de la tendencia educativa dominante y se han aplicado y extendido después a la enseñanza de segundas lenguas e idiomas extranjeros.

Parte II

Los enfoques y métodos opcionales de los años setenta y ochenta han tenido un historia un tanto diversa. Aunque la Respuesta Física Total, la Vía Silenciosa, el Aprendizaje-Orientación y la Sugestopedia no lograron ganarse el apoyo de la corriente dominante de la enseñanza de idiomas, en cada uno se ve que se destacan importantes dimensiones del proceso enseñanza-aprendizaje. Puede considerarse que ofrecen ideas que se han atraído la atención o la adhesión, o ambas cosas, de algunos profesores y educadores, pero todos ellos han visto crecer y menguar su popularidad desde los setenta. Hoy en día, en casi todas partes, apenas tienen otro interés que el histórico. El sino de otros –como el Enfoque Léxico, la Lengua Total, la Programación Neurolingüística y las Inteligencias Múltiples– está todavía por decidirse del todo. Por la limitada influencia de la mayoría de los enfoques y métodos aquí descritos y por lo escaso de la bibliografía dedicada a muchos de ellos, hemos proporcionado por lo general una descripción menos detallada que en el caso de los enfoques y métodos descritos en las Partes I y III. La Instrucción Basada en Competencias, sin embargo, tiene un status diferente, ya que se utiliza como marco para el diseño de un programa nacional de inglés, así como para otras materias en algunos países.

5 La Respuesta Física Total

Antecedentes

La Respuesta Física Total es un método de enseñanza de la lengua en el que se coordina el habla con la acción, y se pretende enseñar la lengua a través de la actividad física (motora). Desarrollado por James Asher, profesor de psicología de la Universidad Estatal de San José (California), este método se basa en varias tradiciones, que incluyen la psicología del desarrollo, la teoría del aprendizaje y la pedagogía humanística, así como los procedimientos de enseñanza de lenguas propuestos por Harold y Dorothy Palmer en 1925.

En cuanto al desarrollo, Asher ve el aprendizaje de una segunda lengua por los adultos como un proceso paralelo a la adquisición de una primera lengua por los niños. Afirma que la lengua que dirigimos a los niños consiste fundamentalmente en órdenes, a las cuales los niños responden físicamente antes de que empiecen a producir respuestas verbales. Asher piensa que los adultos deberían repetir los procesos utilizados por los niños para adquirir su lengua materna.

Asher comparte con la escuela de la psicología humanística una preocupación por el papel de los aspectos afectivos (o emocionales) en el aprendizaje de la lengua. Un método que no es exigente en cuanto a la producción lingüística y que requiere movimientos lúdicos reduce, en su opinión, el estrés y crea una actitud positiva en el alumno que facilita el aprendizaje.

Enfoque: Teoría de la lengua y del aprendizaje

Asher considera que una visión estímulo-respuesta ofrece la teoría del aprendizaje que subyace a la pedagogía de la enseñanza de la lengua. Se puede relacionar también la RFT con la «teoría del rastro» de la memoria en psicología (p. e., Katona, 1940), según la cual, cuanto mayores sean la frecuencia o la intensidad con que se siga el rastro de una relación memorística, más fuerte será la asociación memorística y más probable será que se recuerde. El rastro se puede volver a seguir verbalmente (p. e., repitiendo de memoria), uniéndolo a la actividad motora, o ambas cosas a la vez. Las actividades de rastreo combinadas, como la repetición verbal acompañada de la actividad motora, aumentarán la posibilidad de recordar con éxito.

Además, Asher ha elaborado una exposición de lo que a su juicio facilita o inhibe el aprendizaje de una lengua extranjera. Para esta dimensión de su teoría del aprendizaje se funda en tres hipótesis sobre el aprendizaje que han tenido considerable influencia:

1. Existe un bioprograma innato específico para el aprendizaje de idiomas, el cual define una vía óptima para el desarrollo de la lengua materna y de la segunda lengua.
2. La lateralización del cerebro define distintas funciones de aprendizaje en los hemisferios cerebrales izquierdo y derecho.
3. El estrés (un eficaz filtro) interviene entre el acto del aprendizaje y lo que se aprende; cuanto más bajo sea el estrés, mayor es el aprendizaje.

Veamos cómo se plantea Asher cada uno de estos factores por separado.

El bioprograma

La Respuesta Física Total de Asher es un «Método natural» (véase capítulo 1), al igual que Asher considera el aprendizaje de la lengua materna y de la segunda lengua como procesos paralelos. Para Asher, hay tres procesos fundamentales:

1. Los niños desarrollan la competencia de comprensión oral antes que la capacidad de hablar. En las primeras etapas de la adquisición de la lengua materna, pueden entender expresiones complejas que no son capaces de producir ni de imitar espontáneamente.
2. La capacidad de los niños para la comprensión oral se adquiere porque se pide a los niños que respondan físicamente a la lengua hablada en forma de órdenes del padre y la madre.
3. Una vez que se han establecido unos cimientos de comprensión oral, el habla se desarrolla de forma natural y sin esfuerzo a partir de ella.

En paralelo al proceso del aprendizaje de la lengua materna, el estudiante de una lengua extranjera debe asimilar primero un «mapa cognitivo» del idioma elegido, a través de ejercicios de comprensión oral. Estos ejercicios deben ir acompañados de movimiento físico. La expresión oral y otras habilidades productivas deben venir después. Asher basa estas ideas en su fe en la existencia, en el cerebro humano, de un bioprograma para la lengua, el cual define un orden óptimo para el aprendizaje de la lengua materna y de la segunda lengua.

> Una hipótesis razonable es que el cerebro y el sistema nervioso están programados biológicamente para adquirir la lengua (...) en una secuencia concreta y de un modo concreto. La secuencia consiste en escuchar antes que hablar y el modo en sincronizar la lengua con el cuerpo del individuo.
> (Asher, 1977: 4)

La lateralidad en el cerebro

Asher considera que la Respuesta Física Total se dirige al aprendizaje a través de la parte derecha del cerebro, mientras que la mayoría de los métodos de enseñanza de una segunda lengua se dirigen al aprendizaje en la parte izquierda del cerebro. Basándose en el trabajo realizado por Jean Piaget, Asher mantiene que el niño adquiere el lenguaje a través de movimientos motores, que es una actividad relacionada con el hemisferio derecho. Las actividades del hemisferio derecho deben ocurrir antes de que el hemisferio izquierdo pueda procesar el lenguaje para su producción.

De la misma forma, el adulto debería desarrollar su competencia lingüística a través de actividades motoras relacionadas con el hemisferio derecho, mientras que el hemisferio izquierdo observa y aprende. Cuando se ha ejercitado suficientemente el hemisferio derecho, el izquierdo se activará para producir lengua y para iniciar procesos lingüísticos más abstractos.

La reducción del estrés

Un requisito importante para el aprendizaje satisfactorio de una lengua es la ausencia de estrés. La adquisición de una primera lengua tiene lugar en un entorno libre de presiones, según Asher, mientras que el entorno de aprendizaje de una lengua por un adulto a menudo causa un estrés y una ansiedad considerables. La clave para conseguir un contexto de aprendizaje libre de estrés es seguir el programa biológico natural de desarrollo de la lengua y, de esta forma, recuperar el tipo de experiencias relajantes y agradables que acompañan al aprendizaje de una primera lengua. Al poner mayor énfasis en el significado a través del movimiento que en las formas lingüísticas estudiadas en abstracto, se cree que el alumno se librará de las situaciones de tensión y será capaz de dedicar toda la energía al aprendizaje.

Diseño: Objetivos, programa, actividades de aprendizaje, papeles de alumnos, profesores y materiales

Los objetivos generales de la Respuesta Física Total son la enseñanza de la competencia oral en un nivel elemental. La comprensión es un medio para un fin y el fin último es la enseñanza de las destrezas básicas de expresión oral. Un curso que utilice este método pretende conseguir que los alumnos sean capaces de comunicarse de forma desinhibida e inteligible para un hablante nativo. Los objetivos de enseñanza específicos no se desarrollan, ya que dependerán de las necesidades particulares de los alumnos. Las metas que se propongan, sin embargo, deben poder conseguirse a través de ejercicios basados en la acción con estructuras en forma imperativa.

El tipo de programa que Asher utiliza puede inferirse de un análisis de los tipos de ejercicios empleados en las clases de la Respuesta Física Total. Este análisis revela el uso de un programa basado en oraciones, que parte de criterios gramaticales y léxicos para seleccionar los elementos de enseñanza. A diferencia de los métodos que funcionan con una visión estructural o gramatical de los principales elementos de la lengua, este método requiere que la atención se centre inicialmente en el significado más que en la forma de los elementos. La gramática, por tanto, se enseña de forma inductiva.

Asher también sugiere que se introduzcan cada vez un número fijo de elementos para facilitar la diferenciación y la asimilación. «En una hora, los alumnos pueden asimilar de 12 a 36 palabras de vocabulario, dependiendo del tamaño del grupo y del estadio de aprendizaje» (Asher, 1977: 42). Un curso diseñado según los principios de la Respuesta Física Total, sin embargo, no tendría por qué seguir exclusivamente un programa de estas características.

Los ejercicios con imperativos constituyen la actividad de clase más importante de la Respuesta Física Total. Este tipo de ejercicios se utilizan normalmente para obtener acciones físicas por parte de los alumnos. Los diálogos de conversación se retrasan hasta haber cubierto unas 120 horas de enseñanza. Otras actividades de clase son las improvisaciones y la presentación de diapositivas. Las improvisaciones se centran en situaciones cotidianas, como las que se producen en el restaurante, en el supermercado o en la gasolinera.

Los alumnos en este método desempeñan sobre todo los papeles de escuchar y actuar. Escuchan con atención y responden físicamente a las órdenes dadas por el profesor. Los alumnos también deben reconocer y responder a combinaciones nuevas de elementos previamente aprendidos. También se pide a los alumnos que produzcan nuevas combinaciones propias. Los alumnos comprueban y evalúan su propio progreso. Se les anima a hablar cuando ellos se sienten preparados para hacerlo, es decir, cuando han incorporado una base lingüística suficiente.

El profesor desempeña un papel activo y directo en la Respuesta Física Total. Es el profesor quien decide qué se enseña, quién presenta el modelo y los nuevos materiales y quién selecciona los materiales de apoyo para la clase. Se pide que el profesor esté bien preparado y bien organizado para que la clase fluya con suavidad y según lo programado. Asher recomienda una preparación detallada de las lecciones: «Conviene escribir las oraciones exactas que se usarán y, muy especialmente, las órdenes nuevas, porque la acción se mueve con tanta rapidez que no hay tiempo para poder crear espontáneamente» (1977: 47).

Asher destaca, sin embargo, que el papel del profesor no es tanto enseñar como proporcionar las oportunidades de aprendizaje. El profesor tiene la responsabilidad de proporcionar el mejor tipo de exposición a la lengua objeto para que el alumno pueda asimilar sus reglas básicas. De esta forma, el profesor controla la lengua que recibe el alumno, proporcionando la materia prima del «mapa cognitivo» que los alumnos construirán en sus mentes. El profesor debería también permitir que se desarrollase la habilidad oral de los alumnos según su propio ritmo natural.

Para que los alumnos puedan comprobar su producción, el profesor debería seguir el ejemplo de los padres con sus hijos. En un principio, los padres corrigen muy poco, pero cuando los niños se hacen mayores, los padres permiten menos errores. De la misma forma, los profesores no deberían corregir demasiado en los primeros estadios y no deberían interrumpir para corregir los errores, puesto que esto inhibe a los alumnos. Con el paso del tiempo, sin embargo, se precisa más intervención por parte del profesor, según vaya desarrollándose la lengua del alumno.

No hay un libro de texto básico en un curso que utilice el método Respuesta Física Total. Sin embargo, materiales y objetos desempeñan un papel cada vez más importante en los estadios posteriores del aprendizaje. Para los principiantes absolutos, las lecciones pueden no necesitar el uso de materiales, puesto que la voz, las acciones y los gestos del profesor pueden ser una base suficiente para las actividades de clase. Más tarde, el profesor puede usar objetos habituales de la clase, como libros, bolígrafos, cuadernos y muebles. Según se desarrolla el curso, el profesor necesitará producir o recoger materiales para apoyar aspectos concretos de la enseñanza. Aquí se pueden incluir fotos, objetos, diapositivas y murales. Asher ha desarrollado materiales centrados en situaciones específicas, como la casa, el supermercado y la playa. Los alumnos pueden utilizar estos materiales para construir escenas (p. e., «Pon el libro en la estantería»).

Procedimiento

Asher (1977) ofrece un informe detallado lección por lección de un curso donde se enseñó de acuerdo con los principios del método Respuesta Física Total, que sirve como fuente de información sobre los procedimientos utilizados en clase. Era un curso para inmigrantes adultos de 159 horas de enseñanza. La sexta clase del curso se desarrolló como sigue:

Repaso: Fue un ejercicio de calentamiento rápido en el que los alumnos se movían a partir de las siguientes órdenes:

Pablo, conduce tu coche alrededor de Miako y toca la bocina.
Jeff, arroja la flor roja a María.
María, grita.
Rita, recoge el cuchillo y la cuchara y ponlos en la taza.
Eduardo, toma un trago de agua y dale el vaso a Elaine.

Órdenes nuevas: Se introducen estos verbos:

lavar(se)	las manos
	la cara
	el pelo
	el vaso
buscar	una toalla
	el jabón
	un peine
sujetar	el libro
	el vaso
	el jabón
peinar(se)	el pelo
	el pelo de María
	el pelo de Shirou
limpiar(se)	los dientes

los pantalones
la mesa

También se presentaron:

Rectángulo	Dibuja un rectángulo en la pizarra. Recoge un rectángulo de la mesa y dámelo. Pon el rectángulo al lado del cuadrado.
Triángulo	Recoge el triángulo de la mesa y dámelo. Coge el triángulo y ponlo al lado del rectángulo.
Rápidamente	Ve rápidamente a la puerta y golpéala. Rápidamente, corre a la mesa y toca el cuadrado. Siéntate rápidamente y ríe.
Lentamente	Ve lentamente a la ventana y salta. Lentamente, levántate. Ven despacio hacia mí y golpéame en el brazo.
Pasta de dientes	Busca la pasta de dientes. Arroja la pasta de dientes a Wing. Wing, abre el tapón de la pasta de dientes.
Cepillo de dientes	Saca tu cepillo de dientes. Lávate los dientes. Pon tu cepillo de dientes en tu libro.
Dientes	Toca tus dientes. Muestra tus dientes a Dolores. Dolores, señala los dientes de Eduardo.
Jabón	Busca el jabón. Dale el jabón a Elaine. Elaine, pon el jabón en la oreja de Ramiro.
Toalla	Pon la toalla en el brazo de Juan. Juan, pon la toalla en tu cabeza y ríe. María, sécate las manos en la toalla.

Seguidamente, el profesor hizo preguntas sencillas que el alumno podía responder con un gesto, como señalar. Algunos ejemplos podrían ser:

¿Dónde está la toalla? [Eduardo, ¡señala la toalla!]
¿Dónde está el cepillo de dientes? [Miako, ¡señala el cepillo de dientes!]
¿Dónde está Dolores?

Cambio de papeles: Algunos alumnos se ofrecen voluntarios para producir órdenes que dirigen la conducta del profesor y de otros alumnos...

Lectura y escritura: El profesor escribió en la pizarra cada nuevo elemento de vocabulario y una oración para ilustrarlo. Después, leyó las palabras y representó la oración. Los alumnos escucharon mientras que la profesora leía. Algunos alumnos copiaron la información en sus cuadernos.

(Asher, 1977: 54–56)

Conclusión

La Respuesta Física Total ha disfrutado de cierta popularidad en los años setenta y ochenta por el apoyo recibido de aquellos autores que ponen énfasis en el papel de la comprensión en la adquisición de segundas lenguas. Krashen (1981), por ejemplo, considera el proporcionar información que sea comprensible para el alumno y reducir el estrés como claves para el éxito en la adquisición de lenguas, y piensa que la realización de acciones físicas en la lengua objeto sirve como un medio para hacer comprensible la lengua y reducir la tensión (véase capítulo 15). Asher ha señalado que la Respuesta Física Total debería usarse junto con otros métodos y técnicas. Sus seguidores normalmente atienden esta recomendación, lo que nos sugiere que, para muchos profesores, el método Respuesta Física Total representa un útil conjunto de técnicas y que es compatible con otros enfoques de enseñanza. Por tanto, sus prácticas pueden ser efectivas por razones distintas de las que propuso Asher y no obligan necesariamente a mantener un compromiso con la teoría de aprendizaje que las justifican.

6 La Vía Silenciosa

Antecedentes

La Vía Silenciosa es el nombre de un método de enseñanza de lenguas creado por Caleb Gattegno. Se basa en los supuestos de que el profesor debería guardar el mayor silencio posible en el aula y de que al alumno habría que animarle a que produjera tantos enunciados como fuera posible. Los elementos de este método, particularmente el uso de los cuadros y las regletas de colores, parten de la experiencia previa de Gattegno como autor de materiales educativos para la enseñanza de la lectura y de las matemáticas. La Vía Silenciosa comparte bastantes ideas con otras teorías del aprendizaje y filosofías educativas. En términos generales, las hipótesis de aprendizaje que subyacen en el trabajo de Gattegno se podrían enunciar de la siguiente forma:

1. Se facilita el aprendizaje si el alumno descubre o crea lo que tiene que aprender, en vez de recordarlo o repetirlo.
2. Se facilita el aprendizaje si se acompaña de objetos físicos.
3. Se facilita el aprendizaje solucionando problemas en relación con el material que se tiene que aprender.

Consideremos estas cuestiones de una en una.

1. La Vía Silenciosa forma parte de una tradición que contempla el aprendizaje como una actividad de resolución de problemas, creativa y descubridora, en la cual el alumno es un actor principal y no un oyente confinado a su pupitre (Bruner, 1966). Bruner analiza en cuatro epígrafes los beneficios que se obtienen del «aprendizaje de descubrimiento»: (a) el aumento de la potencia intelectual, (b) el paso de las recompensas extrínsecas a las intrínsecas, (c) el aprendizaje de la heurística mediante el descubrimiento, y (d) la ayuda a la memoria (Bruner, 1966: 83). Gattegno defiende la obtención de parecidos beneficios por los alumnos a los que se enseña por medio de la Vía Silenciosa.

2. Las regletas y los cuadros de pronunciación con colores (denominados *fidels*) proporcionan centros de atención físicos para el aprendizaje del alumno y crean asimismo imágenes memorables que hacen fácil al alumno el recordar. Desde el punto de vista psicológico, estos recursos visuales hacen las veces de mediadores asociativos para el aprendizaje y el recuerdo de los alumnos.

3. La Vía Silenciosa se relaciona también con un conjunto de premisas que hemos denominado «enfoques de resolución de problemas del aprendizaje».

Estas premisas están sucintamente representadas en las palabras de Benjamin Franklin:

Si me lo dices, lo olvido,
si me lo enseñas, lo recuerdo,
si me haces participar, aprendo.

Enfoque: Teoría de la lengua y del aprendizaje

Gattegno adopta una posición escéptica con respecto al papel de la teoría lingüística en la metodología de la enseñanza de idiomas. Piensa que los estudios lingüísticos «pueden ser una especialización que conlleva un desarrollo muy estrecho de la sensibilidad y quizá sirven muy poco para el objetivo que se persigue» (Gattegno, 1972: 84). Se da mucha importancia a alcanzar el «espíritu» de la lengua y no sólo las partes que la componen. Con el término «espíritu» aplicado a la lengua, Gattegno se refiere a la forma en la que cada lengua combina los elementos fonológicos y suprasegmentales para construir una melodía y un sistema de sonidos distintivos. El alumno debe desarrollar una «apreciación» de este aspecto de la lengua objeto tan pronto como sea posible, aunque no queda totalmente claro cómo debe conseguirlo.

Si se tiene en cuenta tanto el material elegido como el orden en que se presenta en una clase que utiliza este método, está claro que la Vía Silenciosa adopta un enfoque estructural en la organización de la lengua que se enseña. La oración es la unidad básica de enseñanza, y el profesor se centra más en el significado proposicional que en el valor comunicativo. Las estructuras de la lengua objeto se presentan a los alumnos, que aprenden sus reglas gramaticales principalmente a través de procesos inductivos.

Gattegno considera el vocabulario como una dimensión fundamental en el aprendizaje de la lengua, por lo que la elección de vocabulario es un aspecto crucial. El vocabulario más importante para el alumno se refiere a las palabras más funcionales y versátiles de la lengua, muchas de las cuales pueden no tener equivalencia directa en la lengua materna del alumno. Este «vocabulario funcional» ofrece la clave, según Gattegno, para comprender el «espíritu» de la lengua.

Como los autores de muchos otros métodos, Gattegno hace un uso amplio de su conocimiento sobre los procesos de aprendizaje de una primera lengua como base para derivar los principios de la enseñanza de lenguas extranjeras a adultos. Considera, por ejemplo, que el alumno necesita «volver al estado mental que caracteriza el aprendizaje de los bebés: la sumisión» (Scott y Page, 1982: 273).

Después de referirse a estos procesos, sin embargo, Gattegno afirma que los procesos en el aprendizaje de una segunda lengua son «radicalmente diferentes» de los utilizados para aprender una primera lengua. El alumno de una segunda lengua es distinto al alumno de una primera lengua y «no puede aprender otra lengua de la misma forma, a causa de lo que ya sabe» (Gattegno, 1972: 11). Los enfoques «natural» o «directo» en la adquisición de una segunda lengua son, según Gattegno, inadecuados, y un enfoque para enseñar una segunda lengua de manera satisfactoria necesita «cambiar el enfoque "natural" por otro que sea "artificial" y, en algunos casos, que esté fuertemente controlado» (1972: 12).

El «enfoque artificial» que Gattegno propone se basa en el principio de que el aprendizaje satisfactorio requiere un compromiso personal con la adquisición de la lengua a través del conocimiento silencioso y el ensayo activo. El énfasis que da Gattegno al aprendizaje sobre la enseñanza coloca el centro de atención en el alumno, con sus prioridades y compromisos. Según este autor, tenemos dos sistemas: un sistema para aprender y otro para retener. El sistema para aprender se activa solamente como consecuencia de la *consciencia* inteligente. «El alumno debe comprobar constantemente sus poderes de abstracción, análisis, síntesis e integración» (Scott y Page, 1982: 273). Se considera que el silencio es el mejor vehículo de aprendizaje porque en silencio los alumnos se concentran en la tarea y en los recursos que pueden utilizar para realizarla. La repetición (opuesta al silencio) «consume tiempo y ayuda a que la mente dispersa se mantenga dispersa» (Gattegno, 1976: 80). El silencio, considerado como ausencia de repetición, es, pues, una ayuda que permite permanecer alerta, concentrado y mentalmente organizado.

La conciencia se puede educar. Cuando se aprende «conscientemente», se desarrolla la capacidad de conocer y aprender. La Vía Silenciosa pretende facilitar lo que los psicólogos llaman el «aprender a aprender». La cadena de procesos que desarrolla la conciencia se basa en la atención, la producción, la autocorrección y la asimilación. Los alumnos que trabajan con este método adquieren «criterios internos», que desempeñan un papel central «en nuestra educación a lo largo de toda nuestra vida» (Gattegno, 1976: 29). Estos criterios internos permiten a los alumnos controlar y corregir su propia producción. Es en la actividad de autocorrección, a través del desarrollo consciente, donde este método afirma diferenciarse más de otras formas de aprender una lengua. Es esta capacidad para desarrollar el propio conocimiento la que este método señala como poco apreciada o ejercitada cuando se aprende una primera lengua.

Diseño: Objetivos, programa, actividades de aprendizaje, papeles de alumnos, profesores y materiales

El objetivo general de la Vía Silenciosa es desarrollar en los alumnos principiantes los elementos orales y auditivos básicos de la lengua objeto. Se busca una fluidez en la lengua objeto cercana a la de un nativo. Se hace hincapié en una pronunciación correcta y en el dominio de los elementos prosódicos. Un objetivo inmediato consiste en ofrecer un conocimiento práctico de la gramática básica de la lengua, lo que permitiría un aprendizaje independiente por parte del alumno. Gattegno considera que los siguientes tipos de objetivos son apropiados para un curso de lenguas extranjeras de nivel elemental (Gattegno, 1972: 81–83). Los alumnos deberían ser capaces de:

> responder a preguntas sobre ellos mismos, su educación, su familia, viajes y actividades cotidianas correctamente y con facilidad;

hablar con un buen acento;

dar un descripción oral o escrita de un dibujo, «incluyendo las relaciones espaciales, temporales y numerales que existan»;

responder a preguntas generales sobre la cultura y la literatura de la lengua objeto;

usar adecuadamente los siguientes aspectos de la lengua: deletrear, gramática (usarla más que explicarla), comprensión lectora y expresión escrita.

La Vía Silenciosa adopta un programa básicamente estructural, con lecciones organizadas en torno a aspectos gramaticales y el vocabulario correspondiente. Sin embargo, Gattegno no proporciona detalles sobre la selección concreta y el orden de los aspectos gramaticales y los elementos léxicos que se deben tratar. No existe ningún programa general de la Vía Silenciosa. Pero los elementos lingüísticos tienen en cuenta su complejidad gramatical, su relación con lo que se ha enseñado previamente y la facilidad con la que estos elementos se pueden presentar visualmente.

Lo que presentamos a continuación es una sección del programa elaborado por *Peace Corps* a partir del método Vía Silenciosa para las primeras diez horas en la enseñanza del tailandés. Por lo menos 15 minutos de cada hora de enseñanza deberían dedicarse a la pronunciación. Las palabras que aparecen en cursiva pueden sustituirse por otras palabras que tengan la misma función.

Lección	**Vocabulario**
1. Madera color *rojo*.	madera, rojo, verde, amarillo, marrón, rosa, blanco, naranja, negro, color
2. Los números 1–10.	uno, dos, … diez
3. Madera color *rojo* dos trozos.	
4. Busca madera color *rojo* dos trozos.	busca
5. Busca madera color *rojo* dos trozos, dale.	dar, pronombres objeto
6. Madera color *rojo* ¿dónde? Madera color *rojo* encima mesa.	dónde, encima, debajo, cerca, lejos, sobre, al lado, aquí, allí
7. Madera color *rojo* encima mesa, *¿verdad?* Sí, encima. No encima.	reglas para formación de preguntas. Sí. No.
8. Madera color *rojo* larga. Madera color verde *más larga*. Madera color naranja *la más larga*.	adjetivos de comparación
9. Madera color verde *más alta*. Madera color *rojo*, ¿verdad?	
10. Revisión. Los alumnos usan las estructuras enseñadas en situaciones nuevas, como comparar la altura de los alumnos de clase.	

(Joel Wiskin, comunicación personal)

Las tareas y las actividades de aprendizaje en la Vía Silenciosa tienen la función de estimular y dar forma a la respuesta oral del alumno sin enseñanza oral directa por parte del profesor. Un elemento básico del método son las tareas lingüísticas sencillas, en las que el profesor ofrece como modelo una palabra, una frase o una oración, y después pide las respuestas de los alumnos. A partir de aquí, los alumnos continúan creando sus propios enunciados, uniendo la información conocida y la nueva. Pueden usarse cuadros, regletas y otras ayudas para conseguir las respuestas de los alumnos. El modelo se utiliza al mínimo, aunque la mayor parte de la actividad esté controlada por el profesor. Las respuestas a las órdenes, las preguntas y los estímulos visuales constituyen la base de las actividades de clase.

Se espera que los alumnos desarrollen independencia, autonomía y responsabilidad. Alumnos independientes son aquellos que son conscientes de que dependen de sus propios recursos y se dan cuenta de que pueden usar «el conocimiento de su propia lengua para aprender algunas cosas de la nueva lengua» o que pueden «utilizar su conocimiento de las primeras palabras de la nueva lengua para aprender más palabras» (Stevick, 1980: 42). La ausencia de corrección y de un modelo por parte del profesor obliga a los alumnos a desarrollar «criterios internos» y a que se corrijan ellos mismos. La ausencia de explicaciones les obliga a hacer generalizaciones, llegar a sus propias conclusiones y formular las reglas que ellos mismos consideran necesarias.

Los alumnos ejercen una fuerte influencia sobre su propio aprendizaje y el de sus compañeros y, en menor grado, sobre el contenido lingüístico que se enseña. Tienen que sentirse a gusto tanto corrigiendo a los demás como cuando son corregidos por sus compañeros.

El silencio del profesor es quizá el aspecto más distintivo y, para muchos profesores de lenguas con una formación tradicional, el aspecto más exigente de la Vía Silenciosa. Se les pide a los profesores que se resistan en su tendencia a formar, reformar, apoyar y dirigir las respuestas del alumno. Stevick define las tareas del profesor en este método como enseñar, examinar y evaluar, y apartarse del camino (Stevick, 1980: 56). Aunque puede que estos pasos generales no parezcan una alternativa radical a la práctica habitual de la enseñanza, sus aspectos más específicos sí son únicos y distintivos de la Vía Silenciosa. Por «enseñanza» se entiende la presentación de un elemento una sola vez, normalmente usando ayudas visuales para que se entienda el significado. La evaluación –más bien debería hablarse de *dar pie* a la producción de los alumnos y de *modelarla*–, que debe también hacerse de la forma más silenciosa posible, es el paso posterior. Finalmente, el profesor observa en silencio a los alumnos mientras interactúan, y puede incluso abandonar la habitación mientras que los alumnos trabajan con sus nuevas herramientas lingüísticas.

El profesor utiliza gestos y objetos con el fin de dar pie a las respuestas del alumno y *modelarlas*; por tanto, debe ser creativo en este sentido. En resumen, el profesor, como el dramaturgo más completo, escribe el guión, elige los decorados, señala el tono, dirige la acción, designa a los actores y es crítico con la actuación.

Los materiales que utiliza consisten fundamentalmente en un conjunto de regletas de colores, murales de colores para tratar el vocabulario y la pronunciación, un puntero y ejercicios de lectura y escritura.

Los cuadros de pronunciación, llamados fidels, se han diseñado para varias lenguas y contienen símbolos en la lengua objeto para todos sus sonidos vocálicos y consonánticos. Los símbolos se codifican mediante colores de acuerdo con la pronunciación; así, si una lengua posee dos símbolos diferentes para el mismo sonido, se colorearán de la misma forma.

De la misma forma que los cuadros Fidel se usan visualmente para ilustrar la pronunciación, las regletas de colores Cuisenaire se usan para asociar directamente palabras y estructuras con sus significados en la lengua objeto, evitando así la traducción a la lengua materna. Las regletas tienen una longitud de uno a diez centímetros, y a cada longitud corresponde un color distinto. Las regletas pueden usarse para enseñar colores, comparar tamaños, representar personas, construir planos y mapas de carreteras, etc. El uso de las regletas busca estimular en los alumnos la invención, la creatividad y el interés para que formen enunciados comunicativos, que van de las estructuras simples a las más complejas.

Procedimiento

Una lección típica de la Vía Silenciosa sigue un formato establecido. La primera parte de la lección se centra en la pronunciación. Dependiendo del nivel del alumno, la clase puede trabajar con sonidos, frases o incluso oraciones a través de los cuadros Fidel. En una primera fase, el profesor ofrece un modelo apropiado del sonido después de señalar el símbolo en el cuadro. Más tarde, el profesor señala, sin hablar, los símbolos individuales y su combinación, controlando los enunciados de los alumnos. El profesor puede decir una palabra y pedir a un alumno que adivine la secuencia de símbolos que la constituyen. El puntero se utiliza para indicar el acento y la entonación.

El acento se puede mostrar tocando unos símbolos con más fuerza que otros cuando se señala la palabra. La entonación se puede demostrar golpeando en el cuadro al ritmo del enunciado.

Después de practicar los sonidos de la lengua, se practican las estructuras de la oración y el vocabulario. El profesor ofrece el modelo de un enunciado mientras desarrolla su realización visual con las regletas de colores. Tras ofrecer el modelo del enunciado, el profesor pide a un alumno que intente producir un enunciado e indica si es aceptable. Si una respuesta es incorrecta, el profesor intentará que se modifique el enunciado o pedirá a otro alumno que presente el modelo correcto. Una vez se ha presentado y entendido una estructura, el profesor creará una situación en la que los alumnos puedan practicarla a través de la manipulación de las regletas. Usando las regletas y los cuadros, la clase desarrolla distintas variaciones dentro de la estructura.

El ejemplo de lección que sigue ilustra este formato típico. La lengua que se enseña es el tailandés, siendo ésta la primera lección.

1. El profesor coloca las regletas encima de la mesa.
2. El profesor coge dos o tres regletas de diferente color y después de coger cada una dice: [mai].

3. El profesor sujeta una regleta de cualquier color y señala a un alumno para que responda. El alumno dice: [mai]. Si la respuesta es incorrecta, el profesor pide la respuesta a otro alumno, quien sirve entonces de modelo para el primer alumno.
4. El profesor coge una regleta roja y dice: [mai sii daeng].
5. El profesor coge una regleta verde y dice: [mai sii khiaw].
6. El profesor coge una regleta verde o roja y pide la respuesta a un alumno. Si la respuesta es incorrecta, se sigue el procedimiento del paso 3 (el modelo de otro alumno).
7. El profesor presenta dos o tres colores más de la misma forma.
8. El profesor muestra cualquiera de las regletas que se han enseñado previamente y pide la respuesta del alumno. Se corrige a través del modelo de otro alumno o aislando el error para ayudar a que el propio alumno se corrija a sí mismo.
9. Cuando se produce correctamente, el profesor pone una regleta roja a la vista y dice: [mai sii daeng nung an].
10. El profesor pone dos regletas rojas a la vista y dice: [mai sii daeng song an].
11. El profesor pone dos regletas verdes a la vista y dice: [mai sii khiaw song an].
12. El profesor sujeta dos regletas de colores diferentes y pide la respuesta al alumno.
13. El profesor presenta más números, basándose en lo que la clase puede retener fácilmente. También se pueden presentar otros colores.
14. Se colocan las regletas en un montón. El profesor indica, a través de sus acciones, que hay que cogerlas y producir enunciados correctos. Todos los alumnos del grupo cogen regletas y construyen enunciados. Se estimula la corrección de los compañeros.
15. El profesor dice: [kep mai sii daeng song an].
16. El profesor indica que un alumno tiene que darle las regletas que pide. El profesor pide a otros alumnos de la clase que le den las regletas que pida. Todo esto se hace utilizando la lengua objeto a través de acciones claras por parte del profesor.
17. El profesor indica que los alumnos deberían pedirse entre ellos las regletas. Las regletas se ponen a disposición de la clase.
18. Se anima a experimentar. El profesor habla solamente para corregir un enunciado incorrecto si no se produce la corrección del grupo.

(Joel Wiskin, comunicación personal)

Conclusión

A pesar del estilo filosófico –a veces casi metafísico– de la producción escrita de Gattegno, la práctica concreta del método no es tan revolucionaria. Utilizando un programa estructural y léxico bastante tradicional, este método puede servir como ejemplo de muchas de las características de los métodos más tradicionales, como la Enseñanza Situacional de la Lengua y el Método Audiolingüístico, que destacan la importancia de la repetición correcta de las oraciones presentadas inicialmente por el profesor, así como la práctica guiada de ejercicios hasta llegar a la comunicación libre. La innovación del método de Gattegno se centra en la forma en la que se organizan las actividades de clase, el papel que el profesor debe asumir para dirigir y controlar la actuación del alumno, la responsabilidad de los alumnos para descubrir y comprobar sus hipótesis sobre cómo funciona la lengua y los materiales que se utilizan para practicarla.

7 El Aprendizaje Comunitario de la Lengua

Antecedentes

El Aprendizaje Comunitario de la Lengua es el nombre del método desarrollado por Charles A. Curran y sus colegas. Curran era especialista en Consejo psicológico y profesor de psicología en la Universidad de Loyola de Chicago. La aplicación al aprendizaje que este autor hace de las técnicas de Consejo psicológico se conoce como Aprendizaje-Orientación (*Counseling-Learning*). El Aprendizaje Comunitario de la Lengua representa la aplicación de esta teoría a la enseñanza de idiomas. Como su nombre indica, este método recoge sus primeras intuiciones, así como su fundamentación, de la teoría rogeriana de Consejo psicológico (Rogers, 1951). En otros términos, la orientación consiste en una persona que aconseja y ayuda a otra que tiene un problema o alguna necesidad. El Aprendizaje Comunitario de la Lengua se basa en la metáfora del consejo para definir los papeles del profesor (el *asesor*) y los alumnos (los *clientes*) en la clase de idiomas. Los procedimientos básicos del Aprendizaje Comunitario de la Lengua pueden entenderse como una consecuencia lógica de la relación asesor-cliente.

Las técnicas que se utilizan en este método también forman parte de lo que se conoce en la enseñanza de lenguas como *técnicas humanísticas* (Moskowitz, 1978). Moskowitz define las técnicas humanísticas como aquellas que:

> unen lo que el alumno siente, piensa y sabe con lo que aprende en la lengua objeto. En vez de ser la autonegación la forma aceptable de vida, los objetivos que buscan los ejercicios son la autorrealización y la autoestima. [Las técnicas] ayudan a conseguir unas mejores relaciones y una mayor cohesión de grupo que permite ir más lejos... ayudan a los alumnos a ser ellos mismos, a aceptarse como son y a estar orgullosos de sí mismos... ayudan a desarrollar un clima de buenas relaciones en la clase de lengua extranjera.
>
> (Moskowitz, 1978: 2)

Resumiendo, las técnicas humanísticas implican a toda la persona, incluyendo las emociones y los sentimientos (el mundo afectivo) además del conocimiento lingüístico y las habilidades de tipo conductual.

Otra tradición en la enseñanza de lenguas con la que se relaciona el Aprendizaje Comunitario de la Lengua es una serie de prácticas que se utiliza en ciertos programas de educación bilingüe y a la que Mackey (1972) se refiere como «alternancia de lengua». En la alternancia de lengua, un mensaje/lección/clase se presenta primero en la lengua materna y después en la segunda lengua. Los alumnos conocen el significado del mensaje en la L2 porque recuerdan el significado del mensaje en la L1. De esta forma, los alumnos van componiendo pieza a pieza una visión de la lengua a partir de las series de mensajes. En el Aprendizaje Comunitario de la Lengua, un alumno presenta al profesor un mensaje en la L1. El profesor traduce este mensaje a la L2. El alumno repite entonces el mensaje en la L2, dirigiéndose a otro alumno con el que quiere comunicarse. Se estimula a los alumnos para que escuchen la lengua que se produce entre otros alumnos y el profesor. El resultado de «escuchar» esta conversación es que todos los miembros del grupo pueden entender lo que cualquier alumno trata de decir (La Forge, 1983: 45).

Enfoque: Teoría de la lengua y del aprendizaje

Curran escribió poco sobre la teoría de la lengua. Su alumno La Forge (1983) ha intentado ser más explícito sobre esta dimensión de la teoría del Aprendizaje Comunitario de la Lengua. La Forge acepta que la teoría de la lengua debe empezar, aunque no terminar, con los criterios relativos a los sonidos, la oración y los modelos abstractos de lengua (La Forge, 1983: 4). Las tareas de los alumnos de la lengua extranjera son «percibir el sistema de sonidos, asignar significados fundamentales y construir una gramática básica de la lengua extranjera». La Forge, sin embargo, va más allá de esta visión estructuralista de la lengua y elabora una teoría alternativa de la lengua, a la cual alude en *Language as Social Process*:

> la comunicación es más que la simple transmisión de un mensaje desde el emisor al receptor. El hablante es, al mismo tiempo, tanto el sujeto como el objeto de su propio mensaje… la comunicación supone no solamente la transferencia unidireccional de información a otra persona, sino la propia relación entre los hablantes… La comunicación supone un intercambio que resultaría incompleto sin la reacción del receptor del mensaje.
>
> (La Forge, 1983: 3)

La lengua como proceso social se desarrolla con respecto a seis dimensiones o subprocesos. La Forge también trata el aspecto interactivo de la lengua en el que se basa el Aprendizaje Comunitario de la Lengua (véase capítulo 2): «La lengua es gente; la lengua es personas en relación; la lengua es respuestas de personas» (1983: 9). Estas interacciones pueden ser de dos tipos fundamentales: las interacciones entre los alumnos y las interacciones entre los alumnos y el profesor. Las interacciones entre los alumnos son impredecibles en contenido, pero normalmente incluyen, según se afirma, intercambios de afecto. Estas interacciones van teniendo cada vez un carácter de mayor intimidad a medida que el grupo de clase se va constituyendo en una comunidad de alumnos. El deseo de compartir esta intimidad cada vez mayor estimula a los alumnos a mantener el ritmo de aprendizaje de los compañeros.

La relación entre los alumnos y el profesor es, en un principio, de dependencia. El alumno pregunta al profesor lo que desea decir en la lengua objeto y el profesor le ayuda a decirlo. En fases posteriores, las interacciones entre el alumno y el profesor se caracterizan por ser de autoafirmación (fase 2), resentimiento e indignación (fase 3), tolerancia (fase 4) e independencia (fase 5). Estos cambios en la relación interactiva se corresponden con cinco fases de aprendizaje de la lengua y cinco fases de conflictos afectivos (La Forge, 1983: 50).

La experiencia de Curran en la aplicación del Consejo psicológico le llevó a concluir que este tipo de técnicas podían aplicarse al aprendizaje en general (así apareció el Aprendizaje mediante consejo psicológico) y a la enseñanza de la lengua en particular (Aprendizaje Comunitario de la Lengua). En contraste con estos tipos de aprendizaje, el Aprendizaje Comunitario de la Lengua defiende un enfoque global en el aprendizaje de la lengua, puesto que el «verdadero» aprendizaje humano es tanto cognitivo como afectivo. A este enfoque se le llama *aprendizaje de toda la persona*. Este aprendizaje tiene lugar en una situación comunicativa donde los profesores y los alumnos participan en «una interacción... en la que ambos experimentan una sensación de su propia totalidad» (Curran, 1972: 90). En este sentido, es fundamental el desarrollo de las relaciones del alumno con el profesor. Este desarrollo se divide en cinco etapas, y se compara con el desarrollo ontogénico del niño.

En la primera, la etapa de «nacimiento», se establecen los sentimientos de seguridad y de pertenencia. En la segunda, según mejoran sus capacidades, el alumno empieza a conseguir, como el niño, alguna independencia de los padres. En la tercera, el alumno «habla de forma independiente» y puede necesitar afirmar su propia identidad, rechazando frecuentemente los consejos que no solicita. En la cuarta etapa, el alumno se considera suficientemente seguro para aceptar críticas. En la última, el alumno simplemente trabaja para mejorar el estilo y el conocimiento lingüístico. Al final del proceso, el niño se hace adulto. El alumno conoce todo lo que hace el profesor y puede ser el profesor de un nuevo alumno. El proceso de aprender una nueva lengua, por tanto, es como nacer de nuevo y desarrollar una nueva persona, con todas las dificultades y los retos que se asocian con el nacimiento y el crecimiento.

Curran analiza en varios lugares lo que llama «validación por consenso» o «convalidación», una evaluación mutua de la valía de la otra persona se establece entre el profesor y el alumno en términos positivos de amabilidad y comprensión. Una relación basada en la convalidación se considera esencial para el proceso de aprendizaje, y es un elemento clave en los procedimientos de clase. En relación con los elementos psicológicos necesarios para facilitar el aprendizaje se recoge un grupo de ideas en las siglas SARD (Curran, 1976: 6), que se explican a continuación:

> La S significa seguridad. A menos que los alumnos se sientan seguros, les resultará difícil iniciar una experiencia de aprendizaje satisfactoria.
>
> La A significa atención y agresión. Una pérdida de atención debería interpretarse como una señal de la falta de implicación en el aprendizaje por parte del alumno. Para mejorar la atención y facilitar el aprendizaje, se propone aumentar la variedad en las posibles tareas del alumno. La agresión se refiere a la forma en que un niño, después de aprender algo, busca una oportunidad para mostrar lo que sabe,

usando este nuevo conocimiento como herramienta para autoafirmarse.

La R significa retención y reflexión. Si toda la persona se implica en el proceso de aprendizaje, lo que se retiene se interioriza y llega a ser parte de la nueva personalidad del alumno en la lengua extranjera. La reflexión es un periodo de silencio consciente dentro de la estructura de la lección para que el alumno «se centre en las fuerzas de aprendizaje de la última hora, evalúe su estadio de aprendizaje actual y reconsidere sus metas futuras» (La Forge, 1983: 68).

La D significa discriminación. Cuando los alumnos «han retenido cierta cantidad de material, ya están preparados para organizarlo y ver cómo una cosa se relaciona con otra» (La Forge, 1983: 69). El proceso de discriminación se hace más preciso, y finalmente «permite a los alumnos usar la lengua con fines comunicativos fuera del aula» (La Forge, 1983: 69).

Estos aspectos centrales de la filosofía del aprendizaje de Curran no tratan los procesos cognitivos y psicolingüísticos de la adquisición de una segunda lengua, sino el compromiso personal que los alumnos necesitan hacer antes de que puedan operar los procesos de adquisición de la lengua.

Diseño: Objetivos, programa, actividades de aprendizaje, papeles de alumnos, profesores y materiales

Como la competencia lingüística o comunicativa sólo se especifica en términos sociales, no se definen los objetivos lingüísticos o comunicativos explícitos en la bibliografía del Aprendizaje Comunitario de la Lengua. La mayor parte de lo que se ha escrito sobre este método describe su uso en cursos iniciales de conversación en la lengua extranjera. Este método no utiliza un programa convencional de la lengua, que fija previamente la gramática, el vocabulario y otros elementos que tienen que enseñarse y el orden en el que van a tratarse. Si un curso se basa en los procedimientos recomendados por Curran, seguirá un desarrollo temático, donde los alumnos deciden sobre lo que quieren hablar y los mensajes que quieren comunicar a los otros alumnos. La responsabilidad del profesor consiste en ofrecer el medio de expresión de la lengua necesario para estos mensajes teniendo en cuenta el nivel de conocimiento de los alumnos. En este sentido, pues, un programa de Aprendizaje Comunitario de la Lengua surge de la interacción entre las intenciones comunicativas expresas del estudiante y las reformulaciones que de ellas hace el profesor en expresiones adecuadas en la lengua elegida. En ocasiones, el profesor tiene que aislar aspectos gramaticales concretos, modelos léxicos y generalizaciones para su estudio y análisis más pormenorizado; su ulterior especificación como explicación retrospectiva de lo que ha cubierto el curso podría ser una manera de dar origen a un programa de Aprendizaje Comunitario de la Lengua.

Como con la mayoría de los métodos, en el Aprendizaje Comunitario de la Lengua se combinan actividades y tareas de aprendizaje innovadoras con otras más convencionales:

1. *Traducción.* Los alumnos forman un pequeño círculo. Un alumno susurra el mensaje o el significado de lo que quiere expresar, el profesor lo traduce (puede interpretarlo) a la lengua objeto y el alumno repite la traducción del profesor.
2. *Trabajo en grupo.* Los alumnos pueden participar en varias tareas de grupo, como la discusión de un tema en un grupo pequeño, la preparación de una conversación, la preparación del resumen de un tema para presentar a otro grupo, la elaboración de una historia que será presentada al profesor y al resto de la clase.
3. *Grabación.* Los alumnos graban conversaciones en la lengua objeto.
4. *Transcripción.* Los alumnos transcriben los enunciados y las conversaciones que han grabado para practicar y analizar las formas lingüísticas.
5. *Análisis.* Los alumnos analizan y estudian las transcripciones de la lengua objeto con el fin de centrarse en un uso concreto del léxico o en la aplicación de reglas de gramática particulares.
6. *Reflexión y observación.* Los alumnos reflexionan e informan sobre su experiencia de la clase, todos juntos o en pequeños grupos. Normalmente aparecen expresiones sobre sentimientos: sensaciones entre los alumnos, reacciones ante el silencio, preocupación por qué decir, etc.
7. *Audición.* Los alumnos escuchan un monólogo del profesor que incluye elementos que los alumnos hayan enunciado u oído en las interacciones de clase.
8. *Conversación libre.* Los alumnos participan en conversaciones libres con el profesor y otros alumnos. Estas conversaciones pueden incluir debates sobre lo que han aprendido, así como comentarios sobre las sensaciones experimentadas durante el aprendizaje.

En el Aprendizaje Comunitario de la Lengua, los alumnos pertenecen a una comunidad –sus compañeros y el profesor– y aprenden mediante la interacción con sus miembros. El aprendizaje no se considera una realización individual, sino algo que se alcanza en colaboración con los demás. Se supone que los alumnos escuchan con atención al profesor, dicen lo que quieren expresar, repiten los enunciados de la lengua objeto, ayudan a los compañeros de grupo, informan sobre sus sentimientos profundos, tanto frustraciones como alegrías, y orientan a otros alumnos. Normalmente, los alumnos se agrupan en círculos de seis a doce individuos, con un número de profesores que varía de uno por grupo a uno por alumno.

Los papeles del alumno reflejan las cinco etapas en el aprendizaje de la lengua que se apuntaron antes. Se considera que el alumno es un ser orgánico, y cada uno de sus papeles se desarrolla a partir del anterior. Estos cambios de papeles no se consiguen fácilmente o de manera automática. En realidad, son el resultado de crisis afectivas.

> Cuando se enfrenta con una tarea cognitiva, el alumno debe resolver una crisis afectiva. Con la solución de las cinco crisis afectivas, una por cada etapa, el alumno progresa desde una etapa de desarrollo inferior a otra superior.
>
> (La Forge, 1983: 44)

El papel del profesor deriva de las funciones que tiene el asesor en los grupos de encuentro de Rogers. El papel del asesor consiste en responder con tranquilidad y sin realizar juicios de valor, ayudando al cliente para que, a través de la organización y el análisis, intente entender mejor sus propios problemas. «Una de las funciones de la respuesta del asesor es la de relacionar lo afectivo con lo cognitivo. Al entender la lengua del "sentimiento" , el asesor responde en la lengua del conocimiento» (Curran, 1976: 26). Curran intenta aplicar a la enseñanza de idiomas el modelo de profesor como asesor.

La técnica del consejo, como tal, tiene cabida en el Aprendizaje Comunitario de la Lengua. «Los conflictos de aprendizaje personal... angustia, ansiedad y otros problemas similares –que son comprendidos y atendidos por la disposición al consejo por parte del profesor– son indicadores de una participación personal profunda» (J. Rardin, en Curran, 1976: 103).

Otros papeles más específicos del profesor se relacionan, como en el caso de los alumnos, con las cinco etapas evolutivas. En las primeras etapas del aprendizaje el profesor realiza un papel de apoyo, y proporciona traducciones a la lengua objeto, así como un modelo para imitar a petición de los alumnos. Más tarde, la interacción pueden iniciarla los alumnos, de manera que el profesor comprueba sus enunciados y proporciona la ayuda que pidan. A la vez que se desarrolla el aprendizaje, los alumnos se hacen cada vez más capaces de aceptar la crítica, lo que facilita la intervención del profesor para corregir los enunciados, ofrecer expresiones y aconsejar sobre distintos aspectos gramaticales y su uso. El papel del profesor es inicialmente parecido al del padre que alimenta a su hijo de corta edad. Gradualmente, el alumno «crece» en habilidad, y la naturaleza de la relación cambia de forma que la posición del profesor se hace dependiente de la del alumno. La valoración del profesor con respecto a su propia labor se ve condicionada por las peticiones de ayuda que realiza el alumno.

Dado que un curso basado en el Aprendizaje Comunitario de la Lengua es el resultado de las interacciones del grupo, un libro de texto no se considera un componente necesario. Un libro de texto impondría un contenido lingüístico específico sobre los alumnos, impidiendo su desarrollo y su interacción. El profesor puede elaborar los materiales según avanza el curso, aunque éstos consistan en poco más que los resúmenes de la pizarra o del retroproyector con algunos de los elementos lingüísticos de las conversaciones generadas por los alumnos. También se pueden transcribir y distribuir las conversaciones para su estudio y análisis, y los alumnos, asimismo, pueden trabajar en grupos para producir sus propios materiales, como los textos de los diálogos o pequeñas representaciones dramáticas.

Procedimiento

Puesto que cada curso con el Aprendizaje Comunitario de la Lengua es, en cierto sentido, una experiencia única, la descripción del procedimiento típico de una clase no es fácil. Stevick (1980) distingue entre el método «clásico» (basado directamente en el modelo propuesto por Curran) y las interpretaciones personales, como las que proponen distintos defensores del método (p. e., La Forge, 1983). La siguiente descripción intenta recoger algunas de sus actividades típicas.

Generalmente, el observador ve un círculo de alumnos sentados unos delante de otros. Los alumnos pueden entrar en contacto de alguna forma con el profesor o profesores. La primera clase (y las siguientes) puede empezar con un periodo de silencio, en el que los alumnos tratan de determinar lo que se supone va a suceder en su clase. En clases posteriores, los alumnos pueden sentarse en silencio mientras deciden sobre qué van a hablar (La Forge, 1983: 72). El observador puede notar que la incomodidad del silencio llega a ser suficientemente desagradable como para que alguien voluntariamente lo rompa. El profesor puede usar este comentario como una forma de empezar el debate de clase o como un estímulo para hablar sobre cómo se sintieron los alumnos durante el periodo de silencio. El profesor anima a los alumnos a que hagan preguntas, tanto entre ellos como al profesor, sobre cualquier tema que les interese. Las preguntas y las respuestas pueden grabarse para su uso posterior, para poder recordar y repasar los temas que se trataron y la lengua usada en clase.

Entonces, el profesor puede agrupar la clase por filas para realizar conversaciones por parejas de tres minutos. Estas conversaciones se consideran equivalentes a las breves sesiones de práctica realizadas por los alumnos de judo. Después, la clase puede reagruparse en grupos pequeños en los que se discute un tema, elegido por la clase o por el grupo. El resumen de la discusión del grupo puede presentarse a otro grupo, que a su vez trata de repetir o parafrasear este resumen al primero.

En una clase de nivel intermedio o avanzado, el profesor puede animar a los grupos a que preparen una representación para escenificarla ante el resto de la clase. Uno de los grupos prepara una historia, que es relatada o mostrada al profesor. El profesor proporciona o corrige los enunciados de la lengua objeto y sugiere mejoras en el desarrollo de la historia. Se da a los alumnos materiales con los que preparan grandes tarjetas con dibujos que acompañan su historia. Después de practicar el diálogo de la historia y preparar los dibujos que la acompañan, cada grupo la escenifica ante el resto de la clase. Los alumnos acompañan sus historias con música, muñecos y tambores, así como con sus propios dibujos (La Forge, 1983: 81–82).

Finalmente, el profesor pide a los alumnos que reflexionen sobre la clase, todos a la vez o en grupos. La reflexión proporciona la base de la discusión sobre los contratos (contratos escritos u orales sobre los que se han puesto de acuerdo los alumnos y el profesor, y que especifican lo que se han propuesto conseguir en el curso), la interacción personal, los sentimientos hacia los alumnos o el profesor y la sensación de progreso y frustración.

Dieter Stroinigg (en Stevick, 1980: 185–186) resume el primer día de clase con el Aprendizaje Comunitario de la Lengua como se presenta a continuación:

1. Se hicieron los saludos informales y las presentaciones.
2. El profesor presentó los objetivos y los procedimientos del curso.

3. Se realizó una sesión de conversación en la lengua extranjera.
   a. Se formó un círculo de forma que todos tuvieran contacto visual entre ellos y pudieran alcanzar fácilmente el micrófono de grabación.
   b. Un alumno inició la conversación con otro alumno diciendo algo en la L1 (inglés).
   c. El profesor, de pie detrás del alumno, le susurró un equivalente de lo que se quería decir en la L2 (alemán).
   d. El alumno repitió el mensaje en la L2 a su destinatario y lo grabó en el magnetófono.
   e. Cada alumno tuvo la oportunidad de producir y grabar su propio mensaje.
   f. Se rebobinó la cinta para escuchar, con pausas, la grabación.
   g. Cada alumno repitió el significado en inglés de lo que había dicho en la L2 y ayudó a los demás a que refrescaran la memoria.
4. Los alumnos participaron en un periodo de reflexión, en el que se les pedía que expresaran sus sentimientos sobre la sesión anterior con total sinceridad.
5. Basándose en el material grabado, el profesor escribió algunas oraciones en la pizarra para tratar algunos elementos de gramática, ortografía y otras peculiaridades de la L2.
6. Se les pidió a los alumnos que hicieran preguntas sobre estos aspectos.
7. Se les pidió a los alumnos que copiaran oraciones de la pizarra y tomaran notas sobre el significado y el uso gramatical. Estas anotaciones forman su «libro de texto» para el estudio en casa.

Conclusión

Este método impone unas exigencias a los profesores. Tienen que tener una alta competencia y sensibilidad lingüística ante los distintos matices tanto de la L1 como de la L2. Deben conocer y aceptar el papel de asesores en el consejo psicológico. Deben resistirse a la presión de «enseñar» en los sentidos tradicionales. El profesor no debe ser autoritario y debe estar preparado para aceptar o incluso estimular la agresión «adolescente» del alumno al buscar la independencia. El profesor debe trabajar sin materiales convencionales, basándose en los temas de los alumnos para dar forma y motivar a la clase. Generalmente, se necesita una formación especial en el uso de las técnicas.

Los críticos del método ponen en duda la adecuación de su base psicológica, pidiendo pruebas que demuestren el paralelismo entre el aprendizaje de la lengua en el aula y los procesos que caracterizan el consejo psicológico. También surgen dudas sobre si los profesores deberían intentar aplicar la técnica del consejo sin una formación especial. También han surgido otras preocupaciones con respecto a la falta de programa, lo que hace que los objetivos no estén claros y la evaluación sea difícil de realizar. Al centrarse más en la fluidez que en la corrección, se hace difícil un adecuado control del sistema gramatical de la lengua que se estudia.

Por otra parte, los defensores del Aprendizaje Comunitario de la Lengua destacan los beneficios de un método que se centra en el alumno y da una gran importancia al aspecto humanístico del aprendizaje de la lengua y no solamente a su dimensión lingüística.

8 Sugestopedia

Antecedentes

La Sugestopedia es un método desarrollado por el educador y psiquiatra búlgaro Georgi Lozanov. Se basa en una serie de recomendaciones de aprendizaje derivado de la Sugestología, que Lozanov describe como una «ciencia... que trata el estudio sistemático de las influencias irracionales e inconscientes» a las que los seres humanos están constantemente respondiendo (Stevick, 1976: 42). Este método trata de controlar estas influencias y reconducirlas para mejorar el aprendizaje. Sus características más destacadas son la decoración, el mobiliario, la organización del aula, el uso de la música y la conducta autoritaria del profesor. Las afirmaciones de este método son extremas. «No hay ningún sector de la vida pública donde la sugestología no sea útil» (Lozanov, 1978: 2). «La memorización en el aprendizaje mediante el método de sugestopedia parece acelerarse 25 veces más que en el aprendizaje mediante métodos convencionales» (Lozanov, 1978: 2).

Lozanov reconoce la relación de la Sugestopedia con el yoga y la psicología soviética. Del yoga *raja*, Lozanov ha recogido y modificado técnicas para alterar los estados de conciencia y de concentración, además del uso de la respiración rítmica. De la psicología soviética, ha utilizado la idea de que a todos los alumnos se les puede enseñar un contenido específico a un mismo nivel de destreza. Este autor afirma que su método funciona igualmente bien tanto si los alumnos estudian también fuera del aula como si no lo hacen. Asegura el éxito con este método tanto a los que tienen facilidad en el aprendizaje como a los que no la tienen. La psicología soviética también destaca la importancia del entorno de aprendizaje, y Lozanov especifica con gran detalle los requisitos de un ambiente de aprendizaje óptimo. (Para una visión general de las características de la psicología soviética y sus diferencias con la psicología occidental, véase Bancroft, 1978.)

Un aspecto muy llamativo del método es el uso de la música y el ritmo musical en el aprendizaje. De esta forma, se relaciona con otros usos funcionales de la música, especialmente el de la terapia musical. Gaston (1968) define tres funciones de la música en terapia musical: la de facilitar el establecimiento y el mantenimiento de relaciones personales; la de conseguir aumentar la autoestima a través de la autosatisfacción en la interpretación musical, y la de usar las posibilidades del ritmo con el fin de aumentar la energía y conseguir orden. Esta última función parece ser la que Lozanov utiliza para justificar el uso de la música con el fin tanto de relajar a los alumnos como de estructurar, organizar y dar ritmo a la presentación del material lingüístico.

Enfoque: Teoría de la lengua y del aprendizaje

Lozanov no articula una teoría de la lengua ni parece que le preocupen mucho los distintos aspectos de los elementos lingüísticos y su organización. El énfasis dado a la memorización de pares de palabras –un elemento de la lengua objeto y su traducción a la lengua materna– sugiere una visión de la lengua donde el vocabulario es fundamental y donde se le da más importancia a la traducción léxica que al contexto. Sin embargo, a veces se refiere a la importancia de experimentar el material lingüístico en «textos significativos completos» (Lozanov, 1978: 268) y señala que un curso basado en la Sugestopedia dirige «al alumno no a la memorización de vocabulario y la adquisición de hábitos de habla, sino a los actos de comunicación» (1978: 109).

Cuando describe el trabajo del curso y la organización de los textos, Lozanov se refiere normalmente a la lengua que se aprende como «el material». Por ejemplo, «el nuevo material que se va a aprender lo lee o recita un profesor con buena formación» (Lozanov, 1978: 270). El ejemplo ofrecido de una lección de italiano (Lozanov, 1978) no sugiere una teoría de la lengua muy diferente de la que mantiene que una lengua es su vocabulario y las reglas de gramática que lo organizan.

La sugestión está en el núcleo de la Sugestopedia. Lozanov afirma que sus ideas separan este método del «limitado concepto clínico de la hipnosis, como un estado de conciencia estático y alterado, similar al sueño» (1978: 3). También afirma que lo que distingue su método de la hipnosis y de otras formas de control de la mente es que estas otras formas «no tienen en cuenta el sentido de desugestión-sugestión» y «no consiguen crear un estado constante de reservas a través de la psicorrelajación concentrada» (1978: 267). Hay seis componentes teóricos principales a través de los cuales operan la desugestión y la sugestión, permitiendo el acceso a las reservas. A continuación describiremos brevemente estos componentes según Bancroft (1972).

Autoridad

Las personas recuerdan mejor y se sienten más influidas por la información que viene de una fuente bien informada. Lozanov parece creer que la lengua aparentemente científica, los datos experimentales altamente empíricos y los profesores realmente convencidos constituyen un sistema ritual placebo cuya autoridad despierta el interés de la mayoría de los alumnos. Los informes publicados sobre el aprendizaje satisfactorio confieren autoridad al método y a la institución, así como el compromiso con el método, la confianza en uno mismo, el distanciamiento, la habilidad en las actuaciones y una actitud altamente positiva dan, en conjunto, un aire de autoridad al profesor.

Proceso de «infantilización»

La autoridad también se utiliza para producir una relación entre profesor y alumno como la que habitualmente existe entre padres e hijos. En su papel de hijo, el alumno toma parte en simulaciones, juegos, canciones y ejercicios físicos que ayudan a «los alumnos adultos a recuperar la confianza en sí mismos, la espontaneidad y la receptividad del niño» (Bancroft, 1972: 19).

Doble plano

El alumno aprende no solamente por el efecto de la enseñanza directa, sino por el entorno en el que tiene lugar la enseñanza. La decoración alegre del aula, la música de fondo, la forma de las sillas y la personalidad del profesor se consideran aspectos tan importantes en la enseñanza como la forma de los propios materiales de enseñanza.

Entonación, ritmo y pseudopasividad de concierto

Variar el tono y el ritmo de presentación de los materiales ayuda tanto a impedir el aburrimiento por la monotonía de la repetición como a dramatizar y dotar de una carga emocional y de significado al material lingüístico. En la primera presentación del material lingüístico se leen tres frases seguidas, cada una con un ritmo y un tono de voz diferente. En la segunda presentación se da a este material una lectura propiamente dramática, lo que ayuda a los alumnos a imaginar un contexto para el material y sirve de apoyo para la memorización (Bancroft, 1972: 19).

Tanto la entonación como el ritmo se coordinan con un fondo musical. Este fondo musical ayuda a conseguir una actitud relajada, que Lozanov llama pseudopasividad de concierto. Se considera que éste es un estado óptimo para el aprendizaje, puesto que se relajan la ansiedad y la tensión, y aumenta el poder de concentración en el nuevo material.

Diseño: Objetivos, programa, actividades de aprendizaje, papeles de alumnos, profesores y materiales

La Sugestopedia pretende conseguir una competencia de conversación avanzada en poco tiempo. Aparentemente basa sus pretensiones de aprendizaje en el dominio por parte del alumno de listas muy largas de parejas de palabras y, de hecho, sugiere que es conveniente que los alumnos se marquen ellos mismos estos objetivos. Sin embargo, Lozanov subraya que el poder de la memoria desarrollada no es una habilidad aislada, sino el resultado de «una estimulación positiva y global de la personalidad» (Lozanov, 1978: 253).

Un curso de Sugestopedia tiene una duración de treinta días y consiste en diez unidades de estudio. Hay clases cuatro horas al día, seis días por semana. El foco central de cada unidad es un diálogo de aproximadamente unas 1.200 palabras, acompañado de una lista de vocabulario y comentarios gramaticales. Los diálogos se gradúan atendiendo al léxico y a la gramática.

Hay una estructura de trabajo dentro de cada unidad y otra para todo el curso. El estudio de una unidad se organiza en tres días: día 1 –medio día–; día 2 –todo el día–; día 3 –medio día. En el primer día de trabajo de una unidad, el profesor presenta el contenido general (no la estructura) del diálogo de la unidad. Entonces, los alumnos reciben el diálogo impreso con la traducción a su lengua materna en una columna paralela. El profesor responde las preguntas que interesan o preocupan a los alumnos sobre el diálogo. El diálogo se lee una segunda y una tercera vez de una manera consensuada. Los días 2 y 3 se dedican a la elaboración primaria y secundaria del texto. La elaboración primaria consiste en la imitación, las preguntas y respuestas, la lectura, etc., del diálogo, y en trabajar con los 150 nuevos elementos de vocabulario presentados en la unidad. La elaboración secundaria implica a los alumnos en la producción de nuevas combinaciones basadas en los diálogos. También se lee una historia o un ensayo relacionado con el diálogo. Los alumnos practican conversaciones y representan pequeños papeles como respuesta al texto leído.

Durante el curso hay dos oportunidades para aplicar el material. En la mitad del curso se anima a los alumnos a que practiquen la nueva lengua en situaciones en las que se pueda utilizar, como en hoteles y restaurantes. El último día del curso se dedica a actuaciones en las que todos los alumnos participan. Los alumnos elaboran una representación utilizando los materiales del curso. Se preparan las normas y los papeles, pero se espera que los alumnos hablen libremente sin tener que memorizar los textos. También se pasan pruebas escritas a lo largo del curso, y tanto estas pruebas como la actuación son revisadas el último día del curso.

Las actividades de aprendizaje utilizadas en el método incluyen la imitación, las preguntas y respuestas, y los juegos de roles, que no son actividades «que otros profesores de lenguas considerarían como fuera de lo normal» (Stevick, 1976: 157). Las actividades que son más específicas de la Sugestopedia son las actividades de audición, que son relativas al texto y al vocabulario de cada unidad. Estas actividades son características de la «fase de sesión previa», que tiene lugar el primer día de una nueva unidad. Primero, los alumnos miran y comentan un texto con el profesor. En la segunda lectura, los alumnos se relajan confortablemente en sillas reclinables y escuchan lo que lee el profesor de una forma especial.

Los papeles de los alumnos son prescritos cuidadosamente. El estado mental es importante para alcanzar el éxito, por lo que los alumnos deben estar prevenidos frente a las sustancias que alteren la mente u otras distracciones y sumergirse en los procedimientos del método. Los alumnos no deben intentar averiguar, manipular o estudiar el material presentado, sino que deben mantener un estado pseudopasivo, que permita que el material les *envuelva*. Los alumnos deben tolerar e incluso estimular su propio proceso de «infantilización». Esto se consigue, en parte, reconociendo la autoridad absoluta del profesor, y, en parte, entregándose a las actividades y las técnicas elaboradas para ayudarlos a recuperar la confianza en sí mismos, la espontaneidad y la receptividad del niño. Estas actividades incluyen los juegos de roles y otras actividades lúdicas, las canciones y los ejercicios físicos (Bancroft, 1972: 19).

Los grupos de alumnos son, en una situación ideal, socialmente homogéneos, con doce miembros y la misma proporción de hombres que de mujeres. Los alumnos se sientan en un círculo, lo que facilita el intercambio cara a cara y la participación en la actividad.

El principal papel del profesor consiste en crear situaciones en las que el alumno esté más receptivo y, después, presentar material lingüístico de una forma que permita una mayor retención positiva del alumno.

Lozanov ofrece una lista de varias conductas del profesor que facilitan estas presentaciones:

1. Mostrar una confianza absoluta en el método.
2. Actuar y vestirse de una manera cuidadosa.
3. Organizarse adecuadamente y seguir fielmente los pasos iniciales del proceso de enseñanza, que incluye la elección de la música y la puntualidad.
4. Mantener una actitud solemne con respecto a las sesiones.
5. Pasar pruebas y responder con tacto a los malos resultados, si los hubiera.
6. Subrayar más la actitud global que la analítica con respecto al material.
7. Mantener un entusiasmo moderado.

Los materiales se dividen en dos tipologías básicas: los de ayuda directa, principalmente texto y cinta de audio, y los de ayuda indirecta, que incluyen los elementos de clase y la música.

El texto se organiza alrededor de las diez unidades que se describieron con anterioridad en estas páginas. El libro de texto debería tener fuerza emotiva, calidad literaria y personajes interesantes. Los problemas de lengua deberían presentarse de forma que no preocuparan o distrayeran la atención de los alumnos en el contenido. «Deberían evitarse los temas traumáticos y los materiales léxicos de mal gusto» (Lozanov, 1978: 278). Cada unidad debería regirse solamente por una idea que englobara una variedad de subtemas, «como ocurre en la vida misma» (pág. 278).

Si no los materiales propiamente dichos, el entorno de aprendizaje desempeña un papel tan importante en la Sugestopedia que tenemos que enumerar brevemente sus elementos más destacados. El entorno (los materiales de ayuda indirecta) incluye el aspecto del aula (luminosa y alegre), el mobiliario (sillas reclinables colocadas en círculo) y la música (el repertorio del Barroco).

Procedimiento

Como en otros métodos que hemos analizado, hay variantes tanto históricas como individuales en el desarrollo concreto de las clases que utilizan la Sugestopedia. Adaptaciones como las que observamos en Toronto con Jane Bancroft y sus colegas de Scarborough College (Universidad de Toronto) muestran una gran variedad de técnicas que no se mencionan en la obra de Lozanov. Aquí hemos intentado caracterizar una clase como la que se describe en la bibliografía que trata la Sugestopedia, señalando los aspectos que varían considerablemente de esta descripción en las clases que hemos observado. Bancroft (1972) señala que la clase de idiomas de cuatro horas tiene tres partes diferenciadas. La primera parte se puede llamar revisión oral. Se utiliza el material aprendido previamente como base para el comentario del profesor y los doce alumnos de clase. Todos los participantes se sientan en un círculo en sus sillas especiales y se procede como en un seminario. Esta sesión puede incluir lo que se llaman microestudios y macroestudios. En los microestudios se presta una atención específica a la gramática, el vocabulario y las preguntas y respuestas concretas. Una pregunta de un microestudio podría ser: «¿Qué deberíamos hacer en la habitación de un hotel si el grifo del baño no funciona?» En los macroestudios se da más importancia a los juegos de roles y a las construcciones lingüísticas creativas más amplias e innovadoras. «Describe a alguien la iglesia Boyana» (una de las iglesias medievales más conocidas de Bulgaria) sería un ejemplo para pedir información del tipo macroestudio.

En la segunda parte de la clase se presenta y se analiza el nuevo material. Se lee el nuevo diálogo y su traducción a la lengua materna, analizando cualquier aspecto de gramática, vocabulario o contenido que el profesor considere importante o sobre el que los alumnos tengan curiosidad. Bancroft señala que para esta parte se utiliza normalmente la lengua objeto, aunque las preguntas o los comentarios de los alumnos se harán en la lengua en la que ellos se sientan seguros. Se procura que los alumnos consideren interesante la experiencia de tratar un nuevo material, sin ansiedad o un esfuerzo especial. La actitud y la autoridad del profesor se consideran muy importantes para que los alumnos tengan éxito en el aprendizaje. Se señalan la pauta del aprendizaje y su uso (fijación, reproducción y nueva producción creativa) con el fin de que los alumnos sepan lo que se espera de ellos.

La tercera parte –la sesión de concierto– es la más conocida. Puesto que constituye el corazón del método, citaremos a Lozanov sobre los procedimientos de esta sesión:

> Al principio de la sesión, se interrumpe toda conversación durante uno o dos minutos y el profesor escucha la música grabada en una cinta. Espera mientras escucha diversos pasajes con el fin de entrar en la atmósfera de la música y, entonces, empieza a leer o a recitar el nuevo texto, modulando su voz en armonía con la música. Los alumnos siguen el texto en sus libros, donde cada lección está traducida a la lengua materna. Entre la primera y la segunda parte del concierto, hay varios minutos de silencio solemne. En algunos casos, incluso se dan pausas más largas para permitir que los alumnos se muevan un poco. Antes de empezar la segunda parte del concierto, hay de nuevo varios minutos de silencio y se escuchan ciertos compases antes de que el profesor empiece la lectura del texto. Ahora los alumnos cierran sus libros y escuchan la lectura del profesor. Al final, abandonan el aula en silencio. No se les pide que hagan ejercicios en casa sobre la lección que han tenido; sólo deben leer el texto rápidamente una vez antes de ir a dormir y una segunda vez antes de levantarse por la mañana.
>
> (Lozanov, 1978: 272)

Conclusión

La Sugestopedia recibió una crítica muy favorable en la revista *Parade* el 12 de marzo de 1978. También recibió una crítica feroz de un destacado lingüista aplicado (Scovel, 1979). Después de reconocer que «hay técnicas y procedimientos en la Sugestopedia que pueden resultar útiles en la clase de lengua extranjera», Scovel señala que Lozanov se opone claramente a un uso ecléctico de las técnicas de la Sugestopedia fuera del conjunto de sus propuestas. En cuanto a los postulados de la Sugestopedia, Scovel comenta: «Si hemos aprendido algo en los años setenta, es que el arte de la enseñanza de idiomas se beneficiará muy poco de la pseudociencia llamada sugestología» (Scovel, 1979: 265).

Según Lozanov, sin embargo, este aire de ciencia (más que su contenido) es lo que otorga a la Sugestopedia su autoridad a los ojos de los alumnos y los prepara para alcanzar el éxito. Lozanov no comenta demasiado el hecho de que debe presentarse la Sugestopedia a los alumnos en el contexto de «un ritual de sistemas-placebo de sugestión-desugestión» (Lozanov, 1978: 267) y de que una de las tareas del profesor sea determinar cuál de estos sistemas-placebo supone mayor autoridad para los alumnos. De la misma forma que los médicos dicen a los enfermos que el placebo es la píldora que los curará, los profesores dicen a los alumnos que la Sugestología es una ciencia que los enseñará. Lozanov mantiene que los placebos curan y enseñan cuando el paciente y el alumno creen que esto puede suceder. Por tanto, quizá no sea productivo seguir discutiendo dilemas extremos como ciencia/no ciencia y datos/engaño y, siguiendo a Bancroft y Stevick, deberíamos tratar de identificar y comprobar la validez de las técnicas de la Sugestopedia que parecen ser efectivas y que armonizan con otras técnicas eficaces en la enseñanza de idiomas.

9   La Lengua Total

Antecedentes

El término *Lengua Total* fue creado en la década de 1980 por un grupo de educadores preocupados por la enseñanza de las artes de la lengua, es decir, la lectura y la expresión escrita en la lengua materna. La enseñanza de la lectura y la expresión escrita en la primera lengua (a menudo denominada *alfabetización*) es una empresa educativa de gran actividad en todo el mundo y, al igual que el campo de la enseñanza de la segunda lengua, ha conducido a una serie de enfoques diferentes y a veces enfrentados. Un difundido enfoque de la enseñanza de la lectura y la escritura se ha centrado en un planteamiento «descodificador» de la lengua. Con esto se alude a la atención que se presta a la enseñanza de los distintos componentes de la lengua, como gramática, vocabulario y reconocimiento de palabras, y en especial a la enseñanza de la fónica. La fónica se basa en la teoría de que leer supone identificar letras y convertirlas en sonidos. Otras teorías de la lectura enfocan ésta a través de habilidades. El movimiento de la Lengua Total es radicalmente contrario a estos enfoques de la enseñanza de lectura y escritura, y sostiene que la lengua debe enseñarse como una «totalidad». «Si no se mantiene la lengua como una totalidad, ya no es lengua» (Rigg, 1991: 522). La instrucción en la Lengua Total es una teoría de la enseñanza de idiomas que se desarrolló para ayudar a los niños pequeños a leer y escribir, y se ha extendido también a los niveles medios y secundarios y a la enseñanza del inglés para finalidades especiales. «Lo que empezó siendo un medio holístico para enseñar a leer se ha convertido en un movimiento para el cambio, del cual son aspectos clave el respeto a cada estudiante como miembro de una cultura y el respeto a cada profesor como profesional» (Rigg, 1991: 521).

El Enfoque de la Lengua Total insiste en aprender a leer y a escribir de forma natural, con la atención puesta en la comunicación real y en leer y escribir por placer. En los años noventa se hizo popular en Estados Unidos como manera motivadora e innovadora de enseñar las destrezas de las artes del lenguaje a los niños de la escuela primaria. En la enseñanza de idiomas tiene en común una perspectiva filosófica y educativa con la Enseñanza Comunicativa de la Lengua, ya que subraya la importancia del significado y de la creación de significado en la enseñanza y el aprendizaje. Se relaciona también con enfoques naturales del aprendizaje de idiomas (véase capítulo 15), ya que está concebido para ayudar a niños y adultos a aprender una segunda lengua de la misma manera en que los niños aprenden su lengua materna.

Ha habido un considerable debate en torno a si la Lengua Total es un enfoque, un método, una filosofía o una creencia. En una revisión de sesenta y cuatro artículos sobre la Lengua Total, Bergeron (1990) halló que la Lengua Total se trataba como un enfoque (34,4 por ciento), como una filosofía (23,4 por ciento), como una creencia (14,1 por ciento) o como un método (6,3 por ciento). Nosotros la consideramos como un enfoque basado en unos principios esenciales sobre la lengua (la lengua es una totalidad) y el aprendizaje (deben integrarse en el aprendizaje la expresión escrita, la lectura, la comprensión oral y la expresión oral). Cada profesor de la Lengua Total pone en práctica las teorías de este enfoque según su propia interpretación y con arreglo al tipo de clases y de estudiantes a quienes enseña.

Enfoque: Teoría de la lengua y del aprendizaje

La Lengua Total contempla la organización de la lengua desde la que antes hemos denominado perspectiva interactiva. Esta perspectiva es, con toda evidencia, un punto de vista social, que ve el lenguaje como un vehículo para la comunicación humana y en el cual hay una relación de interacción entre lectores y escritores. «El uso del lenguaje tiene lugar siempre en un contexto social; esto se aplica tanto a la lengua hablada como a la escrita, a la lengua materna como a la segunda lengua» (Rigg, 1991: 523). En la Lengua Total hay una gran insistencia en la «autenticidad», en la participación con los autores de los textos escritos y también en la conversación. Por ejemplo, en el dominio de los signos sociolingüísticos de la «petición de disculpas», «una perspectiva propia de la lengua total requiere una situación auténtica, "real", en la cual uno verdaderamente necesite pedir disculpas a otra persona» (Rigg, 1991: 524).

La Lengua Total considera también el lenguaje, desde el punto de vista psicolingüístico, como un vehículo para la «interacción» interior, para el discurso egocéntrico, para el pensamiento. «Utilizamos la lengua para pensar: a fin de descubrir lo que somos, a veces escribimos, hablamos con un amigo o nos musitamos a nosotros mismos en silencio» (Rigg, 1991: 323). También se alude a un modelo funcional del lenguaje en numerosos artículos sobre la Lengua Total. La lengua se ve siempre como algo que se usa para unos fines que tienen sentido y para desempeñar unas funciones auténticas.

La teoría del aprendizaje que subyace a la Lengua Total se encuentra en las escuelas humanistas y constructivistas. Las descripciones de las aulas de lengua total recuerdan términos habituales en los enfoques humanistas de la educación y del aprendizaje de idiomas: se dice que la Lengua Total es auténtica, personalizada, autodirigida, colaboradora, pluralista. Se piensa que estas características centran la atención del estudiante y son una motivación para lograr el dominio del idioma. La teoría constructivista del aprendizaje sostiene que el conocimiento se construye socialmente en lugar de recibirse o descubrirse. Así, los estudiantes constructivistas «crean significado», «aprenden haciendo» y trabajan en colaboración «en grupos mezclados, sobre proyectos comunes». En lugar de transmitir conocimiento a los estudiantes, los profesores colaboran con ellos en la creación de conocimiento y en la comprensión de su común contexto social. En vez de tratar de «cubrir el programa», el aprendizaje se centra en la experiencia, las necesidades, los intereses y las aspiraciones de los estudiantes.

Diseño: Objetivos, programa, actividades de aprendizaje, papeles de alumnos, profesores y materiales

Los principios más importantes que subyacen al diseño de la instrucción de la Lengua Total son los siguientes:

- utilizar literatura auténtica en vez de textos y ejercicios artificiales especialmente preparados para la práctica de las habilidades de lectura individuales
- centrarse en acontecimientos reales y naturales en vez de en relatos escritos *ad hoc* que no guardan relación con la experiencia de los estudiantes
- leer textos reales de gran interés, sobre todo literatura
- leer para comprender y para una finalidad real
- escribir para un público real y no simplemente para practicar las habilidades de expresión escrita
- escribir como un proceso a través del cual los estudiantes exploran y descubren el significado
- utilizar textos producidos por los estudiantes en lugar de generados por los profesores o por terceras personas
- integrar lectura, expresión escrita y otras destrezas
- centrar el aprendizaje en el estudiante: los alumnos tienen elección sobre lo que leen y escriben; se les dota de poder y se comprende su mundo
- leer y escribir junto con otros estudiantes
- fomentar la asunción de riesgos y la exploración, y aceptar los errores como signos de aprendizaje y no de fracaso

El profesor es considerado como un facilitador y como un participante activo en la comunidad de aprendizaje, en lugar de como un experto que transmite conocimiento. Enseña a alumnos, no enseña el tema; busca la aparición de momentos propicios para la enseñanza, en vez de seguir un plan de clase o guión establecido de antemano. Crea un clima que contribuya al aprendizaje en colaboración. Tiene la responsabilidad de negociar un plan de trabajo con los estudiantes.

El alumno es un colaborador: colabora con los compañeros, con el profesor y con los autores de los textos. Los estudiantes son también evaluadores: evalúan su propio aprendizaje y el de los demás, con la ayuda del profesor. El alumno está dirigido a sí mismo: sus propias experiencias de aprendizaje se utilizan como recursos para el aprendizaje. Los estudiantes son también selectores de materiales y actividades de aprendizaje: «La elección es vital en una clase de lengua total, pues sin la capacidad de seleccionar actividades, materiales y contertulios, los alumnos no pueden usar el idioma para sus propias finalidades» (Rigg, 1991: 526).

La instrucción de la Lengua Total propugna el uso de materiales del mundo real mejor que textos comerciales. Una obra literaria es un ejemplo de material del «mundo real», en el sentido de que su creación no tiene una motivación educativa, sino que es resultado del deseo del autor de comunicarse con el lector. Otros materiales del mundo real los aportan los alumnos a la clase en forma de periódicos, carteles, folletos, libros de cuentos, y materiales impresos del lugar de trabajo, en el caso de los adultos. Los estudiantes producen también sus propios materiales. En vez de comprar manuales y «antologías elementales», preparados con criterios pedagógicos, las escuelas se valen de series literarias para la clase, tanto de ficción como de no ficción.

Procedimiento

La cuestión de cuáles son las características educativas específicas de la Lengua Total es un tanto problemática. Bergeron (1990) halló que la Lengua Total se describía de una manera distinta en cada uno de los sesenta y cuatro artículos que revisó (con la excepción de los escritos por el mismo autor). Encontró solamente cuatro rasgos de trabajo en el aula que se mencionaran en más del 50 por ciento de los artículos. Eran los siguientes:

- el uso de literatura
- el uso de escritura procesual
- el fomento del aprendizaje cooperativo entre los estudiantes
- el interés por la actitud de los estudiantes

Las actividades que se usan a menudo en la instrucción de la Lengua Total son:

- lectura y expresión escrita individual o en grupos pequeños
- diarios de diálogos no graduados
- carpetas de trabajo de expresión escrita
- reuniones sobre expresión escrita
- libros hechos por los alumnos
- redacción de cuentos

Muchas de estas actividades son también habituales en otros enfoques educativos, como la Enseñanza Comunicativa de la Lengua, la Enseñanza Basada en Contenidos y la Enseñanza de la Lengua Basada en Tareas. Tal vez el único rasgo de la Lengua Total que no aparece en un lugar esencial en los debates sobre enfoques comunicativos de la enseñanza de idiomas sea el centrarse en la literatura, aunque evidentemente ha tenido interés para otros autores de la metodología de enseñanza de la lengua inglesa. Las sugerencias para el aprovechamiento de los recursos literarios en el aula de Lengua Total serán familiares a los profesores de idiomas que tengan un interés similar en el uso de la literatura como apoyo del aprendizaje de la segunda lengua. Lo que es distinto en la enseñanza de la Lengua Total no es el uso incidental de estas actividades basadas en el tema de la clase o en un punto del programa, sino su empleo como parte de una filosofía general de enseñanza y aprendizaje que da nuevo sentido y propósito a dichas actividades.

A continuación presentamos un ejemplo de uso de una obra literaria en un taller de Lengua Total; incluye actividades elaboradas en relación con el uso de «Textos Paralelos». Dos traducciones al inglés del mismo relato breve constituyen un ejemplo de Textos Paralelos. El estudio de las dos traducciones pone de relieve la variedad de posibilidades lingüísticas que el escritor (y el traductor) tienen ante sí, mediante el cotejo de las posibilidades lingüísticas elegidas por los traductores y de las respuestas de los estudiantes como lectores a dichas elecciones. En parejas, un alumno actúa como presentador/intérprete de una de las dos traducciones del relato y el compañero como presentador/intérprete de la otra.

Textos Paralelos: Primeras frases de dos traducciones de un cuento coreano.

1a. «*Cranes*», de Hwang Sun-Won (traducido por Kevin O'Rourke)

«*The village on the northern side of the 38th parallel frontier was ever so quiet and desolate beneath the high, clear autumn sky. White gourds leaned on white gourds as they swayed in the yard of an empty house.*»

1b. «*The Crane*», de Hwang Sun-Won (traducido por Kim Se-young)

«*The northern village at the border of the 38th Parallel was ever so snug under the bright high autumn sky. In the space between the two main rooms of the empty farm house a white empty gourd was lying against another white empty gourd.*»

Ejemplos de actividades de los alumnos basadas en los textos paralelos:

1. Pensad en el pueblo que se describe en 1a y 1b como si fuesen dos pueblos distintos. ¿En cuál preferiríais vivir? ¿Por qué?
2. Las diferentes frases iniciales, ¿motivan en el lector expectativas distintas en cuanto a qué tipo de relato va a seguir y qué tono va a tener?
3. En un mapa de Corea, los componentes de cada pareja deberán indicar dónde piensa que se halla el pueblo. ¿Lo han localizado en el mismo sitio? En caso negativo, ¿por qué no?
4. Escribid la frase inicial de un cuento corto en la cual se presente en pocas palabras el pueblo de 1a con el aspecto que podría tener en invierno en vez de en otoño.
5. Escribid las frases iniciales de dos textos paralelos en las cuales se describa con palabras diferentes un pueblo que conozcáis. Pregunta a tu compañero qué pueblo prefiere.
6. Discutid sobre qué diferentes tipos de relato podrían seguir a esas frases iniciales. Escribid una primera frase original de este relato pensando en vosotros mismos como «el traductor» y utilizando como recursos las dos traducciones.

(Rodgers, 1993)

113

Conclusión

El movimiento de la Lengua Total no es un método de enseñanza, sino un enfoque del aprendizaje que considera la lengua como una entidad total. Cada profesor de idiomas es libre para poner en práctica este enfoque de acuerdo con las necesidades de cada clase. Las ventajas que se atribuyen a la Lengua Total son que se centra en experiencias y actividades relevantes para la vida y las necesidades de los alumnos, que se vale de materiales auténticos y que se puede utilizar para facilitar el desarrollo de todos los aspectos de una segunda lengua. Los críticos, sin embargo, consideran que supone un rechazo de todo el enfoque del ISL [inglés como segunda lengua] y que pretende aplicar los principios de la lengua materna al ISL. Las propuestas de la Lengua Total se ven como una enseñanza antidirecta, como antidestrezas y antimateriales, al dar por sentado que los textos auténticos son suficientes como apoyo del aprendizaje de la segunda lengua y que el desarrollo de habilidades se producirá sin que se le preste especial atención (Aaron, 1991). Muchos profesores de idiomas siguen siendo muy adictos al uso de materiales especialmente elaborados como apoyo a la enseñanza y algunos sostienen que la Lengua Total fomenta la fluidez a costa de la precisión. Por otra parte, los partidarios de la Lengua Total han desarrollado una amplia variedad de materiales que pueden ofrecer un enfoque integrado de la enseñanza del ISL y que se pueden adoptar para usarlos en muchos contextos (p. e., Whiteson, 1998). Las actividades de la Lengua Total pueden resultar útiles, especialmente, para alumnos jóvenes en entornos del ISL. Muchas de las actividades concebidas para alumnos mayores en otros entornos son similares a las recomendadas en otros enfoques institucionales (p. e., la Enseñanza Comunicativa de la Lengua y el Aprendizaje Cooperativo), que pueden servir también como recursos de apoyo a un enfoque de Lengua Total.

10 Inteligencias Múltiples

Antecedentes

El método de Inteligencias Múltiples (IM) se refiere a una filosofía basada en el alumno que describe la inteligencia humana como poseedora de múltiples dimensiones que hay que reconocer y desarrollar en la educación. Los tests tradicionales de CI (cociente intelectual) o inteligencia se basan en una capacidad única, invariable e innata. Sin embargo, los tests de CI tradicionales, aunque se siguen haciendo a la mayoría de los colegiales, están siendo puestos en tela de juicio cada vez más por el movimiento IM. Este se funda en la obra de Howard Gardner, de la Graduate School of Education de Harvard (Gardner, 1993). Gardner observa que los tests de CI tradicionales miden solamente la lógica y el lenguaje; no obstante, el cerebro posee otros tipos de inteligencia igualmente importantes. Gardner sostiene que todos los seres humanos tienen estas inteligencias, pero las personas difieren en la fuerza y en la combinación de sus inteligencias. Cree que todas ellas se pueden mejorar mediante el adiestramiento y la práctica. IM forma parte, pues, de un grupo de puntos de vista educativos que se centran en las diferencias entre los estudiantes y en la necesidad de reconocer en la enseñanza dichas diferencias. Se considera que los estudiantes poseen distintos estilos de aprendizaje, preferencias o inteligencias. La pedagogía obtiene sus mayores éxitos cuando estas diferencias entre los alumnos se reconocen, se analizan en el seno de grupos concretos de alumnos y se incluyen en la enseñanza. Tanto en la educación general como en la enseñanza de idiomas, la atención a las diferencias individuales ha sido un tema recurrente en los últimos treinta años aproximadamente, como se ve en movimientos o enfoques como la Instrucción Individualizada, el Aprendizaje Autónomo, el Adiestramiento del Alumno y las Estrategias del Alumno. El modelo de Inteligencias Múltiples tiene una serie de rasgos en común con estas propuestas anteriores.

Gardner (1993) propuso una visión de los talentos humanos naturales que lleva la denominación de «Modelo de Inteligencias Múltiples». Este modelo forma parte de una diversidad de modelos de estilo de aprendizaje que se han propuesto en la educación general y se han aplicado posteriormente a la educación lingüística (véase, p. e., Christison, 1998). Afirma Gardner que su visión de la(s) inteligencia(s) es independiente de influencias culturales y evita la estrechez conceptual que se suele asociar con los modelos tradicionales de la inteligencia (p. e., el modelo de test de Cociente Intelectual [CI]).

Gardner plantea ocho «inteligencias» natas, que se describen de la siguiente manera:

1. *Lingüística:* la capacidad de utilizar el lenguaje de maneras especiales y creativas, algo en lo que están fuertes abogados, escritores, editores e intérpretes.
2. *Lógica-matemática:* la capacidad de pensar racionalmente, que se encuentra a menudo en médicos, ingenieros, programadores y científicos.
3. *Espacial:* la capacidad de formar modelos mentales del mundo, algo en lo que son buenos arquitectos, decoradores, escultores y pintores.
4. *Musical:* un buen oído para la música, que es fuerte en cantantes y compositores.
5. *Corporal-cinestésica:* tener una buena coordinación corporal, que se halla a menudo en atletas y artesanos.
6. *Interpersonal:* la capacidad de trabajar bien con otras personas, que es poderosa en vendedores, políticos y profesores.
7. *Intrapersonal:* la capacidad de comprenderse uno mismo y aplicar su talento con buen resultado, lo cual produce personas felices y bien adaptadas en todas las áreas de la vida.
8. *Naturalista:* la capacidad de entender y organizar las pautas de la naturaleza.

La idea de las Inteligencias Múltiples ha suscitado el interés de muchos educadores y del público general. Las escuelas que usan la teoría de IM fomentan un aprendizaje que va más allá de los libros, bolígrafos y lápices tradicionales. Los profesores y padres que reconocen los peculiares dones y talentos de sus alumnos e hijos pueden proporcionar actividades de aprendizaje que se basen en esos dones heredados. Como consecuencia del fortalecimiento de estas diferencias, los individuos tienen libertad para ser inteligentes a su manera.

Se han propuesto otras «inteligencias», como la Inteligencia Emocional, la Inteligencia Mecánica y la Inteligencia Práctica, pero Gardner defiende su modelo octodimensional de la inteligencia afirmando que las inteligencias concretas que postula son verificadas por ocho «signos» basados en datos. No corresponde a este capítulo hacer un examen detallado de los signos. Sin embargo, entre ellos hay pistas como el que una inteligencia tenga una historia de desarrollo diferenciada y una historia evolutiva diferenciada; es decir, en los individuos hay una secuencia similar de desarrollo de una inteligencia que empieza en la primera infancia y continúa hasta la madurez. Esta secuencia será universal para los individuos, pero única para cada inteligencia. De manera semejante, cada inteligencia está profundamente enraizada en la historia evolutiva. El uso humano de herramientas, por ejemplo, posee este tipo de historia evolutiva y es un ejemplo, según Gardner, de inteligencia corporal/cinestésica.

Enfoque: Teoría de la lengua y del aprendizaje

La teoría de IM fue originariamente propuesta por Gardner (1993) como una contribución a la ciencia cognitiva. Muy pronto fue interpretada por algunos educadores generales, como Armstrong (1994), como un marco en el que replantear la educación escolar. Algunos colegios de Estados Unidos incluso han rehecho sus programas educativos ajustándolos al modelo IM. Las aplicaciones de IM en la enseñanza de idiomas son más recientes, de modo que no ha de sorprender que la teoría de IM carezca de algunos de los elementos básicos que podrían enlazarla más directamente con la educación lingüística. Una de estas carencias es una visión concreta de qué relación tiene la teoría de IM con cualquier teoría existente del lenguaje o del aprendizaje de idiomas, aunque se han hecho intentos de establecer estos vínculos (p. e., Reid, 1997; Christison, 1998). Sin duda, es justo decir que las propuestas de IM consideran la lengua de un individuo, incluyendo una o más segundas lenguas, no como una habilidad «añadida» y un tanto periférica, sino como fundamental para la vida entera del estudiante y el usuario de los idiomas. En este sentido, se propugna que la lengua se integre con la música, la actividad corporal, las relaciones interpersonales y demás. No se considera que la lengua esté limitada a las perspectivas de una «lingüística», sino que abarca todos los aspectos de la comunicación.

El aprendizaje y el uso de las lenguas guardan una relación evidente con lo que los teóricos de IM denominan «inteligencia lingüística». Sin embargo, los defensores de IM creen que hay en el lenguaje cosas más importantes que lo que habitualmente se subsume bajo el epígrafe de la lingüística. Hay aspectos del lenguaje, como el ritmo, el tono, el volumen y la altura, que tienen más que ver con, digamos, una teoría de la música que con una teoría de la lingüística. Hay otras inteligencias que enriquecen el tapiz de la comunicación que llamamos «lenguaje». Además, el lenguaje tiene sus lazos con la vida a través de los sentidos. Los sentidos proporcionan el acompañamiento y el contexto del mensaje lingüístico que le confieren significado y propósito. Una visión multisensorial del lenguaje es necesaria, al parecer, para construir una teoría adecuada del lenguaje y un diseño eficaz del aprendizaje de idiomas.

Una visión de la inteligencia que goza de amplia aceptación es que aquélla —se mida como se mida y en la circunstancia que sea— comprende un solo factor, generalmente denominado factor «g». Desde este punto de vista, «se puede describir la inteligencia (g) como la capacidad de afrontar la complejidad cognitiva (...) La inmensa mayoría de los investigadores de la inteligencia dan por sentados estos hallazgos» (Gottfredson, 1998: 24). Una explicación popular de esta opinión considera la inteligencia como una jerarquía con g en su vértice:

> se ordenan aptitudes más específicas en los niveles inferiores: los llamados factores de grupo, como la capacidad verbal, el razonamiento matemático, la visualización espacial y la memoria, están justo debajo de g, y debajo de ellos hay habilidades que dependen más del conocimiento o la experiencia, como los principios y prácticas de un trabajo o profesión determinados.
>
> (Gottfredson, 1998: 3)

La opinión de Gardner (y de algunos expertos en ciencia cognitiva) «contrasta marcadamente con la opinión de que la inteligencia se basa en una capacidad "unitaria" o general para resolver problemas» (Teele, 2000: 27). A juicio de Gardner, existe un grupo de capacidades mentales diferenciadas pero iguales, las cuales comparten el pináculo que corona la jerarquía denominada inteligencia, así, las ocho Inteligencias Múltiples que ha descrito Gardner. Una manera de considerar el argumento teórico del aprendizaje es aplicar la lógica del modelo de factor único (g) al modelo de Inteligencias Múltiples. El modelo de factor único pone en correlación una mayor inteligencia (+g) con una mayor rapidez y eficacia del proceso neuronal; es decir, cuanto más alto sea el factor g en el individuo, mayores serán la rapidez y la eficacia de su cerebro en la ejecución de operaciones cognitivas (Gottfredson, 1998: 3). Si no hay uno sino varios yoes, se puede suponer que la rapidez y la eficacia del proceso neuronal será la máxima cuando se ejercita plenamente un yo concreto; es decir, si un estudiante de idiomas posee una gran inteligencia musical, aprenderá con la máxima rapidez (p. e., un nuevo idioma) cuando ese contenido está insertado en un marco musical.

Diseño: Objetivos, programa, actividades de aprendizaje, papeles de alumnos, profesores y materiales

No hay ninguna meta establecida para la instrucción de IM en términos lingüísticos. La pedagogía IM se centra en la clase de idioma como escenario de una serie de sistemas de apoyo educativo concebidos para hacer que el estudiante de idiomas sea un mejor diseñador de sus propias experiencias de aprendizaje. Un alumno así está más dotado de poder y más satisfecho que el del aula tradicional. Se sostiene que un alumno más dirigido a sus fines y una persona más feliz tiene más probabilidades de ser un mejor estudiante y usuario de una segunda lengua.

Tampoco existe un programa como tal, ni prescrito ni recomendado, por lo que se refiere a la enseñanza de idiomas basada en IM. No obstante, hay una secuencia evolutiva básica, propuesta (Lazear, 1991) como alternativa a lo que hemos considerado habitualmente como un tipo de diseño de «programa». La secuencia se compone de cuatro etapas:

— *Etapa 1*: Despertar la Inteligencia. Mediante experiencias multisensoriales –tocar, oler, gustar, ver y demás– se puede sensibilizar a los alumnos a las polifacéticas propiedades de objetos y acontecimientos del mundo que los rodea.
— *Etapa 2*: Ampliar la Inteligencia. Los alumnos refuerzan y mejoran la inteligencia presentando objetos y acontecimientos de su propia elección y definiendo, junto con otros, las propiedades y contextos de experiencia de estos objetos y acontecimientos.
— *Etapa 3*: Enseñar con/para la Inteligencia. En esta fase, la inteligencia se liga al tema que centra la atención de la clase, es decir, a algún aspecto del aprendizaje del idioma. Esto se hace mediante hojas de ejercicios y proyectos y debate en grupos pequeños.

– *Etapa* 4: Transferir la Inteligencia. Los alumnos reflexionan acerca de las experiencias de aprendizaje de las tres fases anteriores y las ponen en relación con cuestiones y retos del mundo exterior a la clase.

IM se ha aplicado en muchos tipos distintos de aulas. En algunas hay ocho rincones de actividades de aprendizaje autónomo, cada uno de ellos configurado alrededor de una de las ocho inteligencias. Los alumnos trabajan solos o en parejas sobre temas de inteligencia elegidos por ellos mismos. Nicholson-Nelson (1998: 73) describe cómo puede utilizarse IM para individualizar proyectos de aprendizaje por medio del trabajo en proyectos. Enumera cinco tiupos de proyectos:

1. *Proyectos de inteligencia múltiple:* se basan en una o más de las inteligencias y están diseñados para estimular inteligencias concretas.
2. *Proyectos de base programática:* se basan en áreas de contenidos programáticos pero se clasifican con arreglo a las inteligencias concretas de las que se valen.
3. *Proyectos de base temática:* se basan en un tema del programa o aula pero se dividen en inteligencias diferentes.
4. *Proyectos basados en los materiales:* están diseñados para proporcionar a los alumnos oportunidades de investigar un tema utilizando inteligencias múltiples.
5. *Proyectos elegidos por los alumnos:* están diseñados por los alumnos y se fundamentan en inteligencias concretas.

En otras clases, más colocadas de frente al profesor, los alumnos recorren un ciclo de actividades que ponen de relieve el uso de diferentes inteligencias en las actividades elegidas y organizadas por el profesor.

La siguiente lista resume varias de las opiniones alternativas en lo que atañe a la manera en que se puede utilizar el modelo IM al servicio de las necesidades de los estudiantes de idiomas dentro de una situación de aprendizaje:

– *Apoye los puntos fuertes.* Si desea que un atleta o un músico (o un alumno que posea alguno de estos talentos) sea un estudiante de idiomas dedicado y aprovechado, estructure los materiales de aprendizaje para cada individuo (o grupo similar de individuos) en torno a estos puntos fuertes.
– *En la variedad está el gusto.* El proporcionar una rica mezcla de actividades de aprendizaje, dirigidas por el profesor, que apelen de maneras diversas a las ocho diferentes inteligencias contribuye a que la clase sea interesante, animada y eficaz para todos los alumnos.
– *Elija una herramienta que se ajuste al trabajo.* La lengua tiene gran variedad de dimensiones, niveles y funciones. Se obtendrá un mayor provecho educativo en estas diferentes facetas de la lengua si se relaciona su aprendizaje con el tipo más apropiado de actividad de IM.
– *Todas las tallas valen para uno.* Todos los individuos ejercitan todas las inteligencias aun cuando algunas puedan ser inconscientes o estar infravaloradas. La pedagogía que apela a todas las inteligencias habla a la «persona total» de una forma distinta a como lo hacen enfoques más unifacéticos. Un enfoque IM ayuda a desarrollar a la Persona Total que hay en cada estudiante, lo cual es

de la máxima utilidad también para los requirimientos de la persona en cuanto al aprendizaje de idiomas.

— *Yo y los míos*. Se sostiene que los test de CI contienen un fuerte sesgo en favor de las concepciones occidentales de la inteligencia. Otras culturas valoran tal vez otras inteligencias más que las medidas por los tests de CI. Dado que el aprendizaje de idiomas supone también un aprendizaje de la cultura, al estudiante de una lengua le es útil estudiarla en un contexto que reconozca y haga honor a una serie de inteligencias valoradas de formas diversas.

Cada una de estas ideas tiene puntos fuertes y puntos débiles, de naturaleza teórica unos, pedagógica otros y práctica otros. Al parecer, los posibles profesores de IM necesitan considerar cada una de estas posibles aplicaciones de la teoría de IM a la luz de sus situaciones docentes individuales.

Campbell observa que la teoría de IM «no es normativa. Antes bien, ofrece a los profesores un complejo modelo mental a partir del cual configurar un programa y mejorar sus propias competencias como educadores» (Campbell, 1997: 19). Según esta visión, los profesores deben entender y dominar el modelo de IM y comprometerse con él. Se les anima a que administren un inventario de IM referido a sí mismos y de este modo sean capaces de «relacionar sus experiencias vitales con su concepto de las Inteligencias Múltiples» (Christison, 1997: 7). (El inventario de IM es una breve lista de control que permite a los usuarios crear su propios perfiles de IM y utilizarlos como guía para el diseño de sus propias experiencias de aprendizaje y la reflexión sobre ellas [Christison, 1997].) Los profesores se convierten así en desarrolladores de programas, diseñadores y analistas de clases, descubridores o inventores de actividades y, lo más decisivo de todo, organizadores de una abundante variedad de actividades multisensoriales dentro de los límites realistas de tiempo, espacio y recursos del aula. Se les anima a que no se consideren simplemente profesores de idiomas. Tienen un papel que no es sólo mejorar las capacidades de sus alumnos relativas a la segunda lengua, sino convertirse en importantes «colaboradores en el desarrollo general de las inteligencias de los estudiantes» (Christison, 1999: 12).

Como los profesores, los alumnos tienen que considerar que participan en un proceso de desarrollo de su personalidad por encima y más allá del de ser unos aprovechados alumnos de idiomas. El aula de IM está concebida para contribuir al desarrollo de la «persona total»; el entorno y las actividades están encaminadas a permitir que los alumnos lleguen a ser individuos más polifacéticos y estudiantes más prósperos en general. Se les anima a ver sus objetivos en estos términos más amplios. De manera habitual, deben hacer un inventario de IM y desarrollar sus propios perfiles de IM basados en aquél. «Cuanto mayor sea el conocimiento que tengan los alumnos de sus propias inteligencias y de cómo funcionan, mejor sabrán cómo utilizar esa inteligencia [sic] para acceder a la información y el conocimiento necesarios contenidos en una clase» (Christison, 1997: 9). Todo ello debe hacer posible que los alumnos obtengan beneficio de los enfoques reflexionando sobre su propio aprendizaje.

La mayor riqueza de IM se halla en las propuestas para la organización de una clase, la planificación de actividades multisensoriales y el uso de realia. Hay también una serie de informes de experiencias reales de enseñanza desde el punto de vista de IM que son amables con los profesores y francas en lo que cuentan. Las actividades y los materiales de apoyo se muestran o indican muchas veces en tablas, en las cuales se empareja una inteligencia concreta con los posibles recursos útiles para trabajar con ella en la clase. En la Tabla 1 se reproduce una de estas tablas, tomada de Christison (1997: 7–8).

TABLA 1. TAXONOMÍA DE LAS ACTIVIDADES DE APRENDIZAJE DE IDIOMAS
PARA INTELIGENCIAS MÚLTIPLES

Inteligencia Lingüística

clases magistrales	charlas de los alumnos
discusiones en grupos pequeños y grandes	narración de cuentos
libros	debates
hojas de ejercicios	llevar diarios
juegos de palabras	memorización
escuchar casetes o audiolibros	utilización de procesadores
publicación (crear periódicos o recopilaciones de escritos de la clase)	de textos

Inteligencia Lógica/Matemática

demostraciones científicas	creación de códigos
problemas lógicos y rompecabezas	problemas planteados en relatos
reflexión científica	cálculos
presentación lógico-secuencial de temas	

Inteligencia Espacial

cartas, mapas, diagramas	visualización
vídeos, diapositivas, películas	fotografía
arte y otras imágenes	utilización de mapas mentales
narración imaginativa de cuentos	pintura o collage
organizadores gráficos	ilusiones ópticas
telescopios, microscopios	dibujos de los alumnos
actividades de consciencia visual	

Inteligencia Corporal/Cinestésica

movimiento creativo	actividades manuales
«mamá, ¿puedo...?»	viajes de estudio
cocinar y otras actividades «de revolver»	mimo
improvisación teatral	

Inteligencia Musical

poner música grabada	canto
interpretar música en vivo (piano, guitarra)	canto en grupo
apreciación musical	música ambiental
instrumentos hechos por los alumnos	melodías de jazz

Inteligencia Interpersonal

grupos de cooperación	mediación de conflictos
enseñanza entre iguales	juegos de mesa
lluvia de ideas en grupo	trabajo en parejas

Inteligencia Intrapersonal

trabajo independiente del alumno	aprendizaje reflexivo
proyectos individualizados	llevar diarios
opciones para tareas en casa	centros de interés
inventarios y listas de control	diarios de autoestima
llevar diarios personales	establecimiento de metas
instrucción autodidacta/programada	

Procedimiento

Christison expone una clase de idioma de nivel bajo dedicada a la descripción de objetos físicos. El plan de la clase recapitula la secuencia referida con anterioridad en la sección sobre el Diseño.

- *Etapa* 1: Despertar la Inteligencia. El profesor trae a la clase diferentes objetos. Los alumnos experimentan tocando cosas suaves, ásperas, frías, lisas y demás. Podría gustar cosas dulces, saladas, agrias, picantes, etc. Las experiencias de este tipo ayudan a activar las bases sensoriales de la experiencia y a hacer que los alumnos sean conscientes de ellas.
- *Etapa* 2: Ampliar la Inteligencia. Se pide a los alumnos que traigan objetos a clase o utilicen algo que tengan. Los equipos de estudiantes describen cada objeto atendiendo a los cinco sentidos físicos. Rellenan una hoja de ejercicios incluyendo la información que han recibido y examinado (Tabla 2).
- *Etapa* 3: Enseñar con/para la Inteligencia. En esta fase, el profesor estructura secciones más amplias de clase(s) para reforzar y acentuar las experiencias sensoriales y la lengua que las acompaña. Los alumnos trabajan en grupos, quizá rellenando una hoja de ejercicios como la que se muestra en la Tabla 3.
- *Etapa* 4: Transferir la Inteligencia. Esta fase tiene que ver con la aplicación de la inteligencia al vivir cotidiano. Se pide a los alumnos que reflexionen sobre el contenido de la clase y sobre sus procedimientos operativos (trabajo en grupo, rellenar tablas, etc.).

Se considera que esta clase concreta sobre descripción de objetos da a los alumnos oportunidades de «desarrollar su inteligencia lingüística (por ejemplo, describiendo objetos), su inteligencia lógica (por ejemplo, determinando qué objeto se está describiendo), su inteligencia visual/espacial (por ejemplo, determinando cómo describir las cosas), su inteligencia interpersonal (por ejemplo, trabajando en grupo) y su inteligencia intrapersonal (por ejemplo, reflexionando sobre su propia participación en la clase)» (Christison, 1997: 10–12).

TABLA 2. NOTAS SENSORIALES

Nombre del equipo _____

Miembros del equipo _____

Visión _____

Sonido _____

Tacto _____

Olor _____

Tamaño _____

Para qué se usa _____

Nombre del objeto _____

TABLA 3. EJERCICIO DE DESCRIPCIÓN DE INTELIGENCIAS MÚLTIPLES

¿Qué estoy describiendo?

Instrucciones: Trabajad con vuestro grupo. Escuchad cuando el profesor lea la descripción de los objetos. Discutid con vuestro grupo lo que oís. Juntos, decidid qué objeto del aula se está describiendo.

Nombre del objeto

Objeto 1 _____

Objeto 2 _____

Objeto 3 _____

Objeto 4 _____

Objeto 5 _____

A continuación, haga que cada grupo describa un objeto del aula utilizando la fórmula que se da en la Etapa 2. Después, recoja los papeles y léalos de uno en uno. Pida a cada grupo que decida en común cuál es el objeto del aula que usted está describiendo y tome nota de su nombre.

Conclusión

Inteligencias Múltiples es un enfoque cada vez más popular de la descripción de las singularidades de los estudiantes y del desarrollo de la enseñanza para responder a esas singularidades. IM forma parte de un conjunto de perspectivas que se ocupan de las diferencias entre los estudiantes y toma mucho de ellas en sus recomendaciones y diseños para la planificación de las clases. La bibliografía sobre IM suministra una rica fuente de ideas para usar en el aula, independientemente del punto de vista teórico propio, y puede ayudar a los profesores a reflexionar sobre la instrucción en sus clases de unas maneras únicas. Tal vez algunos profesores piensen que las ideas en que se basan la identificación y la respuesta a la variedad de los modos en que se diferencian los estudiantes son poco realistas en sus propios entornos de aprendizaje, así como la antítesis de las expectativas de sus alumnos y administradores. Sin embargo, hay escuelas enteras y programas de idiomas que se están reestructurando de acuerdo con la perspectiva de IM. Será necesario valorar el éxito de estas innovaciones para hacer una evaluación más profunda de los logros que IM se arroga en la educación y en la enseñanza de la segunda lengua.

11 La Programación Neurolingüística

Antecedentes

La Programación Neurolingüística (PNL) se refiere a una filosofía sobre la formación y a un conjunto de técnicas de capacitación, originariamente desarrolladas por John Grinder y Richard Bandler a mediados de la década de 1970 como forma alternativa de terapia. A Grinder (psicólogo) y a Bandler (estudiante de lingüística) les interesaba la manera en que las personas influyen unas en otras y cómo se puede copiar la conducta de las personas muy eficientes. En lo esencial, les interesaba descubrir cómo logran sus éxitos los buenos comunicadores. Estudiaron a terapeutas afortunados y concluyeron que «seguían pautas similares en la relación con sus clientes y en el lenguaje que utilizaban, y que todos ellos creían cosas parecidas acerca de sí mismos y de lo que hacían» (Revell y Norman, 1997: 14). Grinder y Bandler desarrollaron la PNL como un sistema de técnicas que los terapeutas podían emplear para establecer una comunicación con sus clientes, recopilando información sobre su manera interior y exterior de ver el mundo y ayudándolos a alcanzar metas y a generar un cambio personal. Trataban de llenar lo que consideraban una laguna en el pensamiento y la práctica de la psicología a comienzos de los años setenta, desarrollando una serie de procedimientos paso a paso que posibilitaran a las personas su propio perfeccionamiento:

> La PNL es (...) una recopilación de técnicas, pautas y estrategias para contribuir a la comunicación eficaz, al desarrollo y cambio personal y al aprendizaje. Se basa en una serie de ideas subyacentes acerca de la manera en que funciona la mente y de cómo actúan e interactúan las personas.
>
> (Revell y Norman, 1997: 14)

El modelo PNL proporciona un marco teórico y una serie de principios operativos para dirigir o guiar el cambio terapéutico, pero los principios de la PNL han sido aplicados a muchos otros campos, entre ellos la capacitación para tareas directivas, el adiestramiento deportivo, la comunicación en ventas y mercadotecnia y la enseñanza de idiomas. Como la PNL es un conjunto de técnicas de comunicación general, se exige habitualmente a quienes cultivan la PNL que reciban formación sobre el uso de las técnicas en sus respectivos campos. La PNL no fue desarrollada pensando en su aplicación a la enseñanza de idiomas; sin embargo, dado que las ideas de la PNL se refieren a actitudes ante la vida y las personas y al descubrimiento y conciencia de uno mismo, posee un cierto atractivo, dentro de la enseñanza de idiomas, para quienes se interesan por lo que hemos denominado enfoques humanísticos, esto es, enfoques que se centran en desarrollar el sentido de autorrealización y la conciencia de sí de la persona, así como para quienes son afines a lo que se conoce como Humanismo de la Nueva Era.

Enfoque: Teoría de la lengua y del aprendizaje

La denominación «Programación Neurolingüística» podría hacernos suponer que se fundamenta en la ciencia de la neurolingüística y que se basa asimismo en las teorías behavioristas del aprendizaje (véase capítulo 4). Sin embargo, en la PNL, *neuro* se refiere a lo que piensa sobre el cerebro y cómo funciona: la bibliografía sobre la PNL no versa sobre la teoría ni la investigación en neurolingüística. De hecho, la investigación no desempeña apenas ningún papel en la PNL. Y *lingüística* no tiene nada que ver aquí con el campo de la lingüística, sino que se refiere a una teoría de la comunicación, una teoría que trata de explicar el procesamiento de la información tanto verbal como no verbal. *Programación* se refiere a pautas observables (a las que se alude como «programas») de pensamiento y conducta. Quienes cultivan la PNL afirman que son capaces de desprogramar y programar la conducta de sus clientes con una precisión cercana a la programación informática. Se considera que las conductas de aprendizaje eficaces son un problema de aprendizaje de habilidades: depende de pasar de unas etapas de procesamiento controlado a otras de procesamiento automático (O'Connor y McDermott, 1996: 6). Tomar modelos es también fundamental para la visión del aprendizaje de la PNL:

> Tomar modelos para una habilidad significa hacer averiguaciones acerca de ella y de las creencias y valores que permiten hacerlo. También se pueden tomar modelos para las emociones, las experiencias, las creencias y los valores (...) Tomar modelos para una ejecución afortunada conduce a la excelencia. Si una persona puede hacer algo es posible tomarlo de modelo y enseñar a los demás la manera de hacerlo.
>
> (O'Connor y McDermott, 1996: 71)

Revell y Norman ofrecen la siguiente explicación de la denominación:

> La parte *neuro* de la PNL tiene que ver con la forma en que experimentamos el mundo a través de nuestros cinco sentidos y lo representamos en nuestra mente a través de los procesos neurológicos.
>
> La parte *lingüística* de la PNL tiene que ver con el modo en que la lengua que utilizamos determina, a la par que refleja, nuestra experiencia del mundo.
>
> Utilizamos el lenguaje –al pensar además de al hablar– con el fin de representar el mundo para nosotros mismos y de plasmar nuestras creencias sobre el mundo y la vida. También podemos utilizarlo para ayudar a otras personas que quieren cambiar.
>
> La parte *programación* de la PNL tiene que ver con adiestrarnos a nosotros mismos para pensar, hablar y actuar de maneras nuevas y positivas a fin de poner

en juego nuestras posibilidades y alcanzar el nivel de logro que antes sólo soñábamos.

(Revell y Norman, 1997: 14)

Diseño: Objetivos, programa, actividades de aprendizaje, papeles de alumnos, profesores y materiales

En el núcleo de la PNL hay cuatro principios clave (O'Connor y McDermott, 1996; Revell y Norman, 1997):

1. *Resultados:* las metas o fines. La PNL afirma que saber con exactitud lo que uno desea le ayuda a conseguirlo. Este principio se puede expresar como «sabe qué quieres».
2. *Comunicación:* un factor esencial para la comunicación eficaz: maximizar las semejanzas y minimizar las diferencias entre las personas a un nivel no consciente. Este principio se puede expresar como «establece una comunicación contigo mismo y con los demás».
3. *Agudeza sensorial:* darse cuenta de lo que otra persona está comunicando, conscientemente y no verbalmente. Esto se puede expresar como «utiliza tus sentidos. Mira, escucha y siente lo que está sucediendo realmente».
4. *Flexibilidad:* hacer las cosas de manera diferente si lo que uno está haciendo no funciona: tener una variedad de destrezas para hacer otra cosa o algo distinto. Esto se puede expresar como «cambia lo que haces hasta que consigas lo que quieres».

Revell y Norman (1997) presentan trece presuposiciones que guían la aplicación de la PNL al aprendizaje de idiomas y otros campos. La idea es que estos trece principios pasen a formar parte del sistema de creencias del profesor y determinen la manera en que se lleva a cabo la enseñanza con independencia del método que el profesor esté usando:

1. Mente y cuerpo están interrelacionados en el aprendizaje de idiomas y otros campos. Forman parte del mismo sistema y cada uno afecta al otro.
2. El mapa no es el territorio: todos tenemos mapas del mundo diferentes.
3. No hay fracaso, sólo retroinformación... y una renovada oportunidad de éxito.
4. El mapa deviene el territorio: lo que uno cree que es verdad es verdad o se convierte en verdad.
5. Saber lo que uno quiere le ayuda a conseguirlo.
6. Los recursos que necesitamos están dentro de nosotros.
7. La comunicación es no verbal además de consciente.
8. La mente no consciente es benévola.
9. La comunicación es no consciente además de consciente.
10. Toda conducta tiene una intención positiva.
11. El significado de mi comunicación es la respuesta que obtenga.
12. Tomar como modelo una conducta excelente conduce a la excelencia.
13. En cualquier sistema, el elemento que posea mayor flexibilidad tendrá la máxima influencia en ese sistema.

El libro de Revell y Norman (1997) sobre la PNL en la enseñanza del inglés se propone poner en relación cada uno de estos principios con la enseñanza del idioma. Por ejemplo, al examinar el principio 7 —«La comunicación es no verbal además de verbal»—, los autores analizan los tipos de mensajes no verbales que los profesores comunican, consciente o inconscientemente, a los alumnos en el aula.

Como hemos observado con anterioridad, tomar modelos es también esencial para la práctica de la PNL. Al igual que Bandler y Grinder los tomaron para la PNL de las prácticas de los terapeutas con buenos resultados, los profesores deben tomarlos para su enseñanza de los expertos en docencia a los que más admiren. De la misma manera, los estudiantes deben hallar modelos de buenos resultados para la persona en la que ellos mismos se están esforzando en convertirse:

> Si usted quiere ser un profesor excelente, tome como modelos a profesores excelentes. Fíjese en lo que hacen, en cómo actúan, en qué tipo de relación tienen con sus alumnos y compañeros. Pregúnteles cómo se sienten acerca de lo que hacen. ¿Cuáles son sus creencias? En segundo lugar, sitúelos. Imagínese cómo sería ser como ellos. Cuando aprenda técnicas y estrategias, póngalas en práctica. Comparta con los alumnos las estrategias de elección de modelos. Proponga el proyecto de tomar a buenos estudiantes como modelo. Anímelos a compartir y poner a prueba las estrategias que aprendan. Si uno quiere hablar un idioma como un hablante nativo, debe tomar como modelos a hablantes nativos.
>
> (Revell y Norman, 1997: 116)

¿Qué hacen los profesores de la PNL que hace que sean diferentes de los demás profesores de idiomas? Según la PNL, tratan de aplicar los principios a su enseñanza y esto lleva a distintas respuestas a muchos sucesos y procesos que tienen lugar en el aula. Por ejemplo, uno de los cuatro principios más importantes de la PNL se centra en la necesidad de «comunicación»:

> La comunicación es encontrarse con los demás en su mundo, tratar de entender sus necesidades, sus valores y su cultura, y comunicarse de unas maneras que sean congruentes con esos valores. Uno no tiene que estar necesariamente de acuerdo con sus valores, sino simplemente reconocer que tienen derecho a ellos y trabajar dentro de su esquema, no contra él.
>
> (Rylatt y Lohan, 1995: 121)

Rylatt y Lohan ofrecen el siguiente ejemplo de cómo podría un profesor aplicar la comunicación al contestar a las siguientes declaraciones de alumnos:

a) Aborrezco todo esto. Es una pérdida de tiempo.
b) Todo el mundo dice eso. Me dan ganas de vomitar.
c) No puedo hacerlo.
d) Todo eso no es más que teoría.

Al establecer la comunicación, el profesor podría contestar:

a) ¿Quieres decir que deseas estar seguro de que tu tiempo se utilice bien hoy?
b) ¿Quién dice eso?

c) Concretamente, ¿qué es lo que no puedes hacer?
d) ¿Estás diciendo que quieres sugerencias prácticas?

De la misma manera, el principio 10 antes citado —«Toda conducta tiene una intención positiva»— llevaría al profesor a hacer un intento positivo en las situaciones siguientes:

a) Un alumno está en profundo desacuerdo con el profesor.
b) Un alumno llega tarde a clase con frecuencia.
c) Un alumno trata de dominar los debates.

Los posibles intentos positivos podrían ser aquí:

a) que quiere que se reconozca su pericia
b) que tiene otras prioridades importantes
c) que necesita expresar pensamientos a fin de asimilarlos

Procedimiento

Los principios de la PNL se pueden aplicar a la enseñanza de todos los aspectos de la lengua, según Revell y Norman. Por ejemplo, la secuencia de clase que se propone a continuación es «ayudar a los alumnos a ser conscientes, a nivel de sensación, del significado conceptual de una estructura gramatical». El aspecto básico en que se centra esta secuencia es la consciencia (e incluso la producción) de ejemplos del *present perfect* [pretérito perfecto] en inglés. La clase empieza con una fantasía guiada de tomar un alimento y luego reflexionar sobre la experiencia.

1. Se dice a los alumnos que van a tener una «experiencia gramatical interna comiéndoos una galleta».
2. Asegúrese de que entienden el vocabulario de la experiencia (oler, gustar, masticar, tragar, morder, relamerse, etc.).
3. Se pide a los alumnos que se relajen, cierren los ojos y «vayan hacia dentro». Una vez «dentro», escuchan la fantasía producida por el profesor, que se presenta como sigue:
4. (Una versión abreviada del texto del profesor) «Imaginad una galleta. Una galleta riquísima. De las que os gustan de verdad. Cogedla y miradla atentamente. Observad lo crujiente y recién hecha que está. Oledla. Notad cómo se os empieza a hacer agua la boca. Dentro de un momento os vais a comer la galleta. Decid para vosotros: "Me voy a comer esta galleta."
    Masticadla despacio y reparad en lo rica que os sabe en la lengua y en la boca... Decid para vosotros: "Me está encantando esta galleta."
    Dadle otro bocado. Masticadlo. Saboreadlo. Disfrutadlo... Y luego tragad. Relameos, moved la lengua por todo el interior de la boca para recoger losúltimos trocitos de galleta. Observad cómo os sentís emocionalmente. Os habéis comido una galleta. Decid para vosotros: "Me he comido una galleta."
    ¿Cómo os sentís ahora? Pensad en las palabras que describen cómo os sentís ahora. Respirad hondo y volved tranquilamente al aula, trayendo con vosotros esa sensación. Abrid los ojos.»

5. Pida a los alumnos que describan sus sensaciones: «la sensación del pretérito perfecto». Escuche todos los enunciados que enlacen la pasada experiencia de comerse la galleta con sus presentes sensaciones (p. e., «Estoy lleno», «Ya no tengo hambre», «Tengo un buen sabor de boca», «Me siento gordo»).
6. Pídales que digan de nuevo la oración que describe la causa de lo que sienten («Me he comido una galleta»).
7. Ponga en la pared una hoja grande de papel con las palabras «Me he comido una galleta» arriba. Haga que los alumnos escriban debajo cómo se sienten.
8. En otras hojas, escriba oraciones como: He pintado un cuadro. Me he peleado con mi novio/a. He acabado los deberes. Me he lavado los dientes.
9. Pida a los alumnos que se pongan delante de cada frase, cierren los ojos e imaginen con intensidad qué han hecho para decir ahora esas frases.
10. Los alumnos escriben en la hoja cómo se sienten con respecto a esas frases.
11. Deje las hojas en la pared como recordatorio de la sensación ligada a la estructura gramatical.
12. Como desarrollo, compare la sensación del pretérito perfecto con la sensación del *past simple* [pretérito indefinido] («Me comí una galleta»). Pídales que cierren los ojos y observen cómo se sienten ahora. Compare esta sensación con la que recuerden de la clase anterior y de la cual tomaron nota en las hojas.
13. Pídales que digan la oración «Ayer me comí una galleta».
14. Analice la comparación de las sensaciones («Recuerdo el sabor, pero no puedo percibirlo realmente»).
15. Puede hacer ejercicios similares para poner ejemplos de otros tiempos verbales, utilizando diferentes experiencias gustativas y sensoriales.

(Adaptado de Revell y Norman, 1999)

Conclusión

La PNL no es un método de enseñanza de idiomas. No se compone de un conjunto de técnicas de enseñanza de idiomas basadas en teorías y supuestos en los planos del enfoque y del diseño. Por el contrario, es una filosofía humanista y un conjunto de creencias y sugerencias fundadas en la psicología popular, concebidas para convencer a las personas de que tienen poder para dominar mejor su vida y la de los demás, así como unas normas prácticas sobre cómo hacerlo. Los cultivadores de la PNL creen que si los profesores de idiomas adoptan y usan los principios de la PNL serán más eficaces como enseñantes. Los talleres de PNL, por lo tanto, andan escasos de teoría e investigación que justifiquen sus afirmaciones y su fuerte es la creación de expectativas positivas, vinculación emocional y entusiasmo. Como comentan Revell y Norman, los supuestos en los que se basa la PNL «no tienen que ser aceptados necesariamente como la verdad absoluta, pero actuar como si fuesen verdaderos puede establecer una diferencia enorme en su vida y en su manera de enseñar» (1997: 15). En la enseñanza de idiomas, el atractivo de la PNL para algunos profesores se origina en el hecho de que ofrece un conjunto de principios humanistas que, o bien proporcionan una nueva justificación de técnicas bien conocidas del repertorio comunicativo o humanista, o bien una diferente interpretación del papel del profesor y del estudiante, un papel en armonía con muchas visiones centradas en el alumno y en la persona.

12 El enfoque léxico

Antecedentes

A lo largo de este libro hemos visto que en un enfoque o método de enseñanza de idiomas es fundamental una visión de la naturaleza de la lengua; esta determina los objetivos de la enseñanza, el tipo de programa que se adopte y las prioridades en la enseñanza en el aula. El enfoque léxico en la enseñanza de idiomas se deriva de la creencia de que los componentes básicos del aprendizaje del idioma y la comunicación en él no son la gramática, las funciones, los conceptos u otras unidades de planificación y enseñanza, sino el léxico, es decir, las palabras y las combinaciones de palabras. Los enfoques léxicos en la enseñanza de idiomas reflejan una creencia en la esencialidad del léxico para la estructura de la lengua, el aprendizaje de la segunda lengua y el uso del idioma, y en especial para las unidades léxicas de palabras múltiples o «bloques» que se aprenden y utilizan como elementos singulares. La teoría lingüística ha reconocido asimismo un papel más esencial al vocabulario en la descripción lingüística. La lingüística generativo-transformacional formal, que antes tenía como principal centro la sintaxis, presta ahora más atención al léxico y a cómo este se formatea, codifica y organiza. Chomsky, el padre de los estudios sintácticos contemporáneos, ha adoptado recientemente una postura de «el léxico es fundamental» en su teoría lingüística minimalista.

El papel de las unidades léxicas se ha subrayado en la investigación sobre la adquisición tanto de la lengua materna como de la segunda lengua. Se han aplicado a aquéllas muchas etiquetas diversas, entre ellas «holofrases» (Corder, 1973), «pautas prefabricadas» (Hakuta, 1974), «tácticas» (Keller, 1979), «fórmulas de habla» (Peters, 1983) y «raíces lexicalizadas» (Pawley y Syder, 1983). Se han propuesto varios enfoques del aprendizaje de idiomas en los cuales el vocabulario y las unidades léxicas se consideran esenciales en el aprendizaje y en la enseñanza. Entre ellos figuran *The Lexical Syllabus* (Willis, 1990), *Lexical Phrases and Language Teaching* (Nattinger y DeCarrico, 1992) y *The Lexical Approach* (Lewis, 1993). Los avances en los estudios de la lengua basados en la informática (denominados lingüística de corpus) han proporcionado también una base de datos enorme y accesible en el aula para la indagación y la instrucción basadas en el léxico. Estos estudios se han centrado en las distribuciones de unidades léxicas y unidades de palabras múltiples. Hay una serie de textos y recursos informáticos basados en el léxico que han pasado a ser accesibles como ayuda a la organización y enseñanza del léxico.

Los enfoques léxicos en la enseñanza de idiomas tratan de desarrollar propuestas para el diseño de programas y la enseñanza de idiomas basadas en una visión de la lengua en la cual el léxico desempeña el papel principal.

Enfoque: Teoría de la lengua y del aprendizaje

Mientras que la influyente teoría del lenguaje de Chomsky hacía hincapié en la capacidad de los hablantes para crear e interpretar oraciones que son únicas y que nunca han sido producidas ni oídas con anterioridad, la visión léxica sostiene por el contrario que sólo un pequeño número de las oraciones que se dicen son creaciones enteramente nuevas y que las unidades de palabras múltiples que funcionan como «bloques» o pautas memorizadas forman una gran proporción de las tiradas fluidas que se oyen en las conversaciones cotidianas (Pawley y Syder, 1983). El papel de la distribución es asimismo importante en las teorías de la lengua basadas en el léxico. La distribución o colocación alude a palabras que habitualmente aparecen juntas. Por ejemplo, compárense las siguientes distribuciones de verbos con nombres:

do [hacer] my hair/the cooking/the laundry/ my work [peinarme, cocinar, hacer la colada, mi trabajo]
make [hacer] my bed/a promise/coffee/a meal [hacer mi cama, cumplir una promesa, hacer café, la comida]

En la lengua se dan muchas otras unidades léxicas. Por ejemplo:

binomios: clean and tidy, back to front
trinomios: cool, calm, and collected
modismos: dead drunk, to run up a bill
símiles: so old as the hills
conectadores: finally, to conclude
tácticas de conversación: Guess what!

Se piensa que estos y otros tipos de unidades léxicas tienen un papel fundamental en el aprendizaje y en la comunicación. Los estudios basados en grandes bases de datos de corpora de lengua han examinado pautas de expresión y secuencias de frase como aparecen en muestras de diversos tipos de textos, incluyendo muestras orales. Tres importantes corpora británicos son el COBUILD Bank of English Corpus, el Cambridge International Corpus y el British National Corpus, el último de los cuales contiene más de 300 millones de palabras. Estos y otros corpora son importantes fuentes de información sobre distribuciones y otras unidades de palabras múltiples en inglés.

Se cree que el léxico desempeña también un papel esencial en el aprendizaje de idiomas. Nattinger comentó:

> Quizá debiéramos basar nuestra manera de enseñar en el supuesto de que, al menos durante gran parte del tiempo, la producción de la lengua consiste en reconstruir las unidades prefabricadas que sean apropiadas para una situación

concreta y que la comprensión depende de saber cuál de estas pautas hay que predecir en dichas situaciones. Nuestra manera de enseñar, por lo tanto, se centraría en las maneras en que varían y en las situaciones en que aparecen.

(Nattinger, 1980: 341)

No obstante, si, como estiman Pawley y Syder, los hablantes nativos tienen cientos de miles de expresiones preempaquetadas en su inventario léxico, las repercusiones que esto tiene en el aprendizaje de la segunda lengua son inciertas. Quienes estudian una segunda lengua, que carecen de la base que poseen los hablantes nativos de experiencia de la lengua, ¿cómo podrían abordar la abrumadora tarea de asimilar este enorme inventario de usos léxicos?

Krashen sugiere que el único modo eficaz de plantear este aprendizaje es por medio de cantidades inmensas de «input lingüístico» o información de entrada, sobre todo a través de la lectura. Otros proponen convertir la clase de idioma en un laboratorio en el cual los estudiantes puedan explorar, mediante la concordancia de bases de datos informatizadas, los contextos de uso léxico que aparecen en diferentes tipos de texto y datos lingüísticos. Una tercera aproximación al aprendizaje de «bloques» léxicos ha sido «contrastiva»: algunos expertos en lingüística aplicada han indicado que en una serie de lenguas se da un grado apreciable de solapamiento en la forma y el significado de las distribuciones léxicas. Bahns (1993: 58) indica que «la enseñanza de las distribuciones léxicas en la enseñanza del inglés como lengua extranjera debe centrarse en las unidades para las cuales no hay una equivalencia directa en las respectivas lenguas maternas de los estudiantes». Independientemente de la vía de aprendizaje elegida, una enorme carga de aprendizaje parece ser la consecuencia inevitable de un enfoque léxico en la instrucción en la segunda lengua.

Lewis (2000) reconoce que al enfoque léxico le ha faltado una teoría coherente del aprendizaje y trata de rectificar esta carencia con los siguientes supuestos acerca de la teoría del aprendizaje en el enfoque léxico (Lewis, 2000: 184):

— Encontrar nuevas unidades de aprendizaje en varias ocasiones es una condición necesaria pero suficiente para que haya aprendizaje.
— Observar «bloques» léxicos o distribuciones es una condición necesaria pero no suficiente para que la «información de entrada» se convierta en «información asimilada».
— Observar semejanzas, diferencias, limitaciones y ejemplos contribuye a convertir la información de entrada en información asimilada, aunque la descripción formal de regla probablemente no ayuda.
— La adquisición no se basa en la aplicación de reglas formales, sino en una acumulación de ejemplos a partir de los cuales los alumnos hacen generalizaciones provisionales. La producción de la lengua es consecuencia de ejemplos vistos con anterioridad, no de reglas formales.
— Ningún programa lineal puede reflejar adecuadamente la naturaleza no lineal de la adquisición.

Diseño: Objetivos, programa, actividades de aprendizaje, papeles de alumnos, profesores y materiales

El fundamento y el diseño de la enseñanza de base léxica descrita en *The Lexical Syllabus* (Willis, 1990) y su aplicación en el *Collins COBUILD English Course* representan el intento más ambicioso de llevar a efecto un programa y unos materiales adjuntos basados en principios léxicos en vez de gramaticales. (Es posible, sin embargo, que no haya sido esta la razón de la falta de entusiasmo con que fue recibido este curso.) Observa Willis que los análisis informáticos de textos de COBUILD indican que «las 700 palabras más frecuentes del inglés representan en torno al 70 por ciento de todo texto inglés». Este «hecho» motivó la decisión de que «la frecuencia de las palabras determinara el contenido de nuestro curso. El nivel 1 estaría encaminado a cubrir las 700 palabras más frecuentes junto con sus pautas y usos comunes» (Willis, 1990: vi). En cierto modo, esta obra se asemejaba a los análisis de vocabulario basados en la frecuencia que habían realizado anteriormente West (1953) y Thorndike y Longe (1944). La diferencia era la atención que el curso de COBUILD prestaba a las pautas de palabras derivadas del análisis informático. Willis subraya, no obstante, que «el programa léxico no solamente subsume un programa estructural; también indica cómo deben ilustrarse con ejemplos las estructuras que forman un programa», ya que el corpus informático revela los modelos estructurales más corrientes en los que se usan las palabras (Willis, 1990: vi).

Se han presentado otras propuestas relativas a cómo se podría organizar el material léxico para la instrucción. Nation (1999) revisa varios criterios de clasificación de distribuciones y «bloques», y sugiere enfoques de la secuenciación y el tratamiento docentes para diferentes tipos de distribución o colocación. Nattinger y DeCarrico proponen utilizar un esquema funcional para organizar la enseñanza:

> Distinguir expresiones léxicas tales como interacciones sociales, temas necesarios y recursos conversacionales nos parece la distinción más eficaz con fines pedagógicos, pero esto no equivale a decir que tras ulteriores investigaciones no se pueda hallar necesaria una manera más eficaz de agrupar.
>
> (Nattinger y DeCarrico, 1992: 185)

Nattinger y DeCarrico ofrecen ejemplos de las expresiones léxicas que ilustran estas categorías en inglés y varias otras lenguas.

También se atribuyen papeles específicos a profesores y estudiantes en un enfoque léxico. Lewis respalda los procedimientos del Enfoque Natural de Krashen e indica que lo que dice el profesor es, para el alumno, la principal fuente de información de entrada en cuanto a la demostración de cómo se usan las expresiones léxicas para diferentes finalidades funcionales. Willis mantiene que los profesores tienen que entender y dirigir una metodología de trabajo en el aula que se base en etapas de Tarea, Planificación e Informe. En términos generales, Willis opina que el papel del profesor es crear un entorno en el cual los alumnos puedan funcionar eficazmente y luego ayudar a estos a dirigir su propio aprendizaje. Ello requiere que los profesores «abandonen la idea del profesor como "conocedor" y se centren en su lugar en la idea del estudiante como "descubridor"» (Willis, 1990: 131).

Otros proponen que los alumnos utilicen ordenadores para analizar datos de textos recogidos con anterioridad o accesibles «espontáneamente» en Internet. Aquí el alumno adopta el papel de analista de datos que construye sus propias generalizaciones lingüísticas basándose en el examen de grandes *corpora* de muestras lingüísticas tomadas de la «vida real». En estos esquemas, los profesores tienen una importante responsabilidad en la organización del sistema tecnológico y en el suministro de un andamiaje para ayudar a los alumnos a fabricarse una autonomía en el uso del sistema. Las aplicaciones de base informática más populares que utilizan *corpora* se elaboran sobre la presentación de unas líneas de concordancia con el alumno que ilustren los contextos en que se usan algunas palabras o estructuras. Sin embargo, los alumnos precisan un adiestramiento en cuanto a cómo usar el concordador eficazmente. Será necesaria una ayuda docente para guiar al alumno, por ejemplo, a través de las distintas etapas del análisis léxico, como la observación, la clasificación y la generalización.

Hay por lo menos cuatro tipos de materiales léxicos de apoyo en la enseñanza de idiomas. El tipo 1 se compone de paquetes de curso completo, que incluyen textos, cintas, manuales del profesor y demás, como el *Collins COBUILD English Course* (Willis y Willis, 1989). El tipo 2 está representado por colecciones de actividades de enseñanza de vocabulario, como las que aparecen en la obra de Lewis *Implementing the Lexical Approach* (Lewis, 1997). El tipo 3 se compone de versiones «en listado» de colecciones de *corpora* informáticos, presentadas en formato de texto. Tribble y Jones (1990) incluyen este tipo de material acompañado de ejercicios para el alumno basados en los de *corpora*. Los materiales del tipo 4 son programas informáticos concordantes y series de datos adjuntos que permiten a los estudiantes planear y llevar a cabo sus propios análisis. Se presentan habitualmente en formato de CD-ROM, como Micro Concord, de Oxford, o se pueden descargar de sitios de Internet.

A continuación se ofrece un ejemplo de los tipos de visualizadores que aparecen en los materiales textuales y en los visualizadores concordantes en los que se originan los materiales en listado. La diferencia entre la manera en que se utilizan las unidades de vocabulario «*predict*» y «*forecast*» [predecir, prever] y la manera en que se distribuyen no es fácil de explicar. Sin embargo, el acceso a estas unidades en su contexto en el corpus informático permite a los alumnos (y a sus profesores) ver cómo se comportan realmente estas palabras en el uso textual auténtico. Las muestras de corpus se presentan por lo general en la forma limitada de contexto que se ilustra aquí.

Algunos contextos de PREDICT

1. *involved in copper binding. Our findings* predict *that examples of selective editing of mitocho*
2. *the stratosphere. The present models* predict *that a cooling of the winter polar vortex by*

3. *analysis of this DNA we are able to* predict *the complete amino-acid sequence of the polyp*
4. *or this problem use the survey data to* predict *values on the vertical profile; by contrast,*
5. *the calcium-voltage hypothesis would* predict *an increase in release, locked in time to the*

Algunos contextos de FORECAST
1. *calculations a second.The center makes* forecasts *10 days ahead for 18 national meteorological*
2. *any action whose success hinges on a* forecast *being right.They might end up doing a lot*
3. *stands up in the House of Commons to* forecast *Britain's economic performance for the next*
4. *vice labor of its people.This gloomy* forecast *can be better understood by looking closely*
5. *But three months earlier the secret* forecast *carried out by Treasury economists suggested*

Procedimiento

Las secuencias procedimentales para la enseñanza de idiomas basada en el léxico varían dependiendo de cuáles de los cuatro tipos de materiales y actividades perfilados en la sección precedente se empleen. Sin embargo, todos los diseñadores dan por supuesto, hasta cierto punto, que el alumno debe asumir el papel de «analista del discurso», siendo el discuso, o bien datos empaquetados, o bien datos «encontrados» por medio de uno de los programas informáticos de búsqueda textual. Los procedimientos de trabajo en el aula incluyen de manera habitual unas actividades que atren la atención de los alumnos hacia las distribuciones léxicas y tratan de mejorar su retención y uso de las distribuciones. Woolard (2000) sugiere que los profesores vuelvan a examinar sus libros de texto para buscar distribuciones, añadiendo ejercicios que se centren de manera explícita en las expresiones léxicas. Deben desarrollar asimismo actividades que permitan a los alumnos descubrir distribuciones por sí mismos, tanto en el aula como en la lengua con que se encuentran fuera de ella. Comenta Woolard (2000: 35):

> El aprendizaje de las distribuciones es un aspecto del desarrollo lingüístico que se ajusta de manera ideal al aprendizaje independiente de un idioma. En un sentido muy real, podemos enseñar a los estudiantes a enseñarse a sí mismos. La distribución es más que nada cuestión de observar y registrar, y los alumnos avezados tienen que ser capaces de explorar textos por sí mismos. No sólo tienen que reparar en las distribuciones corrientes que aparecen en los textos con que se enfrentan, sino que, lo que es más importante, tienen que elegir las distribuciones que sean fundamentales para sus necesidades particulares.

Hill (2000) indica que los procedimientos de trabajo en el aula suponen (a) enseñar distribuciones concretas, (b) hacer que los alumnos sean conscientes de la distribución, (c) ampliar lo que ya saben los alumnos añadiendo a un vocabulario conocido un conocimiento de las limitaciones de la distribución y (d) almacenar distribuciones animando a los alumnos a llevar un cuaderno de léxico. Lewis (2000: 20–21) ofrece el siguiente ejemplo de cómo amplía un profesor el conocimiento que tienen los alumnos de las distribuciones al tiempo que da retroinformación con ocasión del error de un alumno.

A: Tengo que hacer un examen [*make an exam*] en verano.
      (El P indica error por su expresión facial.)
A: Tengo que hacer [*make*] un examen.
P: (Escribe «*exam*» en la pizarra.)
      ¿Qué verbo utilizamos normalmente con «*exam*»?
A2:   Hacer [*take*].
P: Sí, eso es. (Escribe «*take*» en la pizarra.)
      ¿Qué otros verbos utilizamos con «*exam*»?
A2:   Aprobar [*pass*].
P: Sí. ¿Y lo contrario?
A: Suspender [*fail*].
      (Escribe «*pass*» y «*fail*» en la pizarra.)
      Y si se suspende un examen, a veces se puede volver a hacer.
      ¿Qué verbo se usa para eso? (Espera respuesta.)
      ¿No? OK, repetir [*retake*]. Se puede repetir [*retake*] un examen.
      (Escribe «*retake*» en la pizarra.)
      Si uno aprueba sin problemas, ¿qué se puede decir? Aprobé...
A2:   Con facilidad [*easily*].
P: Sí, o muchas veces decimos «con comodidad» [*comfortably*]. Aprobé con como-
      didad.
      ¿Y si se sacan 51 puntos y la nota para aprobar son 50?
      ¿Qué se puede decir? Yo... (Espera respuesta.)
      ¿No? Aprobé por poco [*I just passed*]. También se puede suspender por poco [*just
      fail*].

Conclusión

El rango del léxico en la enseñanza de idiomas ha mejorado considerablemente
gracias a los avances en la teoría léxica y lingüística, de la labor de análisis de
corpus y del reconocimiento del papel de las unidades de palabras múltiples en
el aprendizaje y la comunicación lingüísticos. Sin embargo, el término «léxico» se sigue refiriendo solamente a un componente de la competencia comunicativa. Lewis y otros han acuñado la denominación *enfoque léxico* para describir
sus propuestas de un enfoque de la enseñanza de idiomas basada en el léxico.
No obstante, estas propuestas no tienen una plena caracterización como enfoque
o método que hemos descrito en este libro. Falta por demostrarse de manera
convincente cómo una teoría de la lengua y de la enseñanza de idiomas basada en el léxico se puede aplicar a los niveles de diseño y procedimiento en la
enseñanza de idiomas, lo cual hace pensar que es todavía una idea en busca de
un enfoque y de una metodología.

13 La Enseñanza de Idiomas Basada en Competencias

Antecedentes

La mayor parte de los métodos y enfoques que se describen en este libro se centran en el input o información de entrada al aprendizaje de idiomas. Se supone que mejorando los programas, los materiales y las actividades tendrá lugar un aprendizaje lingüístico más eficaz. La Educación Basada en Competencias (EBC), en comparación, es un movimiento educativo que se centra en los resultados o información de salida del aprendizaje en el desarrollo de los programas del idioma. La EBC se ocupa de lo que tienen que hacer los alumnos con el idioma, sea como fuere como hayan aprendido a hacerlo. Prestar atención al output en vez de al input en el aprendizaje es esencial en las perspectivas centradas en la competencia lingüística. La EBC surgió en Estados Unidos en la década de 1970 y es un movimiento educativo que propugna la definición de metas docentes en términos de descripciones exactas y mensurables del conocimiento, las habilidades y las conductas que los alumnos deben poseer al final de un curso de estudio. Las características de la EBC son descritas por Schenck (1978: vi):

> La educación basada en competencias tiene mucho en común con algunos enfoques del aprendizaje como la instrucción basada en el rendimiento lingüístico, el aprendizaje para el dominio del idioma y la instrucción individualizada. Se basa en el resultado y tiene capacidad de adaptación a los cambios en las necesidades de los alumnos, los profesores y la comunidad (...) Las competencias se diferencian de otras metas y objetivos del alumno en que describen la capacidad de este para aplicar habilidades básicas y otras a situaciones que se plantean habitualmente en la vida cotidiana. De este modo, la EBC se fundamenta en una serie de resultados derivados de un análisis de las tareas que se imponen típicamente a los alumnos en situaciones que representan las de la vida real.

La Enseñanza de Idiomas Basada en Competencias (EIBC) es una aplicación de los principios de la Educación Basada en Competencias a la enseñanza de idiomas. Este enfoque había sido ampliamente aceptado a finales de los setenta, sobre todo como base para el diseño de programas de enseñanza de idiomas para adultos, unos programas relacionados con el trabajo y orientados a la supervivencia. Recientemente ha reaparecido en algunas partes del mundo (p. e., Australia) como un enfoque importante de la planificación de los programas de idiomas. El Centro para la Lingüística Aplicada describió los programas de ISL basados en la competencia como «el avance más importante en la enseñanza del ISL a adultos» (1983). En los noventa, la EIBC había llegado a ser aceptada como «el enfoque de vanguardia del ISL para adultos adoptado por los responsables nacionales de elaborar políticas y por quienes dirigen el desarrollo de los programas educativos» (Auerbach, 1986: 411). En 1986, todo refugiado en Estados Unidos que quisiera recibir ayuda federal tenía que inscribirse en un programa basado en competencias (Auerbach, 1986: 412). En su forma típica, estos programas se fundaban en:

> un perfil de rendimiento en las tareas lingüísticas que condujera a un dominio demostrado del idioma, asociado con unas habilidades específicas que son necesarias para que los individuos funcionen de manera competente en la sociedad en la que viven.
>
> (Grognet y Crandall, 1982: 3)

Los defensores de la EIBC la consideran como un enérgico y positivo agente de cambio:

> Los enfoques de la enseñanza y la evaluación basados en la competencia ofrecen a los profesores una oportunidad de revitalizar sus programas de educación y capacitación. No sólo mejorará la calidad de la evaluación, sino que también la calidad de la enseñanza y del aprendizaje del alumno se verán realzadas por la clara especificación de los resultados que se esperan y la continua retroinformación que puede ofrecer esa evaluación basada en competencias. Estos efectos beneficiosos se han observado en todos los niveles y tipos de educación y capacitación, desde la enseñanza primaria hasta la universidad y desde los estudios académicos hasta la formación en el puesto de trabajo.
>
> (Docking, 1994: 15)

La realización más reciente en Estados Unidos de una perspectiva basada en competencias se encuentra en el movimiento de los «estándares», que ha dominado los debates sobre educación desde los años noventa. Como hacen notar Glaser y Linn:

> Cuando se pase revista al impulso de nuestra nación hacia la reforma educativa, la última década de este siglo será identificada sin duda con la época en la que surgió una concentrada presión en favor de unos estándares educativos nacionales. Dicha presión se hizo evidente merced a los esfuerzos de legisladores federales y estatales, candidatos a presidente y a gobernador, especialistas en profesorado y materias, ayuntamientos, agencias gubernamentales y fundaciones privadas.
>
> (Glaser y Linn, 1993: xiii)

La enseñanza de la segunda lengua, especialmente del ISL en Estados Unidos, entró tarde en el movimiento de los estándares. Como observó en 1997 el director de proyectos para los estándares del ISL:

> Rápidamente se hizo evidente para los educadores en ISL de Estados Unidos de la época (1991) que a los alumnos de los que nos ocupamos no se les estaban

incluyendo en el movimiento de fijación de estándares que se extendía por todo el país.

(Short, 1997: 1)

El Centro para la Lingüística Aplicada, con sede en Washington, D.C., emprendió, bajo contrato con la organización TESOL, el desarrollo de los estándares «escolares» K–12 para el ISL. Se concluyeron en 1997. Los estándares del ISL se encuadran con arreglo a tres objetivos y a nueve estándares. Cada estándar es explicado más a fondo por descriptores, indicadores de progreso como muestra y viñetas para el aula con debates. La sección de estándares se organiza en grupos de niveles por grado: pre-K–3, 4–8 y 9–12. Cada grupo trata todos los objetivos y estándares con descriptores, indicadores de progreso a modo de muestra y viñetas específicas para cada horquilla de grados.

La EIBC comparte también algunos rasgos con el movimiento de los objetivos graduados, que fue propuesto como marco para la organización de la enseñanza de idiomas extranjeros en Gran Bretaña en los años ochenta:

> «Objetivos graduados» significa definir una serie de metas a corto plazo, cada una fundada en la anterior, de manera que el estudiante avance en conocimiento y habilidad. El establecimiento, en escuelas secundarias del Reino Unido, de esquemas basados en objetivos graduados ha sido uno de los fenómenos más notables del moderno aprendizaje de idiomas en los últimos cinco años.

(Page, 1983: 292)

Enfoque: Teoría de la lengua y del aprendizaje

La EIBC se basa en una perspectiva funcional e interactiva de la naturaleza del lenguaje. Se propone enseñar los idiomas en relación con los contextos sociales en los que se utilizan. El lenguaje se presenta siempre como un vehículo de interacción y comunicación entre las personas para la consecución de finalidades y propósitos específicos. Por esta razón, la EIBC se ha usado la mayoría de las veces como marco para la enseñanza de idiomas en situaciones en las que los alumnos tienen necesidades específicas y desempeñan funciones concretas, y en las que las destrezas lingüísticas que necesitan se pueden predecir o determinar con bastante precisión. Comparte también con los pareceres conductistas la idea de que la forma del lenguaje puede ser inferida de su función, es decir, que las cosas con las que uno se encuentra en la vida exigen ciertos tipos de lenguaje. Esto supone que los diseñadores de competencias de la EIBC puedan predecir de manera exacta el vocabulario y las estructuras que posiblemente aparecerán en las situaciones concretas esenciales para la vida del alumno y puedan establecerlas de maneras utilizables para organizar las unidades de enseñanza/aprendizaje. Es fundamental para la teoría del lenguaje y para la del aprendizaje la opinión de que el lenguaje se puede analizar funcionalmente en partes y subpartes adecuadas, y que unas y otras se pueden enseñar (y comprobar) de forma incremental. La EIBC adopta así un enfoque a modo de «mosaico» del aprendizaje de idiomas, en el sentido de que el «todo» (la competencia comunicativa) se construye a partir de componentes menores correctamente reunidos. La EIBC se construye, por tanto, en torno al concepto de la competencia comunicativa y pretende desarrollar habilidades funcionales de comunicación en los estudiantes. Estas habilidades se suelen describir solamente en los términos más generales, sin embargo, en lugar de relacionarse con la ejecución de tareas específicas en el mundo real. La EIBC tiene, pues, algunos rasgos en común con la Enseñanza Comunicativa de la Lengua.

Diseño: Objetivos, programa, actividades de aprendizaje, papeles de alumnos, profesores y materiales

Docking (1994) señala que el enfoque tradicional del desarrollo de un programa supone valerse, como base de la planificación del programa, de la manera en que uno mismo entiende la materia. Se empieza por el área del saber que se va a enseñar (p. e., historia contemporánea europea, mercadotecnia, comprensión oral o literatura francesa) y luego se seleccionan los conceptos, conocimientos y habilidades que constituyen dicha área del saber. Después se desarrollan en torno al tema un programa y el contenido del curso. También se pueden especificar objetivos, pero habitualmente tienen poco papel en la enseñanza y la evaluación del tema. La evaluación de los alumnos se basa por lo general en la referencia a una norma, esto es, se les clasifica en una única escala, esperando que, o bien se dispersen por una amplia variedad de puntuaciones, o bien se ajusten a una distribución preestablecida. Un alumno obtiene una puntuación por su rendimiento en comparación con otros alumnos, a partir de la cual es muy difícil hacer cualquier género de juicio sobre los conocimientos y destrezas específicas que ha adquirido. Incluso dos alumnos pueden obtener la misma puntuación en una prueba pero tener en realidad capacidades y conocimientos muy diferentes sobre el tema:

> La EIBC, en comparación, no se diseña en torno al concepto de conocimiento del tema sino del concepto de competencia. El centro de atención pasa de lo que saben los alumnos del idioma a lo que pueden hacer con él. Esta atención a las competencias o resultados del aprendizaje es el fundamento del marco del plan de estudios y de la especificación del programa, las estrategias docentes, la evaluación y los informes. En lugar de una evaluación por referencia a una norma, se utilizan procedimientos de evaluación basados en criterios; en ellos se valora a los alumnos con arreglo a la calidad de su desempeño en tareas concretas de aprendizaje.
>
> (Docking, 1994: 16)

Las competencias se componen de una descripción de las destrezas, conocimientos, actitudes y comportamientos esenciales que se requieren para la ejecución eficaz de una tarea o actividad del mundo real. Estas actividades pueden guardar relación con cualquier esfera de la vida, aunque en su forma típica se han vinculado al terreno del trabajo y a la supervivencia social en un entorno nuevo. Por ejemplo, entre las áreas para las que se han desarrollado competencias en un plan de ISL de orientación profesional para inmigrantes y refugiados figuran:

Ejecución de tareas
Seguridad
Relacionadas con el vocabulario general
Horarios laborales, hojas de asistencia, cheques de sueldo
Lenguaje social
Solicitud de empleo
Entrevista de trabajo

(Mrowicki, 1986)

Para el área de «Conservar un puesto de trabajo» se describen las siguientes competencias:

- Seguir las instrucciones para realizar una tarea sencilla.
- Responder adecuadamente a los comentarios del supervisor sobre la calidad del trabajo en ese empleo, incluyendo los errores, la lentitud excesiva y el trabajo incompleto.
- Pedir al supervisor que compruebe el trabajo.
- Informar al supervisor de la conclusión del trabajo.
- Solicitar suministros.
- Preguntar dónde se encuentra un objeto: seguir instrucciones orales para localizar un objeto.
- Seguir instrucciones orales sencillas para encontrar un lugar.
- Leer gráficos, etiquetas, formularios o instrucciones escritas para la ejecución de una tarea.
- Exponer un problema y pedir ayuda en caso necesario.
- Contestar a las preguntas sobre la naturaleza o el progreso de la tarea en marcha; exponer cantidad y tipo de trabajo ya realizado.
- Responder adecuadamente a la interrupción o modificación del trabajo.

(Mrowicki, 1986)

Docking (1994: 11) señala la relación que hay entre competencias y desempeño en el puesto de trabajo:

Una cualificación o trabajo pueden ser descritos como un conjunto de unidades de competencia, cada una de las cuales se compone de una serie de elementos de competencia. Una unidad de competencia podría ser una tarea, un papel, una función o un módulo de aprendizaje. Estos cambiarán con el paso del tiempo y variarán de un contexto a otro. Un elemento de competencia puede ser definido como todo atributo de un individuo que contribuya a la lograda realización de una tarea, trabajo, función o actividad en un entorno académico o laboral. Esto incluye conocimientos específicos, procesos mentales, actitudes y habilidades perceptivas y físicas. No se excluye nada que se pueda demostrar que contribuye a la realización. Un elemento de competencia tiene significado independientemente del contexto y el momento. Es el elemento de las especificaciones competenciales en la educación, la formación, la evaluación, las cualificaciones, las tareas y los puestos de trabajo.

Tollefson (1986) observa que el análisis de los puestos de trabajo en sus competencias funcionales constitutivas, encaminado al desarrollo de objetivos de enseñanza, se remonta a mediados del siglo XIX. En la década de 1860, Spencer «bosquejó las principales áreas de actividad humana que a su juicio debían constituir la base de los objetivos curriculares». De manera similar, en 1926 Bobbitt desarrolló objetivos curriculares de acuerdo con su análisis de las competencias funcionales requeridas para los adultos residentes en Norteamérica. Se ha elegido y perfeccionado este enfoque como base del desarrollo de la EIBC desde los años sesenta. Northrup (1977) informa sobre un estudio encargado por la Office of Education de Estados Unidos, en el cual se analizó una gran variedad de tareas ejecutadas por adultos en la sociedad norteamericana y se clasificaron las conductas necesarias para su ejecución en cinco áreas de conocimiento y en cuatro áreas de habilidades básicas. Partiendo de este análisis, se identificaron sesenta y cinco competencias. Docking (1994) describe su participación, en 1968, en un proyecto en Australia en el cual había que especificar las competencias de más de cien oficios.

Auerbach (1986) ofrece un útil resumen de los factores que intervienen en la puesta en práctica de programas de inglés basados en la competencia en el ISL e identifica ocho rasgos fundamentales:

1. *Atención prioritaria a un funcionamiento satisfactorio en la sociedad.* La meta es permitir a los estudiantes convertirse en individuos autónomos capaces de hacer frente a las exigencias del mundo.
2. *Atención prioritaria a las habilidades de la vida.* En vez de enseñar el idioma aislado, la EIBC lo enseña en función de la comunicación acerca de tareas concretas. Se enseña a los alumnos precisamente las formas/habilidades lingüísticas requeridas por las situaciones en las que aquéllos van a actuar. Estas formas están determinadas por la «valoración empírica de la lengua requerida» (Findlay y Nathan, 1980: 224).
3. *Orientación centrada en el rendimiento.* Lo que cuenta es lo que los alumnos pueden hacer como resultado de la instrucción. Se hace hincapié en conductas abiertas en vez de en el conocimiento o en la capacidad de hablar de lenguaje y habilidades.
4. *Instrucción modularizada.* «El aprendizaje del idioma se desglosa en bloques manejables y poseedores de un significado inmediato» (Center for Applied Linguistics, 1983: 2). Los objetivos se desglosan en subobjetivos estrictamente definidos para que profesores y alumnos puedan tener una clara sensación de progreso.
5. *Resultados que se ponen de manifiesto a priori.* Los resultados son de conocimiento público; profesor y alumnos los conocen y coinciden en ellos. Se especifican en términos de objetivos de conducta para que los alumnos sepan exactamente qué conductas se esperan de ellos.

6. *Evaluación continua y permanente.* Se somete a los alumnos a una prueba previa a fin de determinar qué habilidades les faltan y a otra posterior a la instrucción en esa habilidad. Si no alcanzan el nivel de dominio deseado, siguen trabajando en el objetivo y sometidos a una nueva prueba. La evaluación del programa se basa en los resultados de las pruebas y, como tal, se considera cuantificable objetivamente.

7. *Dominio demostrado de los objetivos de rendimiento.* En lugar de en tradicionales pruebas con lápiz y papel, la evaluación se funda en la capacidad de mostrar conductas concretas.

8. *Instrucción individualizada, centrada en el alumno.* En su contenido, nivel y ritmo, los objetivos se definen desde el punto de vista de las necesidades individuales; se toman en cuenta el aprendizaje y el aprovechamiento anteriores en el desarrollo de los planes de estudios. La instrucción no se basa en el tiempo; los alumnos progresan a su propio ritmo y se centran precisamente en las áreas en las que carecen de competencia.

(Auerbach, 1986: 414–415)

Se señalan como ventajas de un enfoque competencial desde el punto de vista del estudiante:

1. Las competencias son específicas y prácticas y tienen una relación visible con las necesidades e intereses del alumno.

2. El alumno puede juzgar si las competencias parecen relevantes y útiles.

3. Las competencias que se van a enseñar y a someter a prueba son específicas y públicas, de aquí que el alumno sepa exactamente qué es lo que se necesita aprender.

4. Las competencias se pueden dominar de una en una para que el alumno vea lo que ha aprendido y lo que le queda por aprender.

Procedimiento

Se encuentran ejemplos de cómo se aplican en la práctica muchos de estos principios en la labor del Programa de Educación de Inmigrantes de Australia, uno de los mayores proveedores de capacitación lingüística de inmigrantes que hay en todo el mundo. El programa ha experimentado una serie de reorientaciones filosóficas desde mediados de los años setenta, pasando de una «planificación curricular centralizada, con su plan de estudios estructural y basado en contenidos, de fines de los setenta, a una planificación descentralizada, centrada en el alumno y basada en sus necesidades, y con una multiplicidad de metodologías y materiales en los ochenta y, aún más recientemente, a la introducción de unos marcos curriculares basados en competencias» (Burns y Hood, 1994: 76). En 1993 se introdujo un plan de estudios basado en competencias, el Certificado en Inglés Hablado y Escrito, como marco para sus programas. En este marco, los resultados en cuanto a aprendizaje se especifican en tres fases, que culminan en el Certificado Avanzado en Inglés Hablado y Escrito, en la fase 4 del marco. Hagan (1994: 22) describe cómo funciona el marco:

> Tras una evaluación inicial, se sitúa a los alumnos en el marco tomando como base su actual nivel de competencia en inglés, su ritmo de aprendizaje, sus necesidades y sus metas sociales para aprender inglés. Las doce competencias esenciales en las Etapas 1 y 2 guardan relación con el desarrollo lingüístico general (...) En la Etapa 3 se agrupa con más frecuencia a los alumnos según su objetivo y se definen las competencias con arreglo a las tres tendencias programáticas de Estudio Ampliado, Inglés Profesional y Acceso a la Comunidad (...) Las decripciones de la competencia en cada fase se dividen en cuatro esferas...:

> 1. Competencias de conocimiento y aprendizaje.
> 2. Competencias orales.
> 3. Competencias de lectura.
> 4. Competencias de expresión escrita.

> Todas las competencias se describen en términos de:

> – elementos que desglosan la competencia en componentes menores y aluden a los rasgos lingüísticos esenciales del texto
> – criterios de rendimiento que especifican el rendimiento mínimo requerido para lograr una competencia
> – una gama de variables que establecen límites para el desempeño de la competencia
> – muestras de textos y tareas de evaluación que proporcionan ejemplos de textos y tareas de evaluación que guardan relación con la competencia

Conclusión

Aunque grandes sectores de la profesión del ISL se han adherido con entusiasmo a la EIBC, no faltan los críticos de ésta. Sus críticas son tanto prácticas como filosóficas. Tollefson (1986) sostiene que no hay en realidad ningún procedimiento válido para desarrollar listas de competencias para la mayoría de los programas. Es imposible hacer operativas muchas de las áreas para las que se necesitan competencias, como «vida adulta», «supervivencia» y «funcionamiento competente en la comunidad». Otros autores han señalado que la división de las actividades en conjuntos de competencias es un enfoque reduccionista, y que la suma de las partes no es igual a la complejidad del todo. Auerbach, resumiendo la obra de Paolo Friere y otros, hace notar que la EIBC refleja lo que Friere ha descrito como un modelo «bancario» de la educación. Esto supone lo siguiente:

> Hay una estructura de conocimiento socialmente prescrito que han de dominar los estudiantes. Aquí, la función de la educación es transmitir el conocimiento y socializar a los alumnos de acuerdo con los valores del grupo socioeconómico dominante. La labor del profesor consiste en idear más maneras, y más eficaces, de transmitir habilidades: lo que cuenta es el éxito en la transmisión. El progreso

educativo se define desde el punto de vista de la «mejora» de los sistemas de transmisión.

(Auerbach, 1986: 416–417)

En consecuencia, se considera que la EIBC es normativista, en el sentido de que prepara a los alumnos para encajar en el *status quo* y mantener las relaciones entre las clases sociales. Además, la enseñanza se centra, en su manera típica, en la conducta y el desempeño en vez de en el desarrollo de habilidades mentales.

Como las competencias están diseñadas para permitir que los alumnos participen eficazmente en la sociedad, Tollefson y otros han señalado que representan típicamente unos juicios de valor sobre lo que supone dicha participación. Las competencias para los programas estadounidenses de establecimiento de refugiados, por ejemplo, tratan de inculcar actitudes y valores que conviertan a los refugiados en ciudadanos pasivos que acepten el *status quo* en vez de desafiarlo. A pesar de estas críticas, la EIBC parece haber ganado fuerza en el ámbito internacional. Estos enfoques basados en los resultados se han atraído sobre todo muchos seguidores entre los políticos que buscan una «responsabilidad» por la inversión en educación. Como concluyen Rylatt y Lohan (1997: 18): «Se puede decir sin temor a equivocarse que, al entrar en un nuevo milenio, la tarea de mejorar las competencias y habilidades del aprendizaje seguirá siendo uno de los sectores y prioridades de más rápido crecimiento en el mundo.»

III Los enfoques comunicativos actuales

Los capítulos de la Parte III contienen la descripción de los enfoques y métodos en los tiempos más recientes y algunas de las direcciones dominantes que ha seguido la enseñanza de idiomas desde la aparición de las metodologías comunicativas en la década de 1980.

La Enseñanza Comunicativa de la Lengua (ECL) marca el comienzo de un gran cambio de paradigma en la enseñanza de idiomas en el siglo XX, un cambio cuyas repercusiones se siguen sintiendo todavía hoy. Los principios generales de la Enseñanza Comunicativa de la Lengua son ampliamente aceptados hoy en día en todo el mundo; consideraremos las razones para ello en los capítulos 14 y 19. En el capítulo 14 presentamos lo que podríamos denominar «Visión Clásica de la Enseñanza Comunicativa de la Lengua». Los otros capítulos de esta sección detallan cómo se ha moldeado la filosofía de la ECL para convertirla en diversas prácticas docentes, aunque todas contienen evidentemente principios básicos de la ECL.

Aunque el Enfoque Natural no está tan generalmente establecido como el de la ECL, las teorías de Krashen sobre el aprendizaje de idiomas han tenido una gran influencia, especialmente en Estados Unidos, y las cuestiones que aborda el Enfoque Natural siguen estando en el centro de los debates relativos a los métodos de enseñanza. El Aprendizaje Cooperativo de la Lengua tiene un origen ajeno a la enseñanza de idiomas, pero, al ser compatible con muchas de las ideas en que se basa la Enseñanza Comunicativa de la Lengua, ha llegado a constituir un enfoque popular y relativamente poco controvertido de la organización de la enseñanza en el aula en muchas partes del mundo.

La Enseñanza Basada en Contenidos (EBC) puede ser considerada como un desarrollo lógico de algunos de los principios esenciales de la Enseñanza Comunicativa de la Lengua, sobre todo de los que guardan relación con el papel del significado en el aprendizaje de idiomas. Dado que la EBC ofrece un enfoque especialmente adecuado para preparar a los estudiantes del ISL para ingresar en la enseñanza elemental, media o superior, es muy utilizada en países de habla inglesa de todo el mundo.

La Enseñanza Basada en Tareas puede considerarse como una versión reciente de una metodología comunicativa y trata de conciliar la metodología con las actuales teorías de la adquisición de la segunda lengua.

En el último capítulo reflexionaremos sobre la historia de los enfoques y métodos en la historia reciente de la enseñanza de idiomas, y especularemos en torno a las razones de que unos enfoques y métodos hayan tenido una influencia más duradera que otros. Asimismo, describiremos lo que se ha llamado «era post-métodos» y ofreceremos algunas sugerencias sobre influencias en la enseñanza de idiomas en el futuro.

14 La Enseñanza Comunicativa de la Lengua

Antecedentes

Los orígenes de la Enseñanza Comunicativa de la Lengua se encuentran en los cambios acaecidos en la enseñanza de lenguas en Gran Bretaña a partir de finales de los años sesenta. Hasta entonces, la Enseñanza Situacional de la Lengua (véase capítulo 3) representaba el principal enfoque británico para enseñar inglés como lengua extranjera. En este método, la lengua se enseñaba practicando las estructuras básicas con actividades significativas basadas en situaciones. Pero tan pronto como se rechazó en Estados Unidos la teoría lingüística del Método Audiolingüístico a mediados de los años sesenta, los lingüistas británicos empezaron a poner en duda los supuestos teóricos de la Enseñanza Situacional de la Lengua:

> A finales de los años sesenta parecía claro que el enfoque situacional... había terminado su recorrido. No había futuro en continuar tratando de predecir la lengua a partir de las situaciones. Lo que se necesitaba era un estudio más minucioso de la lengua y promover un retorno al concepto tradicional de que los enunciados tenían significado por sí mismos y expresaban los significados y las intenciones de los hablantes y de los autores que los creaban.
>
> (Howatt, 1984: 280)

Esto supuso, en parte, la respuesta a las críticas que el gran lingüista americano Noam Chomsky había presentado contra la teoría lingüística estructural en su ya clásico libro *Syntactic Structures* (1957). Chomsky había demostrado que las teorías estructurales del momento no podían explicar por sí mismas las características fundamentales de la lengua como la creatividad y la singularidad de cada una de las oraciones. Los lingüistas británicos destacaron otra dimensión fundamental de la lengua que no se trataba de manera adecuada en los enfoques sobre la enseñanza de idiomas del momento: el potencial funcional y comunicativo de la lengua. Se consideró necesario para la enseñanza de idiomas centrarse más en la competencia comunicativa que en el simple conocimiento de las estructuras. Los estudiosos que defendían estas ideas sobre la lengua, como Christopher Candlin y Henry Widdowson, se basaron en el trabajo de lingüistas funcionales británicos (p. e., John Firth, M. A. K. Halliday), en el trabajo de sociolingüistas americanos (p. e., Dell Hymes, John Gumperz y William Labov), así como en el trabajo en el campo de la filosofía (p. e., John Austin y John Searle).

Otro factor de cambio en el enfoque de la enseñanza de lenguas extranjeras proviene de las cambiantes realidades educativas en Europa. Con la creciente interdependencia entre los países europeos apareció la necesidad de hacer mayores esfuerzos para enseñar a los adultos las principales lenguas del Mercado Común Europeo y del Consejo de Europa, organización regional para la cooperación cultural y educativa. La educación era una de las principales áreas de actividad del Consejo de Europa: patrocinaba conferencias internacionales sobre la enseñanza de idiomas, publicando artículos y libros sobre este tema, y participaba en la formación de la Asociación Internacional de Lingüística Aplicada. Se consideró de gran importancia la necesidad de articular y desarrollar métodos alternativos para la enseñanza de idiomas.

En 1971, un grupo de expertos empezó a investigar la posibilidad de desarrollar cursos de idiomas a partir de un sistema basado en unidades y créditos, en el que las tareas de aprendizaje se dividen en «porciones o unidades, cada una de las cuales corresponde a un componente de las necesidades del alumno y se relaciona sistemáticamente con todas las demás unidades» (van Ek y Alexander, 1980: 6). El grupo aplicó los estudios sobre las necesidades de los alumnos de lenguas en Europa y en especial un documento preliminar preparado por un lingüista británico, D. A. Wilkins (1972), que proponía una definición funcional o comunicativa de la lengua que podía servir como base para el desarrollo para programas comunicativos en la enseñanza de lenguas. La contribución de Wilkins fue un análisis de los significados comunicativos que necesita quien aprende una lengua para entender y para expresarse. Más que describir lo esencial de la lengua a través de los conceptos tradicionales de gramática y de vocabulario, Wilkins intentó mostrar los sistemas de significado que subyacen en los usos comunicativos de la lengua. Describió dos tipos de significado: categorías nocionales (conceptos como tiempo, secuencia, cantidad, lugar y frecuencia) y categorías de función comunicativa (pedir, rechazar, ofrecer o quejarse). Más tarde, Wilkins revisó y amplió su documento de 1972 en un libro titulado *Notional Syllabuses* (Wilkins, 1976), que tuvo una gran influencia en el desarrollo de la Enseñanza Comunicativa de la Lengua. El Consejo de Europa incorporó su análisis semántico-comunicativo mediante una serie de especificaciones para el nivel elemental de un programa comunicativo de lenguas correspondiente a un primer nivel. Estas especificaciones de *nivel umbral* (van Ek y Alexander, 1980) han tenido mucha influencia en el diseño de programas de lenguas y libros de texto de corte comunicativo en Europa.

El trabajo del Consejo de Europa; los escritos de Wilkins, Widdowson, Candlin, Christopher Brumfit, Keith Johnson y otros lingüistas británicos sobre la base teórica del Enfoque Comunicativo o funcional para la enseñanza de idiomas; la rápida aplicación de estas ideas por los autores de libros de texto, y la igualmente rápida aceptación de estos nuevos principios por parte de los especialistas británicos en enseñanza de idiomas, los centros de desarrollo curricular e incluso los gobiernos, dieron prominencia nacional e internacional a lo que se llamaría el Enfoque Comunicativo o simplemente la Enseñanza Comunicativa de la Lengua. (A veces también se utilizan los términos *Enfoque Nocional-Funcional* y *Enfoque Funcional*.) Aunque el movimiento empezó como una innovación principalmente británica, en torno a planteamientos alternativos sobre la elaboración de programas, desde mediados de los años setenta su ámbito de influencia se ha extendido. Los defensores tanto americanos como británicos lo ven como un enfoque (y no un método) que pretende hacer de la competencia comunicativa la meta final de la enseñanza de lenguas y desarrollar procedimientos para la enseñanza de las cuatro destrezas lingüísticas, a partir de la interdependencia de la lengua y la comunicación. Su amplitud lo hace diferente de cualquier otro enfoque o método tratado en este libro en cuanto a su ámbito de aplicación y su condición. No responde a ningún texto o autoridad única; tampoco hay un solo modelo que sea aceptado universalmente como definitivo. Para algunos, la Enseñanza Comunicativa de la Lengua supone poco más que una enseñanza que integra lo funcional y lo gramatical. Littlewood (1981: 1) señala: «Una de las características de la enseñanza comunicativa de la lengua es que se preocupa tanto de los aspectos funcionales de la lengua como de los estructurales.» Otros entienden que se trata del uso de los procedimientos por medio de los cuales los alumnos trabajan por parejas o en grupos empleando los recursos lingüísticos disponibles en tareas de resolución de problemas. Un programa de ámbito nacional de enseñanza del inglés en primaria basado en el Enfoque Comunicativo (*Syllabuses for Primary Schools*, 1981), por ejemplo, define el eje del programa como «las funciones comunicativas a las que sirven las estructuras de la lengua» (pág. 5). La introducción de este documento señala que «los propósitos comunicativos pueden ser de muchos tipos. Lo esencial en todos ellos es que haya por lo menos dos partes en una interacción o transacción de algún tipo donde una parte tenga una intención y la otra la amplíe o reaccione ante ella» (pág. 5). En su análisis sobre el diseño del programa comunicativo, Yalden (1983) presenta seis alternativas de diseño para la Enseñanza Comunicativa de la Lengua, que engloban desde un modelo en el que los ejercicios comunicativos se añaden al programa estructural ya existente, hasta el planteamiento de la elaboración de un programa generado por el alumno (p. e., Holec, 1980).

Howatt distingue entre las versiones «fuerte» y «débil» en la Enseñanza Comunicativa de la Lengua:

> En cierto sentido, hay una versión «fuerte» del Enfoque Comunicativo y una versión «débil». La versión débil, que constituye la práctica más o menos habitual en los últimos diez años, destaca la importancia de dar oportunidades a los alumnos para que usen el inglés con fines comunicativos y, generalmente, intenta integrar estas actividades dentro de un programa más amplio de enseñanza de idiomas... La versión «fuerte» de la enseñanza comunicativa, por otra parte, afirma que la lengua se adquiere a través de la comunicación, por lo que lo importante no es la activación de un conocimiento ya existente aunque inerte, de la lengua, sino el desarrollo del propio sistema lingüístico. Si la primera versión podría describirse como «aprender a usar» el inglés, la segunda implica «usar el inglés para aprenderlo».
>
> (1984: 279)

Finocchiaro y Brumfit (1983) contrastan, según su interpretación, los elementos distintivos fundamentales del Método Audiolingüístico y del Enfoque Comunicativo:

Método Audiolingüístico	Enseñanza Comunicativa de la Lengua
1. Presta mayor atención a la estructura y a la forma que al significado.	Lo más importante es el significado.
2. Exige la memorización de diálogos basados en estructuras.	Cuando se utilizan, los diálogos se centran en las funciones comunicativas y normalmente no se memorizan.
3. No es necesario presentar los elementos de la lengua en un contexto.	Presentar los elementos de la lengua en un contexto es una premisa fundamental.
4. Aprender la lengua significa aprender sus estructuras, sonidos o palabras.	Aprender la lengua significa aprender a comunicarse.
5. Se busca el dominio o el «super-aprendizaje».	Se busca la comunicación efectiva.
6. La repetición es una técnica fundamental.	La repetición puede ocurrir, pero de manera tangencial.
7. Se busca una pronunciación parecida a la del hablante nativo.	Se busca una pronunciación comprensiva.
8. Se evita la explicación gramatical.	Se acepta cualquier recurso que ayude a los alumnos, que dependerán de su edad, interés, etc.
9. Sólo se realizan actividades comunicativas después de un largo y rígido proceso de ejercicios de repetición y otras actividades.	Se estimulan los intentos de comunicación desde el principio.
10. Se prohíbe el uso de la lengua materna del alumno.	Se acepta un uso moderado de la lengua materna cuando sea necesario.
11. Se prohíbe la traducción en los niveles elementales.	Se puede usar la traducción cuando los alumnos la necesitan o se benefician de ella.
12. Se retrasa la lectura y la escritura hasta que se conoce bien la lengua oral.	Si es necesario, se puede empezar con la lectura y la escritura desde el primer día.
13. El sistema de la lengua objeto se aprenderá a través de la enseñanza explícita de las estructuras del sistema.	El sistema de la lengua objeto se aprenderá mejor a través del proceso que busca la comunicación.
14. Se busca la competencia lingüística.	Se busca la competencia comunicativa (es decir, la habilidad para usar el sistema lingüístico de manera efectiva y apropiada).

15. Se reconocen las variedades de la lengua, pero no se hace hincapié en ellas.

La variación lingüística es un concepto central en los materiales y en la metodología.

16. La secuencia de las unidades viene determinada solamente por los principios de complejidad lingüística.

La secuencia viene determinada por cualquier consideración sobre el contenido, la función o el significado que mantenga el interés.

17. El profesor controla a los alumnos y procura que no hagan nada que entre en conflicto con la teoría.

Los profesores ayudan a los alumnos en cualquier forma que los motive para trabajar con la lengua.

18. «La lengua es hábito», por tanto, hay que prevenir los errores por cualquier medio.

Cada alumno crea la lengua generalmente a través del ensayo y del error.

19. El objetivo fundamental es la corrección, en el sentido de corrección formal.

El objetivo fundamental es la fluidez y un dominio aceptable de la lengua: la corrección no se considera en abstracto, sino dentro de un contexto.

20. Se espera que los alumnos se relacionen con el sistema lingüístico que presentan las máquinas o los materiales controlados.

Se espera que los alumnos se relacionen con otras personas, ya estén presentes (en el trabajo por parejas y grupos) o a través de la lengua escrita.

21. Se espera que el profesor especifique la lengua que los alumnos deben usar.

El profesor no puede saber exactamente la lengua que usarán sus alumnos.

22. La motivación intrínseca partirá del interés en la estructura de la lengua.

La motivación intrínseca partirá del interés por lo que se está comunicando con la lengua.
(1983: 91–93)

Aparte de ser un ejemplo interesante de cómo los defensores de la Enseñanza Comunicativa de la Lengua colocan las cartas a su favor, estos contrastes ilustran algunas de las mayores diferencias entre los enfoques comunicativos y las tradiciones anteriores en la enseñanza de idiomas. La aceptación general del Enfoque Comunicativo, y la forma relativamente variada en la que se interpreta y aplica, puede atribuirse al hecho de que los practicantes de diferentes tradiciones educativas se pueden identificar con él y, por tanto, interpretarlo de diferentes maneras. Uno de los seguidores norteamericanos, Savignon (1983), por ejemplo, ofrece como antecedente del método un comentario de Montaigne sobre cómo aprendió latín más por medio de conversaciones que a través del método, generalmente usado en la época, de análisis formal y traducción. Montaigne escribe: «Sin métodos, sin un libro, sin gramática o reglas, sin un látigo y sin lágrimas, había aprendido un latín tan bueno como el de mi maestro» (Savignon, 1983: 47). Esta visión antiestructural puede representar la versión en el campo de la enseñanza de idiomas de una perspectiva más general sobre el aprendizaje, que se conoce como «aprender haciendo» o «el enfoque experiencial» (Hilgard y Bower, 1966). Esta idea de práctica directa —más que aplazada— de las actividades comunicativas se encuentra en el núcleo de la mayoría de las interpretaciones de la Enseñanza Comunicativa de la Lengua.

La importancia dada a los factores comunicativos y contextuales en el uso de la lengua también tiene un antecedente en el trabajo del antropólogo Bronislaw Malinowski y su colega, el lingüista John Firth. Los lingüistas británicos generalmente citan a Firth como el primero que estudia el discurso como el objeto y el contexto del análisis lingüístico. Firth también señaló que la lengua debía ser estudiada en el contexto sociocultural más amplio de su uso, que incluye los participantes, sus conductas y opiniones, los objetos de interacción lingüística, y la elección de las palabras. Tanto Michael Halliday como Dell Hymes, lingüistas que han sido citados frecuentemente por los defensores de la Enseñanza Comunicativa de la Lengua, reconocen su deuda fundamental con Malinowski y Firth.

Otra dimensión frecuentemente citada de este enfoque, su visión de la enseñanza de la lengua basada en la experiencia y centrada en el alumno, también posee antecedentes fuera de la tradición de enseñanza de idiomas. Una famosa comisión para desarrollar el currículo nacional en Estados Unidos en los años treinta, por ejemplo, propuso la adopción de un currículo del inglés basado en la experiencia. El informe de la comisión partió de la premisa de que «la experiencia es la mejor de las escuelas... El currículo ideal consiste en experiencias bien seleccionadas» (citado en Applebee, 1974: 119). Como han propuesto recientemente los partidarios de organizar la Enseñanza Comunicativa de la Lengua alrededor de tareas y procedimientos, la comisión intentó proponer «los medios para la selección y la secuencia de las experiencias apropiadas dentro de un currículo coherente que abarcara los años de estudio de inglés en la escuela» (Applebee, 1974: 119). Se consideraba que cada uno de los alumnos tenía intereses, estilos, necesidades y objetivos personales, que deberían reflejarse en el diseño de los métodos de enseñanza. Se animaba a los profesores a que desarrollaran materiales de aprendizaje «centrados en las necesidades específicas manifestadas en la clase» (Applebee, 1974: 150).

Lo que resulta común a todas las versiones de la Enseñanza Comunicativa de la Lengua, sin embargo, es una teoría de la enseñanza de lenguas que defiende un modelo comunicativo de la lengua y de un uso que busca aplicar este modelo en el sistema de enseñanza, en los materiales, en los papeles y conductas del profesor y del alumno, y en las actividades y técnicas de clase. A continuación vamos a ver cómo se manifiestan estos aspectos en los niveles del enfoque, el diseño y el procedimiento.

Enfoque

Teoría de la lengua

El Enfoque Comunicativo en la enseñanza de la lengua parte de la idea de que la lengua es comunicación. El objetivo de la enseñanza de la lengua es desarrollar lo que Hymes (1972) llama «competencia comunicativa». Hymes utiliza este término con el fin de contrastar una visión comunicativa de la lengua con la teoría de la competencia de Chomsky. Chomsky mantenía que:

la teoría lingüística se ocupa principalmente del hablante-oyente ideal en una comunidad de habla completamente homogénea. Este hablante-oyente conoce la lengua perfectamente y no se ve afectado por condiciones gramaticalmente irrelevantes como limitaciones en la memoria, distracciones, cambios de atención e interés, y errores (característicos o esporádicos) cuando aplica su conocimiento de la lengua en una producción concreta.

(Chomsky, 1965: 3)

Para Chomsky, lo fundamental de la teoría lingüística era caracterizar las habilidades abstractas de los hablantes que les permiten producir oraciones correctas desde el punto de vista gramatical. Hymes mantenía que esta visión de la teoría lingüística era estéril, que la teoría lingüística debía ser entendida como parte de una teoría más general que incorporaba la comunicación y la cultura. La teoría de Hymes definía lo que un hablante necesitaba saber para tener competencia comunicativa en una comunidad lingüística. Según Hymes, una persona que consigue competencia comunicativa ha adquirido tanto el conocimiento como la habilidad para usar la lengua con respecto a:

1. si (y en qué grado) algo es formalmente posible
2. si (y en qué grado) algo es posible en virtud de los medios de actuación disponibles
3. si (y en qué grado) algo es apropiado en relación con el contexto en el que se usa y evalúa
4. si (y en qué grado) algo se da en realidad, se efectúa realmente, y lo que esto supone

(Hymes, 1972: 281)

Esta teoría sobre el conocimiento de una lengua ofrece una visión más amplia que la visión que tenía Chomsky de la competencia, que trata fundamentalmente el conocimiento gramatical abstracto. Otra teoría lingüística sobre la comunicación que defiende la Enseñanza Comunicativa de la Lengua es la descripción funcional de Halliday sobre el uso de la lengua. «La lingüística estudia la descripción de los actos del habla o de los textos, puesto que solamente a través del estudio de la lengua se manifiestan todas las funciones del lenguaje y los componentes del significado» (Halliday, 1970: 145). Halliday ha desarrollado en varios libros y artículos influyentes una importante teoría sobre las funciones de la lengua que, según opinan muchos autores en sus comentarios sobre el Enfoque Comunicativo (p. e., Brumfit y Johnson, 1979; Savignon, 1983), complementa la teoría de Hymes sobre la competencia comunicativa. Halliday describe (1975: 11–17) las siete funciones básicas que realiza el lenguaje cuando los niños aprenden su primera lengua:

1. la función instrumental: usar la lengua para conseguir cosas
2. la función reguladora: usar la lengua para controlar la conducta de otros
3. la función interactiva: usar la lengua para crear una interacción con otros

4. la función personal: usar la lengua para expresar sentimientos y significados personales
5. la función heurística: usar la lengua para aprender y para descubrir
6. la función imaginativa: usar la lengua para crear el mundo de la imaginación
7. la función representativa: usar la lengua para comunicar información

Los defensores de la Enseñanza Comunicativa de la Lengua consideraban el aprendizaje de una segunda lengua de forma similar, como la adquisición de los medios lingüísticos para la realización de distintos tipos de funciones.

Otro teórico que se cita frecuentemente por sus ideas sobre la naturaleza comunicativa de la lengua es Henry Widdowson. En su libro *Teaching Language as Communication* (1978), Widdowson presentó sus ideas sobre la relación entre los sistemas lingüísticos y los valores comunicativos en el texto y en el discurso. Se centraba en los actos comunicativos que constituían la habilidad para usar la lengua con distintos propósitos. Un análisis más reciente, aunque relacionado con lo anterior, sobre la competencia comunicativa se encuentra en Canale y Swain (1980), en el que se identifican cuatro dimensiones de la competencia comunicativa: competencia gramatical, competencia sociolingüística, competencia discursiva y competencia estratégica. La *competencia gramatical* se refiere a lo que Chomsky llama competencia lingüística y lo que Hymes entiende con su «formalmente posible». Es el dominio de la capacidad gramatical y léxica. La *competencia sociolingüística* se refiere a la comprensión del contexto social en el que tiene lugar la comunicación, incluyendo la relación entre los distintos papeles sociales, la información que comparten los participantes y la finalidad de comunicación de su interacción. La *competencia discursiva* se refiere a la interpretación de los elementos individuales del mensaje a partir de sus conexiones y de cómo se representa el significado en relación con todo el discurso o texto. La *competencia estratégica* se refiere a las estrategias que los participantes emplean para iniciar, terminar, mantener, corregir y reconducir la comunicación. La utilidad del concepto de competencia comunicativa se percibe en los numerosos intentos que se han hecho de perfeccionar el concepto original de competencia comunicativa. La extensión realizada por Canale y Swain del modelo hymesiano de competencia comunicativa, anteriormente examinado, fue reelaborado con cierta complejidad por Bachman (1991). El modelo de Bachman ha sido ampliado a su vez por Celce Murcia, Dörnyei y Thurrell (1997).

En el plano de la teoría lingüística, la Enseñanza Comunicativa de la Lengua tiene una base teórica de gran riqueza, aunque un tanto ecléctica. Algunas de las características de esta teoría comunicativa son las siguientes:

1. La lengua es un sistema para expresar el significado.
2. La función principal de la lengua es la interacción y la comunicación.
3. La estructura de la lengua refleja sus usos funcionales y comunicativos.
4. Las unidades fundamentales de la lengua no son solamente los elementos gramaticales y estructurales, sino las categorías de significado funcional y comunicativo tal como se manifiestan en el discurso.

Teoría del aprendizaje

En contraste con todo lo que se ha escrito sobre la dimensión comunicativa de la lengua en relación con la Enseñanza Comunicativa de la Lengua, poco se ha escrito sobre la teoría del aprendizaje. Ni Brumfit y Johnson (1979) ni Littlewood (1981), por ejemplo, ofrecen ningún comentario sobre la teoría del aprendizaje. Sin embargo, en algunas prácticas del enfoque se pueden apreciar elementos de una teoría del aprendizaje subyacente. Uno de estos elementos se puede describir como el principio de la comunicación: las actividades que requieren comunicación real promueven el aprendizaje. Un segundo elemento es el principio de la tarea: las actividades en las que se utiliza la lengua para llevar a cabo tareas significativas mejoran el aprendizaje (Johnson, 1982). Un tercer elemento es el principio del significado: la lengua que es significativa para el alumno ayuda en el proceso de aprendizaje. Por tanto, las actividades de aprendizaje se seleccionan de acuerdo con el grado en el que consiguen que los alumnos usen la lengua de manera significativa y real (no practicando mecánicamente las estructuras de la lengua). Creemos que estos principios pueden inferirse de las propias prácticas del enfoque (p. e., Littlewood, 1981; Johnson, 1982). Se describen las condiciones necesarias para mejorar el aprendizaje de una segunda lengua más que sus procesos de adquisición. Estos principios de aprendizaje y otros más recientes, de trascendencia para las afirmaciones de la Enseñanza Comunicativa de la Lengua, están resumidos en Skehan (1998), y se examinan más detenidamente en relación con la Enseñanza de la Lengua Basada en Tareas en el capítulo 18.

Descripciones más recientes, sin embargo, han intentado describir teorías sobre el proceso de aprendizaje de la lengua que son compatibles con el Enfoque Comunicativo. Savignon (1983) analiza la investigación sobre la adquisición de una segunda lengua como fuente de teorías sobre el aprendizaje y considera el papel de las variables lingüísticas, sociales, cognitivas e individuales en la adquisición de la lengua. Otros teóricos (p. e., Stephen Krashen, que no se asocia directamente con este enfoque) han desarrollado teorías que se consideran compatibles con los principios del Enfoque Comunicativo (véase capítulo 15). Krashen considera que la adquisición es el proceso básico que permite alcanzar el dominio de la lengua, y lo distingue del aprendizaje. La adquisición se refiere al desarrollo inconsciente del sistema de la lengua objeto como consecuencia de usar la lengua para comunicarse. El aprendizaje es la representación consciente del conocimiento gramatical que resulta de la enseñanza, y que no lleva a la adquisición. Es el sistema adquirido el que ponemos en juego para crear enunciados en el uso espontáneo de la lengua. El sistema aprendido sólo puede servir como una guía de la producción del sistema adquirido. Krashen y otros teóricos de la adquisición de segundas lenguas generalmente señalan que el aprendizaje de la lengua se produce mediante el uso comunicativo de la lengua, más que practicando las destrezas lingüísticas.

Johnson (1984) y Littlewood (1984) presentan una teoría alternativa del aprendizaje también compatible con este enfoque: un modelo basado en el aprendizaje de destrezas. Según esta teoría, la adquisición de la competencia comunicativa en una lengua es un ejemplo del desarrollo de las destrezas, que incluye tanto el aspecto cognitivo como el de la conducta:

> El aspecto cognitivo incluye la internalización de planes para crear conductas apropiadas. En cuanto al uso lingüístico, estos planes derivan principalmente del sistema lingüístico. Incluyen reglas gramaticales, procedimientos para la selección de vocabulario y convenciones sociales que regulan el habla. El aspecto de conducta incluye la automatización de estos planes de forma que puedan convertirse en realizaciones fluidas en tiempo real. Esto ocurre principalmente a través de la práctica, al convertir los planes en realizaciones.
>
> (Littlewood, 1984: 74)

Esta teoría, por tanto, da importancia a la práctica como medio para desarrollar las destrezas comunicativas.

Diseño

Objetivos

Piepho (1981) señala los siguientes niveles en los objetivos del Enfoque Comunicativo:

1. un nivel de integración y otro de contenido (la lengua como medio de expresión)
2. un nivel instrumental y lingüístico (la lengua como sistema semiótico y objeto de aprendizaje)
3. un nivel afectivo de relaciones personales y de conducta (la lengua como medio para expresar valores y opiniones sobre uno mismo y sobre los demás)
4. un nivel de necesidades individuales de aprendizaje (intervención en el aprendizaje a partir del análisis de errores)
5. un nivel educativo general con objetivos extralingüísticos (el aprendizaje de la lengua dentro del currículo escolar)

(Piepho, 1981: 8)

Éstos se consideran objetivos generales, aplicables a cualquier situación de enseñanza. Los objetivos concretos del Enfoque Comunicativo no pueden definirse de manera más específica, puesto que este enfoque asume que la enseñanza de la lengua deberá reflejar las necesidades particulares de los alumnos. Estas necesidades pueden describirse en función de las destrezas de comprensión y expresión tanto oral como escrita, enfocadas todas ellas desde una perspectiva comunicativa. Los objetivos de enseñanza para un curso concreto reflejarían aspectos específicos de la competencia comunicativa de acuerdo con el nivel del alumno y sus necesidades comunicativas.

Programa

Los análisis sobre la naturaleza del programa han tenido mucha importancia en la Enseñanza Comunicativa de la Lengua. Hemos visto que uno de los primeros modelos de programa que se propusieron se describía como nocional (Wilkins, 1976), que especificaba las categorías semántico-gramaticales (p. e., frecuencia, movimiento, posición) y las categorías de función comunicativa que los alumnos necesitan expresar. El Consejo de Europa amplió y desarrolló estas categorías en una programación que incluía descripciones de los objetivos de los cursos de lenguas extranjeras para adultos europeos, las situaciones en las que normalmente se necesita usar una lengua extranjera (p. e., viajes, negocios), los temas sobre los que se puede necesitar hablar (p. e., identificación personal, educación, compras), las funciones lingüísticas (p. e., describir algo, pedir información, expresar acuerdo y desacuerdo), las nociones usadas para la comunicación (p. e., tiempo, frecuencia, duración), además del vocabulario y de la gramática que se necesite. El resultado se publicó como *Threshold Level English* (van Ek y Alexander, 1980), y fue un intento de especificar lo que se necesitaba para poder conseguir un grado razonable de competencia comunicativa en una lengua extranjera, incluyendo los elementos lingüísticos necesarios para conseguir este «nivel umbral».

Los análisis de la teoría y los modelos de programación para la Enseñanza Comunicativa de la Lengua han sido muy numerosos. El modelo de programa nocional de Wilkins pronto recibió las críticas de los lingüistas británicos porque se limitaba a sustituir un tipo de lista (p. e., una lista de elementos gramaticales) por otra (una lista de nociones y funciones). Se especificaban los resultados o los productos más que los procesos comunicativos. Widdowson (1979) mantenía que las categorías nocio-funcionales proporcionan:

> sólo una descripción muy parcial e imprecisa de ciertas reglas semánticas y pragmáticas que se utilizan como referencia cuando las personas se relacionan. No nos dicen nada sobre los procedimientos que las personas utilizan en la aplicación de estas reglas cuando están de hecho realizando una actividad comunicativa. Si queremos adoptar un enfoque comunicativo en la enseñanza que tenga como propósito fundamental el desarrollo de las habilidades que permiten hacer cosas con la lengua, es el discurso el que debe ser el centro de nuestra atención.
>
> (Widdowson, 1979: 254)

Actualmente hay bastantes propuestas y modelos de lo que podría considerarse un programa de Enseñanza Comunicativa de la Lengua. Yalden (1983) describe los tipos de programas comunicativos más importantes del momento. A continuación resumimos una versión modificada de los tipos de programas comunicativos según la clasificación de Yalden, con referencia a la fuente de cada modelo:

Tipo	**Referencia**
1. estructuras y funciones	Wilkins (1976)
2. espiral funcional alrededor de un eje estructural	Brumfit (1980)
3. estructural, funcional, instrumental	Allen (1980)
4. funcional	Jupp y Hodlin (1975)

5. nocional	Wilkins (1976)
6. interactivo	Widdowson (1979)
7. centrado en tareas	Prabhu (1983)
8. generado por el alumno	Candlin (1976),
	Henner-Stanchina y Riley (1978)

Hay una extensa documentación sobre los intentos por crear programas de los tipos 1 a 5. Las descripciones de las estrategias de interacción se han dado, p. e., para las interacciones del profesor con los alumnos (Sinclair y Coulthard, 1975) y del médico con el paciente (Candlin, Bruton y Leather, 1974). Aunque interesantes, estas descripciones han restringido el campo de investigación a las interacciones entre dos personas en las que se reconocen relaciones subordinadas de papeles bastante rígidos.

Algunos diseñadores de programas comunicativos también han considerado la especificación y la organización de las tareas como criterios adecuados para el diseño de programas:

> La única forma de programa que es compatible y puede desarrollar una enseñanza comunicativa parece ser la procedimental, que presenta una lista más o menos detallada de los tipos de tareas que deben realizarse en clase y propone un orden de complejidad en las tareas del mismo tipo.
>
> (Prabhu, 1983: 4)

Un ejemplo de este modelo que se ha puesto en práctica en un ámbito nacional es el programa comunicativo de Malasia (*English Language Syllabus in Malaysian Schools*, 1975), un programa para la enseñanza del inglés en los cursos superiores de la secundaria en Malasia. Este fue uno de los primeros intentos de organizar la Enseñanza Comunicativa de la Lengua a partir de la especificación de tareas comunicativas. En el esquema de organización, tres objetivos comunicativos generales se subdividen en veinticuatro objetivos más específicos determinados sobre la base del análisis de necesidades. Estos objetivos se organizan a su vez en áreas de aprendizaje, para las que se especifican varios objetivos o productos. Un producto se define como cierta información comprensible, presentada de forma oral, de forma escrita o también de forma no lingüística. «Una carta es un producto y también lo es una enseñanza, un mensaje, un informe, un mapa o un gráfico producido a través de la información que se expresa mediante la lengua» (*English Language Syllabus*, 1975: 5). Los productos, por tanto, se consiguen mediante la realización con éxito de las tareas. Por ejemplo, el producto llamado «pasa el mensaje a otros» puede subdividirse en un conjunto de tareas, como entender el mensaje; hacer preguntas para aclarar dudas; hacer preguntas para conseguir más información; tomar notas; ordenar las notas en una forma de presentación lógica, y presentar oralmente el mensaje. Por cada uno de los productos, se sugieren distintas situaciones. Estas situaciones consisten en una serie de especificaciones en relación con las interacciones del alumno, los estímulos, el contexto comunicativo, los participantes y los resultados deseados y los obstáculos.

Estas situaciones (y otras propuestas por cada uno de los profesores) constituyen los medios a través de los que se realizan la interacción del alumno y las destrezas comunicativas.

Como se mantienen los desacuerdos sobre los modelos de programa en los estudios sobre la Enseñanza Comunicativa de la Lengua, algunos autores han propuesto que desaparezca el concepto de programa en su sentido tradicional, puesto que solamente los alumnos pueden ser plenamente conscientes de sus necesidades, sus recursos comunicativos y el ritmo de aprendizaje deseado, por lo que es el propio alumno quien debe crear un programa personal, aunque sea implícito, como parte de su aprendizaje. Otros autores se aproximan más al modelo propuesto por Brumfit (1980), que favorece un programa con un eje gramatical alrededor del cual se agrupan las nociones, las funciones y las actividades comunicativas.

Tipos de actividades de aprendizaje y de enseñanza

La variedad de tipos de ejercicios y actividades compatibles con un enfoque comunicativo es ilimitada, suponiendo que estos ejercicios permitan a los alumnos conseguir los objetivos comunicativos del currículo, participar en la comunicación y desarrollar los procesos comunicativos de intercambio de información, negociación de significados e interacción. Generalmente se diseñan actividades de clase para realizar tareas utilizando la lengua o que implican la negociación de información y el hecho de compartirla.

> Estos intentos pueden tener diversas formas. Wright (1976) lo consigue mostrando diapositivas desenfocadas que los alumnos tratan de identificar. Byrne (1978) ofrece planos y diagramas incompletos que los alumnos tienen que completar pidiendo información. Allwright (1977) pone una pantalla entre los alumnos y hace que uno de ellos coloque unos objetos en cierto orden: este orden se comunica después a los alumnos que están detrás de la pantalla. Geddes y Sturtridge (1979) desarrollan la audición tipo «rompecabezas», en la que los alumnos escuchan los diferentes materiales grabados y comunican después su contenido a los demás. La mayoría de estas técnicas funcionan sobre la base de que algunos alumnos disponen de una información que los demás no tienen.
>
> (Johnson, 1982: 151)

Littlewood (1981) distingue entre dos tipos principales de actividades en la Enseñanza Comunicativa de la Lengua: «actividades de comunicación funcional» y «actividades de interacción social». Las actividades de comunicación funcional incluyen tareas como la comparación de dibujos anotando sus similitudes y diferencias; el desarrollo de un orden secuencial en una serie de dibujos; la búsqueda de los elementos que faltan en un mapa o dibujo; la comunicación de un alumno detrás de una pantalla a otro alumno dando instrucciones para hacer un dibujo o completar un mapa, y la resolución de problemas a partir de una información compartida. Las actividades de interacción social incluyen sesiones de conversación y discusión, diálogos e improvisaciones, simulaciones, representaciones y debates.

Papel del alumno

El énfasis que la Enseñanza Comunicativa de la Lengua da a los procesos de comunicación, más que al conocimiento de las estructuras lingüísticas, requiere que los alumnos tengan papeles diferentes a los que tenían en las clases más tradicionales de segundas lenguas. Breen y Candlin describen el papel del alumno en este enfoque de la siguiente forma:

> El papel del alumno como negociador —entre él mismo, el proceso de aprendizaje y el propósito del aprendizaje— surge a partir de (y se relaciona con) su papel como negociador dentro del grupo, de los procedimientos del aula y de las actividades que se realizan conjuntamente. La implicación para el alumno es que debería contribuir en la misma proporción en que recibe y, por tanto, aprender de una forma interdependiente.
>
> (1980: 110)

Se reconoce, en algunas versiones de este enfoque, que los alumnos traen al aula sus propias ideas de cómo debería ser la enseñanza y el aprendizaje. Estas ideas deben formar parte del aprendizaje y, en el caso de que no coincidan con la realidad, se puede producir confusión y rechazo por parte del alumno (Henner-Stanchina y Riley, 1978). Normalmente no hay texto, no se presentan las reglas gramaticales, no hay una organización de aula impuesta; se supone que los alumnos se relacionan principalmente entre ellos más que con el profesor y no hay (o hay muy poca) corrección de errores. Por otra parte, el carácter cooperativo del aprendizaje promovido por el Enfoque Comunicativo también resultará desconocido para aquellos alumnos acostumbrados a un tipo de aprendizaje más individualizado. Por tanto, los teóricos de este enfoque recomiendan que los alumnos aprendan a aceptar que el fracaso en la comunicación es una responsabilidad conjunta y no de cada hablante por separado. De la misma forma, el éxito en la comunicación es aceptado como algo compartido.

Papel del profesor

Según este enfoque, los profesores asumen varios papeles cuya importancia dependerá de la versión adoptada. Breen y Candlin describen los papeles del profesor en los términos siguientes:

> El profesor tiene dos papeles fundamentales: el primero es facilitar el proceso de comunicación entre todos los participantes en la clase y entre estos participantes y las distintas actividades y textos. El segundo es actuar como participante independiente dentro del grupo de enseñanza-aprendizaje. Este papel se relaciona estrechamente con los objetivos del primero y surge como su consecuencia. Estos papeles implican un conjunto de papeles secundarios: en primer lugar, como organizador de recursos, siendo él mismo un recurso; en segundo lugar, como guía en los procedimientos y las actividades de la clase... Un tercer papel es el de investigador y alumno, con muchas posibilidades de contribuir con su conocimiento, habilidades y experiencia sobre la naturaleza del aprendizaje y las capacidades organizativas.
>
> (1980: 99)

El profesor también asume los papeles de analista de necesidades, consejero y gestor del proceso de grupo.

ANALISTA DE NECESIDADES

El profesor asume la responsabilidad de determinar y responder a las necesidades lingüísticas del alumno. Esto puede hacerse de manera informal y personalizada a través de sesiones individuales con los alumnos, en las que el profesor habla de temas como la opinión del alumno sobre su estilo, las características y los objetivos de su aprendizaje. Puede llevarse a cabo formalmente mediante un instrumento de evaluación de necesidades, como los que propone Savignon (1983). Generalmente, esta evaluación formal contiene preguntas que intentan determinar la motivación de una persona para estudiar la lengua. Por ejemplo, los alumnos pueden responder utilizando una escala de 5 puntos (*totalmente de acuerdo* a *totalmente en desacuerdo*) a enunciados como los siguientes:

Yo quiero estudiar inglés porque...
1. Pienso que algún día será útil para conseguir un buen trabajo.
2. Me ayudará a entender mejor a los hablantes del inglés y su forma de vida.
3. Se necesita un buen conocimiento del inglés para conseguir que otras personas te respeten.
4. Me permitirá conocer y hablar con gente interesante.
5. Lo necesito en mi trabajo.
6. Me permitirá pensar y comportarme como los ingleses.

Basándose en este estudio, los profesores deben planificar la enseñanza individual y de grupo que responda a las necesidades de los alumnos.

CONSEJERO

Otro de los papeles del profesor normalmente asumido por este enfoque es el de consejero, definido de manera muy similar a como lo hace el Aprendizaje Comunitario de la Lengua. En este papel, se supone que el profesor-consejero debe ser un comunicador efectivo que busca mejorar la relación entre las intenciones del hablante y las interpretaciones del que escucha, a través del uso de la paráfrasis, la confirmación y la reacción.

GESTOR DEL PROCESO DE GRUPO

Los procedimientos utilizados en este enfoque son menos exigentes en cuanto a la adquisición de destrezas de gestión en la clase centrada en el profesor. Su responsabilidad consiste en organizar la clase como un espacio que facilite las actividades comunicativas. Las guías de orientación de la práctica de clase (p. e., Littlewood, 1981; Finocchiaro y Brumfit, 1983) sugieren que durante una actividad el profesor orienta y anima al tiempo que controla la tendencia a solucionar problemas de vocabulario, de gramática y de estrategia, si bien anota estos problemas para un comentario posterior y para la práctica comunicativa. Cuando terminan las actividades de grupo, el profesor organiza un comentario sobre ellas, señalando alternativas y ayudando a los grupos en su debate sobre la corrección de los propios errores. Los críticos han señalado, sin embargo, que los profesores no nativos pueden sentirse incómodos con este procedimiento si no tienen una formación especial.

El énfasis dado a la fluidez y a la comprensión en la Enseñanza Comunicativa de la Lengua puede causar ansiedad entre los profesores que estén acostumbrados a ver la corrección de los errores como su mayor responsabilidad de enseñanza y que consideran que su principal función consiste en preparar a los alumnos para exámenes de todo tipo. Una preocupación del profesor sigue siendo el posible efecto perjudicial de un modelo imperfecto y con errores en el trabajo por parejas y en grupos. Aunque este tema no esté aún resuelto, parece interesante señalar que la investigación reciente sugiere que «los datos contradicen la idea de que otros alumnos no son buenos compañeros de conversación porque no pueden proporcionar de forma correcta información cuando se solicita» (Porter, 1983).

Materiales de enseñanza

Se han utilizado una gran variedad de materiales para apoyar los enfoques comunicativos en la enseñanza de idiomas. A diferencia de algunos métodos actuales, como el Aprendizaje Comunitario de la Lengua, los que practican la Enseñanza Comunicativa consideran los materiales como una forma de influir en la interacción en la clase y el uso de la lengua. Por tanto, los materiales tienen el papel fundamental de promover el uso comunicativo de la lengua. Vamos a considerar tres tipos de materiales que se usan actualmente dentro de este enfoque: materiales centrados en el texto, materiales centrados en la tarea y materiales auténticos.

MATERIALES CENTRADOS EN EL TEXTO

Existen numerosos libros de texto diseñados para trabajar con este enfoque. Sus índices de contenidos algunas veces sugieren un tipo de gradación y secuencia en la práctica de la lengua parecidas a las que se pueden encontrar en los libros de texto organizados con criterios gramaticales. Algunos de ellos se han escrito basándose en una programación fundamentalmente estructural, con pequeñas modificaciones que justifican sus afirmaciones de estar centrados en un enfoque comunicativo. Sin embargo, otros parecen muy diferentes de los libros de texto anteriores. *Communicate* de Morrow y Johnson (1979), por ejemplo, no incluye los diálogos normales y los ejercicios de repetición de estructuras, y se sirve de ayudas visuales, estímulos grabados, dibujos y fragmentos de oraciones para iniciar la conversación. *PairWork* de Watcyn-Jones (1981) consiste en dos textos diferentes para realizar trabajo por parejas, cada uno de los cuales contiene información diferente para realizar simulaciones y otras actividades. De la misma forma, los libros de texto elaborados para el *English Language Syllabus* de Malasia (1975) suponen una novedad con respecto a los libros de texto tradicionales. Una lección típica consiste en un tema (p. e., pasar información), un análisis del desarrollo de la tarea (p. e., entender el mensaje, hacer preguntas para conseguir clarificación, pedir más información, tomar notas, ordenar y presentar la información), una descripción de una situación práctica (p. e., «Alguien llama para ver al director. No tiene una cita previa. Consigue la información necesaria y pasa el mensaje al director»), una presentación del estímulo (en el caso anterior, el comienzo de la conversación en una oficina grabada en una cinta), preguntas de comprensión (p. e., «¿Por qué está en la oficina?») y ejercicios de paráfrasis.

MATERIALES CENTRADOS EN LA TAREA

Se han elaborado una gran variedad de juegos, simulaciones y actividades comunicativas centradas en tareas para las clases que se basan en la Enseñanza Comunicativa. Normalmente son de tipo personalizado: cuadernos de ejercicios, tarjetas de actividades y materiales para practicar la comunicación por parejas y la interacción. En los materiales de trabajo por parejas, generalmente hay dos tipos de materiales distintos por cada pareja, cada uno con informaciones diferentes. Algunas veces, la información es complementaria y los compañeros deben ajustar sus partes respectivas para formar un todo. En otros casos, cada uno asume un papel distinto en la relación (p. e., un entrevistador y un entrevistado). También pueden darse ejercicios y materiales para las prácticas en formatos de tipo interactivo.

MATERIALES AUTÉNTICOS

Muchos defensores de la Enseñanza Comunicativa de la Lengua han propuesto el uso de materiales «no adaptados» y «reales» en el aula. Esto incluye materiales auténticos de carácter lingüístico, como señales, revistas, anuncios y periódicos, o bien recursos gráficos o visuales, como mapas, dibujos, símbolos, gráficos y cuadros a partir de los cuales se pueden desarrollar las actividades comunicativas. También pueden usarse diferentes tipos de objetos para apoyar los ejercicios comunicativos, como la construcción de un modelo de plástico siguiendo unas instrucciones.

Procedimiento

Como los principios comunicativos pueden aplicarse a la enseñanza de cualquier destreza lingüística, en cualquier nivel, y debido a que existe una gran variedad de actividades de aula y de tipos de ejercicios en este enfoque, no es posible ofrecer una descripción de los procedimientos de clase típicos de una lección basada en los principios de la Enseñanza Comunicativa de la Lengua. Savignon (1983) analiza algunas técnicas y procedimientos de organización de la actividad de clase de este tipo de enseñanza (p. e., actividades de grupo, juegos, simulaciones), pero ni estas actividades ni la forma como se utilizan son exclusivas de este enfoque. Finocchiaro y Brumfit ofrecen la guía didáctica de una lección para enseñar la función «hacer una sugerencia» a alumnos con un nivel inicial en una escuela secundaria. En ella se defiende que los procedimientos comunicativos son más evolutivos que revolucionarios:

1. Presentación de un diálogo breve o varios diálogos cortos, precedido por una fase de motivación (que se consigue relacionando la situación del diálogo con

las probables experiencias de los alumnos) y un debate sobre la función y la situación: las personas, los papeles, el entorno, el tema y la formalidad o la informalidad de la lengua requerida por la función y la situación. (En los niveles iniciales, y en aquellos casos en que todos los alumnos comparten la misma lengua materna, la motivación puede conseguirse utilizando esta lengua.)

2. Práctica oral de cada enunciado del diálogo que se presente ese día (repetición con toda la clase, la mitad de la clase, por grupos e individualmente) generalmente precedida por el modelo del profesor. Si se utilizan diálogos cortos, también se realizará una práctica similar.

3. Preguntas y respuestas sobre el tema y la situación del diálogo.

4. Preguntas y respuestas relacionadas con las experiencias personales de los alumnos, pero centradas en el tema del diálogo.

5. Estudio de las expresiones comunicativas básicas del diálogo o de una de las estructuras que sirven de ejemplo de la función. Se podrán dar varios ejemplos adicionales del uso comunicativo de la expresión o la estructura con vocabulario conocido en enunciados o diálogos cortos y claros (usando dibujos, objetos auténticos sencillos o técnicas de dramatización) para facilitar su comprensión...

6. Descubrimiento por parte del alumno de las generalizaciones o reglas que subyacen en la expresión funcional o en la estructura. Deberían incluirse cuatro aspectos (como mínimo): las formas orales y escritas (los elementos de los que se compone, por ejemplo: «¿Te apetece + verbo + infinitivo?»); su posición en el enunciado; su grado de formalidad y, en el caso de la estructura, su función gramatical y significado...

7. Actividades de reconocimiento oral y de interpretación (de dos a cinco, en función del nivel de aprendizaje, el conocimiento lingüístico de los alumnos y otros factores).

8. Actividades de producción oral; actividades comunicativas que van desde las guiadas a otras más libres.

9. Copia de los diálogos o módulos si no están en el libro de texto.

10. Ejemplos relacionados con las tareas de casa, si las hay.

11. Evaluación del aprendizaje (solamente oral), por ejemplo: «¿Cómo pedirías a un amigo que...? ¿Y cómo me pedirías a mí que...?»

(Finocchiaro y Brumfit, 1983: 107–108)

Estos procedimientos tienen claramente mucho en común con los procedimientos observados en las clases donde se enseña de acuerdo con los principios de corte audiolingüístico y situacional-estructural. Los procedimientos tradicionales no se rechazan, sino que se reinterpretan y amplían. Se puede encontrar un conservadurismo similar en muchos libros de texto basados en el Enfoque Comunicativo «ortodoxo», como *Mainline Beginners* de Alexander (1978). Aunque cada unidad tiene un foco funcional, los nuevos elementos de enseñanza se presentan a través de diálogos, seguidos de una práctica controlada de las principales estructuras gramaticales. Más adelante, los elementos de enseñanza se utilizan en un contexto mediante una práctica situacional. Esta práctica sirve como introducción a una práctica más libre, como las actividades de juegos de roles y de improvisación. En otro libro de texto muy conocido, *Starting Strategies* (Abbs y Freebairn, 1977), se utilizan técnicas muy parecidas. Los elementos de enseñanza se presentan en forma de diálogo; los elementos gramaticales se aíslan y practican de manera controlada, y después se ofrecen actividades más libres. Se sugiere el trabajo por parejas y en grupos para que los alumnos usen y practiquen las funciones y las formas. Los procedimientos metodológicos de estos libros de texto reflejan la secuencia de actividades representada por Littlewood (1981: 86) como sigue:

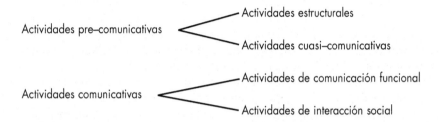

Savignon (1972, 1983), sin embargo, rechaza la idea de que los alumnos tengan que conseguir primero el control de cada una de las destrezas (pronunciación, gramática, vocabulario) antes de aplicarlas en tareas comunicativas, y defiende la práctica comunicativa desde el principio de la enseñanza. Cómo poner en práctica los principios de la Enseñanza Comunicativa en el nivel de los procedimientos de clase sigue siendo un problema central en los debates sobre el Enfoque Comunicativo. ¿Cómo pueden definirse los distintos tipos de procedimientos y actividades comunicativas? ¿Cómo puede el profesor determinar las actividades y el tiempo que necesita cada alumno o grupo de alumnos? Estas preguntas fundamentales no pueden responderse proponiendo más taxonomías y clasificaciones, sino que requieren una investigación sistemática sobre el uso de los diferentes tipos de actividades y de procedimientos en la clase de idiomas (véase capítulo 19).

Conclusión

Es mejor considerar la Enseñanza Comunicativa de la Lengua como un enfoque que como un método. Se refiere a un conjunto de principios que reflejan una visión comunicativa de la lengua y de la enseñanza de idiomas y que pueden utilizarse como apoyo de una gran variedad de procedimientos de trabajo en el aula.
Entre estos principios figuran:

– Los alumnos aprenden un idioma mediante su uso para comunicarse.
– Una comunicación auténtica y con sentido debe ser la finalidad de las actividades en el aula.

- La fluidez es una importante dimensión de la comunicación.
- La comunicación supone la integración de diferentes habilidades lingüísticas.
- El aprendizaje es un proceso de construcción creativa e implica ensayo y error.

La Enseñanza Comunicativa de la Lengua hizo su aparición en una época en la que la enseñanza de idiomas estaba preparada para un cambio de paradigma en muchas partes del mundo. La Enseñanza Situacional de la Lengua y el Método Audiolingüístico ya no se juzgaban metodologías adecuadas. La ECL atrajo a los que buscaban un enfoque más humanista de la enseñanza, en el que se diera prioridad a los procesos interactivos de la comunicación. La rápida adopción y difusión por todo el mundo del Enfoque Comunicativo fue también consecuencia del hecho de que asumió con gran prontitud el rango de ortodoxia en los círculos británicos de enseñanza de idiomas, recibiendo la sanción y el apoyo de destacados expertos en lingüística aplicada, especialistas en lengua y editores, así como de instituciones como el British Council (Richards, 1985).

Desde sus comienzos, la ECL ha pasado por una serie de etapas diferentes, ya que afirma haber tratado de aplicar sus principios a distintas dimensiones del proceso enseñanza/aprendizaje. En su primera fase, una preocupación básica era la necesidad de desarrollar un programa que fuese compatible con el concepto de competencia comunicativa. Esto condujo a unas propuestas para la organización de programas en términos de nociones y funciones en lugar de estructuras gramaticales (Wilkins, 1976). En la segunda fase, la ECL se centró en unos procedimientos para identificar las necesidades de los alumnos, de lo cual surgieron propuestas para hacer del análisis de las necesidades un componente esencial de la metodología comunicativa (Munby, 1978). En su tercera etapa, la ECL se centró en los tipos de actividades en el aula que se podían utilizar como base de una metodología comunicativa, como el trabajo en grupo, el trabajo en la tarea y las actividades de lagunas en la información (Prabhu, 1987).

Johnson y Johnson (1998) identifican cinco características esenciales que subyacen a las actuales aplicaciones de la metodología comunicativa:

1. *Adecuación*: el uso de la lengua refleja las situaciones de dicho uso y tiene que ser adecuado a la situación, dependiendo del entorno, el papel de los participantes y el objeto de la comunicación, por ejemplo. De este modo, los alumnos pueden verse en la necesidad de utilizar un estilo formal o informal al hablar.

2. *Atención prioritaria al mensaje*: los alumnos tienen que ser capaces de crear y entender mensajes, es decir, significados reales. De ahí que la atención se centre, en las actividades de la ECL, en el compartir y transferir la información.

3. *Procesamiento psicolingüístico*: las actividades de la ECL pretenden hacer entrar a los alumnos en el uso de procesos cognitivos y de otros tipos que constituyen importantes factores en la adquisición de la segunda lengua.

4. *Asunción de riesgos*: se anima a los alumnos a que aventuren suposiciones y aprendan de sus errores. Yendo más allá de lo que se les ha enseñando, se les anima a que empleen diversas estrategias de comunicación.
5. *Práctica libre*: la ECL fomenta el uso de una «práctica holística», que supone el uso simultáneo de diversas subhabilidades en vez de practicar las habilidades individuales de una en una.

Observábamos en la introducción a la Parte III que los enfoques que se revisan en esta sección pueden ser considerados como descendientes directos de la Enseñanza Comunicativa de la Lengua. Sin embargo, las características de la metodología comunicativa que acabamos de citar se ocupan de aspectos muy generales del aprendizaje y la enseñanza de idiomas, aspectos que son ahora en buena medida aceptados como evidentes en sí mismos y axiomáticos en todo el ámbito profesional. En cierto sentido, pues, casi todas las propuestas de enseñanza más recientes que se examinan en este libro podrían afirmar que contienen principios asociados a la Enseñanza Comunicativa de la Lengua. Sin embargo, estas propuestas versan sobre diferentes aspectos de los procesos de la enseñanza y el aprendizaje.

Algunos se centran primordialmente en el input del proceso de aprendizaje. Así, la Enseñanza Basada en Contenidos subraya que el contenido o materia de la enseñanza es de importancia fundamental en ésta. No sólo el input lingüístico debe ser auténtico; también los modos de aprendizaje deben ser auténticos para el estudio de la materia. Los enfoques docentes léxicos y basados en un corpus empiezan con un corpus de discurso relevante para los intereses y necesidades de los alumnos, y la finalidad de la metodología es implicar a los alumnos en este material.

Algunas propuestas de enseñanza se centran de manera más directa en los *factores de la enseñanza*. Por ejemplo, el Aprendizaje Cooperativo, que comparte muchas de las características de la ECL, fomenta el aprendizaje a través de la comunicación en parejas o grupos pequeños. La organización y las actividades cooperativas son esenciales en este enfoque. La Enseñanza Basada en Tareas propugna la importancia, como base del aprendizaje, de unas tareas instructivas especialmente diseñadas.

Para otras propuestas más recientes, los alumnos y los *factores del aprendizaje* son las cuestiones primordiales que deben abordar la enseñanza y el aprendizaje. La Lengua Total forma parte de la tradición humanista, que sostiene «primero el que aprende, después el aprendizaje». La participación del alumno es una prioridad. La Programación Neurolingüística sale de una tradición terapéutica en cuyo centro se hallan el desarrollo individual y el cambio personal, mientras que Inteligencias Múltiples se centra en las diferencias de los alumnos y en cómo se les puede dar cabida en la enseñanza.

El *resultado* es otra dimensión del proceso de comunicación y es esencial en la Enseñanza de la Lengua Basada en Competencias. Los resultados son en este enfoque el punto de partida de la planificación del programa.

En la actualidad, la Enseñanza Comunicativa de la Lengua sigue revistiendo, pues, su forma «clásica», como se ve en la enorme variedad de libros de texto y otros recursos docentes basados en los principios de la ECL. Además, ha influido en muchos otros enfoques y métodos de enseñanza de idiomas que se adhieren a una similar filosofía de la enseñanza de las lenguas.

15 El Enfoque Natural

Antecedentes

En 1977, Tracy Terrell, profesora de español en California, presentaba «una propuesta para una "nueva" filosofía sobre la enseñanza de la lengua llamada Enfoque Natural» (Terrell, 1977; 1982: 121). Este fue un intento de desarrollar una propuesta de enseñanza de idiomas que incorporase los principios «naturalistas» que los investigadores habían identificado en los estudios sobre la adquisición de segundas lenguas. Este método surgió a partir de las experiencias de Terrell en la enseñanza de español. Desde entonces, Terrell y otros han experimentado la aplicación del método en clases desde niveles elementales a avanzados y con otros idiomas. Al mismo tiempo, se asoció con Stephen Krashen, un lingüista de la University of Southern California, para elaborar una fundamentación teórica del método, basada en la influyente teoría de este autor sobre la adquisición de segundas lenguas. La presentación de Krashen y Terrell de los principios y la práctica del Enfoque Natural se realiza en el libro *The Natural Approach*, publicado en 1983. Este método ha despertado mayor interés que otras propuestas para la enseñanza de idiomas que se han analizado en este libro, sobre todo por el apoyo de Krashen. El libro de Krashen y Terrell contiene una parte teórica escrita por Krashen que presenta su opinión sobre la adquisición de segundas lenguas (Krashen, 1981, 1982), y otra parte sobre aplicaciones y procedimientos de clase, escrita fundamentalmente por Terrell.

Krashen y Terrell han identificado el Enfoque Natural con lo que ellos llaman enfoques «tradicionales» en la enseñanza de idiomas. Estos enfoques se definen como «basados en el uso de la lengua en situaciones comunicativas sin recurrir a la lengua materna» y –parece obvio– sin recurrir a un análisis gramatical, a la práctica de la gramática o a una teoría particular de la gramática. Señalan que estos «enfoques se han llamado naturales, psicológicos, fonéticos, nuevos, reformados, directos, analíticos, imitativos, etc.» (Krashen y Terrell, 1983: 9). El hecho de que los autores relacionen su método con el Método Natural (véase capítulo 1), ha llevado a algunas personas a asumir que el Enfoque Natural y el Método Natural son sinónimos. Aunque provengan de una misma tradición, hay diferencias importantes entre estos dos métodos que conviene tener en cuenta.

El Método Natural es otro término para referirse a lo que a principios de siglo se conocía como Método Directo (véase capítulo 1), que se describe en un informe sobre la situación de la enseñanza de lenguas de la *Modern Language Association* en 1901 (informe de la «Comisión de los 12»):

En su forma extrema, el método consistía en una serie de monólogos del profesor intercalando preguntas y respuestas entre el profesor y el alumno, todo ello en la lengua extranjera... La conversación se acompañaba de una gran cantidad de gestos. Con la ayuda de esta gesticulación, escuchando atentamente y mediante el uso de la repetición, el alumno asociaba ciertos movimientos y objetos con ciertas combinaciones de sonidos, alcanzando finalmente el punto en el que podía reproducir las palabras y las frases de la lengua extranjera... Hasta que no se conseguía un conocimiento considerable de la lengua oral, el estudiante no podía ver la lengua extranjera en su forma escrita. El estudio de la gramática se reservaba para un momento aún posterior.

(Cole, 1931: 58)

El término *natural*, usado en referencia al Método Directo, sólo subrayaba la creencia de que los principios en los que se basaba el método tenían en cuenta los principios de la enseñanza naturalista de la lengua con niños pequeños. De la misma forma, se piensa que el Enfoque Natural, como lo definen Krashen y Terrell, se adapta a los principios naturalistas basados en la adquisición satisfactoria de una segunda lengua. A diferencia del Método Directo, sin embargo, le da menos importancia a los monólogos del profesor, a la repetición directa y a las preguntas y respuestas formales, centrándose menos en la producción correcta de oraciones en la lengua objeto. En el Enfoque Natural se pone más énfasis en la exposición a la lengua que en su práctica, y en el máximo aprovechamiento de la preparación emocional para el aprendizaje; hay, asimismo, un periodo prolongado de atención a lo que los alumnos oyen antes de intentar producir la lengua y un deseo de usar textos escritos y otros materiales como fuente de información de entrada (*input*) comprensible. Este énfasis en el papel central de la comprensión relaciona este método con los enfoques sobre la enseñanza de la lengua basados en la comprensión (véase capítulo 5).

Enfoque

Teoría de la lengua

Krashen y Terrell ven la comunicación como la función más importante de la lengua, y, como su enfoque se centra en la enseñanza de habilidades comunicativas, el Enfoque Natural es para ellos un ejemplo de Enfoque Comunicativo. El Enfoque Natural «es similar a otros enfoques comunicativos que se desarrollan actualmente» (Krashen y Terrell, 1983: 17). Rechazan los métodos anteriores en la enseñanza de idiomas, como el Método Audiolingüístico, que considera que la gramática es el componente central de la lengua. Según Krashen y Terrell, el mayor problema de estos métodos era que no se basaban «en teorías sobre la adquisición de la lengua, sino en otro tipo de teorías; por ejemplo, sobre la estructura de la lengua» (1983: 1). A diferencia de los defensores de la Enseñanza Comunicativa de la Lengua (capítulo 14), sin embargo, Krashen y Terrell dan poca importancia a la teoría de la lengua. De hecho, una crítica reciente de Krashen se basa en que carece de una teoría de la lengua (Gregg,

1984). Lo que Krashen y Terrell describen sobre la naturaleza de la lengua se centra en la importancia del significado. Se acentúa la importancia del vocabulario, por ejemplo, sugiriendo la idea de que una lengua es esencialmente su léxico y sólo de manera secundaria la gramática, que determina cómo se explota el léxico para producir mensajes. Terrell cita a Dwight Bolinger para apoyar esta idea:

> La cantidad de información presente en el léxico es mucho más importante que la que proporciona cualquier otra parte de la lengua: sería más fácil reconstruir un mensaje que contenga sólo palabras que otro que contenga sólo relaciones sintácticas. El hecho significativo es que la gramática tiene un papel subordinado. Lo más importante son las palabras.
>
> (Bolinger, en Terrell, 1977: 333)

La lengua se considera un vehículo para comunicar significados y mensajes. Por tanto, Krashen y Terrell afirman que «la adquisición sólo puede tener lugar cuando las personas entienden mensajes en la lengua objeto» (Krashen y Terrell, 1983: 19). A pesar de su enfoque claramente comunicativo, consideran que el aprendizaje de la lengua —como destacan los seguidores del Método Audiolingüístico— consiste en el dominio gradual de estructuras. «La hipótesis de la información de entrada[1] señala que para que el alumno progrese hacia el siguiente estadio de adquisición de la lengua objeto, debe entender la información lingüística contenida en una estructura del siguiente estadio» (Krashen y Terrell, 1983: 32). Krashen utiliza para ello la fórmula «I + 1» (es decir, información de entrada que contenga estructuras algo superiores al nivel actual del alumno). Suponemos que el significado que Krashen da al término *estructura* está relacionado con el significado que le dan lingüistas como Leonard Bloomfield y Charles Fries. El Enfoque Natural, por tanto, asume una jerarquía lingüística de complejidad estructural que se adquiere a través de la exposición a la información de entrada que contiene estructuras con un nivel «I +1».

Por tanto, se nos da una visión de la lengua que consiste en elementos léxicos, estructuras y mensajes. Obviamente, no hay ninguna novedad en esta visión, excepto que se considera que los mensajes tienen una importancia fundamental. El léxico, tanto para la comprensión como para la producción, se considera fundamental en la construcción e interpretación de los enunciados. Los elementos léxicos en mensajes están necesariamente estructurados desde un punto de vista gramatical, y los enunciados más complejos requieren estructuras gramaticales más complejas. Aunque reconocen la estructuración de carácter gramatical, Krashen y Terrell piensan que esta no necesita un análisis explícito o la atención por parte del profesor, el alumno o los materiales de enseñanza.

---

[1] *Input*, en el original. En lo sucesivo se utilizará *información de entrada* como equivalencia a la voz inglesa. [N. del E.]

Teoría del aprendizaje

Krashen y Terrell hacen continuas referencias a la teoría y la investigación sobre la que se basa el Enfoque Natural y al hecho de que este método es único en este sentido. «Se basa en una teoría empírica de la adquisición de segundas lenguas, que ha sido apoyada por una gran cantidad de estudios científicos en una amplia variedad de situaciones de adquisición y de aprendizaje de la lengua» (Krashen y Terrell, 1983: 1). La teoría y la investigación tratan las ideas de Krashen sobre la adquisición de la lengua, a las que nos referiremos en conjunto como la teoría de la adquisición de la lengua según Krashen. Esta teoría se presentó y analizó con profundidad en otros sitios (p. e., Krashen, 1982), por lo que no trataremos de presentar o criticar aquí los argumentos de Krashen. (Para leer un examen detallado de la crítica, véanse Gregg, 1984, y McLaughlin, 1978.) Sin embargo, consideramos necesario presentar de forma resumida los aspectos fundamentales de la teoría, puesto que constituyen la base del diseño y de los procedimientos en los que se basa el Enfoque Natural.

LA HIPÓTESIS DE ADQUISICIÓN/APRENDIZAJE

Según esta hipótesis, hay dos formas distintas de desarrollar la competencia en una segunda lengua o lengua extranjera. La *adquisición* es la forma «natural», similar al desarrollo de la primera lengua en los niños. La adquisición se refiere a un proceso inconsciente que promueve el desarrollo natural del conocimiento lingüístico mediante la comprensión de la lengua y su uso para la comunicación de significados. El *aprendizaje*, sin embargo, se refiere a un proceso mediante el cual se desarrollan de forma consciente las reglas sobre la lengua. El resultado es el conocimiento explícito de las formas de la lengua y la habilidad para expresar verbalmente este conocimiento. Se necesita una enseñanza formal para que se produzca el «aprendizaje», y la corrección de errores contribuye al desarrollo de las reglas que se aprenden. El aprendizaje, según esta teoría, no conduce a la adquisición.

LA HIPÓTESIS DEL MONITOR

Se piensa que es el sistema lingüístico adquirido el que inicia los enunciados cuando nos comunicamos en una segunda lengua o en una lengua extranjera. El aprendizaje consciente sólo puede funcionar como monitor o editor que comprueba o modifica aquello que produce el sistema adquirido. Según esta hipótesis, podemos utilizar el conocimiento aprendido para corregirnos a nosotros mismos cuando nos comunicamos, pero que el aprendizaje consciente (es decir, el sistema *aprendido*) *sólo* tiene esta función. Tres condiciones limitan el uso satisfactorio del monitor:

1. *Tiempo*. Debe haber suficiente tiempo para que el alumno elija y aplique una regla aprendida.
2. *Énfasis en la forma*. El hablante debe centrarse en la corrección o en la forma de la producción lingüística.

3. *Conocimiento de las reglas*. El hablante debe conocer las reglas. El monitor funciona mejor cuando las reglas son simples en un doble sentido. Deben ser simples de describir y no deben exigir movimientos y reordenamientos complicados.

LA HIPÓTESIS DEL ORDEN NATURAL

Según esta hipótesis, la adquisición de las estructuras gramaticales se produce en un orden predecible. Se presume que la investigación ha demostrado que ciertas estructuras o morfemas gramaticales se asimilan antes que otros en la adquisición del inglés como primera lengua, y que un orden natural semejante se encuentra en la adquisición de segundas lenguas. Los errores son señales de los procesos naturales de desarrollo. Durante la adquisición (pero no durante el aprendizaje) ocurren errores de desarrollo similares en todos los alumnos, independientemente de cuál sea su lengua materna.

LA HIPÓTESIS DE LA INFORMACIÓN DE ENTRADA

Esta hipótesis trata de explicar la relación entre la información lingüística a la que está expuesto el alumno y la adquisición de la lengua. Incluye cuatro aspectos fundamentales.

Primero, la hipótesis se relaciona con la adquisición y no con el aprendizaje.

Segundo, las personas adquieren mejor la lengua cuando entienden la información de entrada que está un poco más allá de su nivel actual de competencia:

> En un proceso de adquisición, el alumno puede «pasar» de un estadio I (que es el nivel actual de competencia del hablante) a un estadio I + 1 (que es el estadio que sigue a I en el orden natural) al entender la lengua que contiene I + 1.
>
> (Krashen y Terrell, 1983: 32)

Con ayuda de la situación y el contexto, la información extralingüística y el conocimiento del mundo, se hace posible la comprensión.

Tercero, la habilidad para hablar con fluidez no se puede enseñar directamente, más bien «emerge», con el tiempo, de manera independiente, después de que el hablante haya desarrollado la competencia lingüística a través de la comprensión de la información de entrada.

Cuarto, si hay suficiente cantidad de información de entrada comprensible, el nivel I + 1 se alcanzará normalmente de forma automática. La información de entrada comprensible se refiere tanto a los enunciados que el alumno entiende en relación con el contexto en que aparecen como a la lengua en la que se expresan. Cuando el profesor usa la lengua para que se entienda un mensaje, «lanza una red» de estructura sobre el nivel de competencia del alumno, que incluirá muchos ejemplos de I + 1. De esta forma, la información de entrada no tiene que estar sintonizada de manera precisa con respecto al nivel actual de competencia del alumno; de hecho, no se puede dar una sintonización precisa en una clase de idioma donde los alumnos presentan muchos niveles de competencia diferentes.

De la misma forma que los niños cuando adquieren una primera lengua reciben ejemplos de «lengua de cuidadores» con una sintonización aproximada a su nivel de comprensión, los alumnos adultos de una segunda lengua reciben códigos simples que facilitan la comprensión de la segunda lengua. Uno de estos códigos es el «habla para extranjeros», que se refiere a la lengua que los hablantes nativos usan para hacer más asequible la comunicación con los extranjeros. El habla para extranjeros se caracteriza por un ritmo más lento, la repetición, la reformulación, el uso de preguntas que se respondan con sí/no y otros cambios que hacen los mensajes más comprensibles a personas con una competencia lingüística limitada.

LA HIPÓTESIS DEL FILTRO AFECTIVO

Krashen considera las actitudes o el estado emocional del alumno como un filtro ajustable que permite, impide o bloquea el paso de la información de entrada necesaria para la adquisición de la lengua. Es aconsejable que el filtro afectivo sea bajo, puesto que de esta forma impide o bloquea menos la información de entrada necesaria. Esta hipótesis se basa en la investigación sobre la adquisición de segundas lenguas, que ha identificado tres tipos de variables afectivas o actitudinales:

1. *Motivación.* Los alumnos con una motivación alta generalmente obtienen mejores resultados.
2. *Confianza en uno mismo.* Los alumnos que confían en sí mismos y que tienen una buena imagen de sí mismos tienden a tener más éxito.
3. *Ansiedad.* Un nivel de ansiedad personal bajo y un nivel de ansiedad de aula bajo facilitan más la adquisición de una segunda lengua.

La hipótesis del filtro afectivo sostiene que los alumnos con un filtro afectivo bajo buscan y reciben más información de entrada, se relacionan con confianza y son más receptivos a la información que reciben. Los alumnos con ansiedad tienen un filtro afectivo alto, lo que impide que se consiga la adquisición. Se piensa que el filtro afectivo (p. e., el miedo o la vergüenza) aumenta en la primera parte de la adolescencia, lo que puede explicar la aparente superioridad de los niños sobre los alumnos mayores en el aprendizaje de una segunda lengua.

Estas cinco hipótesis tienen implicaciones obvias para la enseñanza de la lengua. En resumen, son las siguientes:

1. Debe presentarse tanta información de entrada comprensible como sea posible.
2. Todo lo que ayude a la comprensión es importante. Además de las ayudas visuales, es más útil la exposición a una amplia variedad de vocabulario que el estudio de estructuras sintácticas.
3. Lo fundamental en la clase debería ser la audición y la lectura; se debe dejar que la conversación «surja» por sí misma.
4. Con el fin de bajar el filtro afectivo, el trabajo del alumno debería centrarse en la comunicación de significados más que en las estructuras; la información de entrada debería ser interesante y, por tanto, contribuir a crear un ambiente de clase relajado.

Diseño

Objetivos

El Enfoque Natural «es para principiantes y está pensado para ayudarlos a conseguir un nivel intermedio». Se espera que los alumnos:

> sean capaces de funcionar adecuadamente en la lengua objeto. Entenderán al hablante de esta lengua (quizá pidiendo aclaraciones) y serán capaces de expresar (de una forma socialmente aceptable) sus peticiones e ideas. No necesitan saber todas las palabras de un campo semántico concreto; tampoco es necesario que la sintaxis y el vocabulario sean perfectos, pero su producción debe ser comprensible. Deberían ser capaces de expresar claramente los significados, pero no necesitan corrección en todos los detalles de gramática.
>
> (Krashen y Terrell, 1983: 71)

Sin embargo, puesto que el Enfoque Natural se ofrece como una serie de principios aplicables a una amplia variedad de situaciones, como también sucede en la Enseñanza Comunicativa de la Lengua, los objetivos específicos dependen de las necesidades, las destrezas (leer, escribir, escuchar y hablar) y el nivel de conocimientos del alumno.

Krashen y Terrell consideran importante informar a los alumnos sobre lo que pueden esperar y sobre lo que no deberían esperar de un curso. Presentan como ejemplo una declaración de los objetivos que podrían lograrse, así como los que no podrían alcanzarse, en una clase de español que utiliza el Enfoque Natural con principiantes:

> Después de 100–150 horas de español con el Enfoque Natural, el alumno *podrá*: «defenderse» en español; comunicarse con un hablante nativo de español sin dificultad; leer la mayoría de los textos normales en español usando algo el diccionario; saber suficiente español para continuar aprendiendo sin profesor.
> Después de 100–150 horas de español con el Enfoque Natural, el alumno *no* podrá: ser considerado un hablante nativo; usar el español tan fácilmente como usa el inglés; entender a los hablantes nativos cuando hablan entre sí (probablemente no será capaz de tomar parte en una conversación en la que no haya participado desde el principio); usar el español por teléfono con seguridad; participar con comodidad en una conversación sobre temas desconocidos con varios hablantes nativos.
>
> (Krashen y Terrell, 1983: 74)

Programa

Krashen y Terrell (1983) tratan la organización de un curso desde dos puntos de vista. Primero, enumeran los objetivos típicos de los cursos de idiomas y señalan los que propone el Enfoque Natural, agrupándolos en cuatro apartados:

1. Las destrezas orales básicas de comunicación personal (p. e., escuchar anuncios en lugares públicos).

2. Las destrezas escritas básicas de comunicación personal (p. e., leer y escribir cartas personales).
3. Las destrezas orales de aprendizaje académico (p. e., escuchar una conferencia).
4. Las destrezas escritas de aprendizaje académico (p. e., tomar apuntes en clase).

De estos apartados, señalan que el método está fundamentalmente «pensado para desarrollar las destrezas comunicativas básicas, tanto orales como escritas» (1983: 67). Observan que los objetivos comunicativos «pueden expresarse a través de situaciones, funciones y temas», y presentan cuatro páginas con los temas y las situaciones «que son probablemente más útiles para los alumnos principiantes» (1983: 67). Las funciones no se especifican o sugieren, pero se piensa que derivan de manera natural de los temas y de las situaciones. Este enfoque sobre la elaboración del programa parece derivar, en alguna medida, de las especificaciones del nivel umbral (véase capítulo 14).

El segundo punto de vista mantiene que «el propósito de un curso de lengua variará de acuerdo con las necesidades de los alumnos y sus intereses particulares» (Krashen y Terrell, 1983: 65):

> Los objetivos de una clase que utilice el Enfoque Natural se basan en una valoración de las necesidades del alumno. Determinamos las situaciones en las que utilizarán la lengua objeto y los temas sobre los que tendrán que comunicarse. Para fijar los objetivos de comunicación, no proponemos que los alumnos hayan adquirido al final de un curso determinado un cierto grupo de estructuras o elementos formales, sino que hayan tratado un conjunto de temas en situaciones concretas. No organizamos las actividades de clase alrededor de un programa gramatical.
>
> (Krashen y Terrell, 1983: 71)

Desde este punto de vista, es difícil especificar objetivos comunicativos que encajen necesariamente con las necesidades de todos los alumnos. Por tanto, cualquier lista de temas y situaciones debe ser entendida más como una sugerencia que como el conjunto de especificaciones de un programa.

Además de adaptarse a las necesidades y a los intereses de los alumnos, la selección de los contenidos debería intentar bajar el filtro afectivo. Para lograrlo, los contenidos deberían ser interesantes y propiciar un clima amistoso y relajado; deberían proporcionar una amplia exposición al vocabulario que puede ser útil en la comunicación personal básica, y deberían rechazar el centrarse en las estructuras gramaticales, puesto que si se proporciona información de entrada «sobre una amplia variedad de temas, manteniendo unos objetivos comunicativos, también se proporcionan automáticamente, en la misma información, las necesarias estructuras gramaticales» (Krashen y Terrell, 1983: 71).

Tipos de actividades de aprendizaje y de enseñanza

Desde el principio de una clase que sigue el Enfoque Natural, se hace hincapié en la presentación de la información de entrada comprensible en la lengua objeto.

La presentación del profesor, como en el Método Directo, gira alrededor de los objetos de clase y de los contenidos de los dibujos. Para reducir la tensión no se requiere que los alumnos digan nada hasta que se sientan dispuestos, pero tienen que responder a las peticiones o a las preguntas del profesor de otras formas.

Cuando los alumnos están dispuestos a empezar a hablar en la lengua objeto, el profesor proporciona lengua comprensible y oportunidades para que produzcan respuestas sencillas. El profesor habla despacio y con claridad, haciendo preguntas y pidiendo respuestas que contengan una sola palabra. Hay una progresión gradual desde las preguntas que se responden con sí/no, a través de preguntas que requieren una elección entre dos opciones, hasta las preguntas que los alumnos pueden contestar usando palabras que han oído al profesor. No se pide a los alumnos que usen una palabra activamente hasta que la han escuchado muchas veces. Cuadros, dibujos, anuncios y otros materiales auténticos sirven como focos de atención para hacer preguntas y, cuando lo permite el nivel de competencia del alumno, la conversación la hacen los propios alumnos. «Las actividades de adquisición» –aquellas que se centran más en la comunicación de significados que en las estructuras de la lengua– son prioritarias. Puede utilizarse el trabajo por parejas o en grupos, seguido por un debate organizado por el profesor con toda la clase.

Las técnicas recomendadas por Krashen y Terrell frecuentemente se toman prestadas de otros métodos y se adaptan para cumplir las exigencias de la teoría del Enfoque Natural. Estas incluyen actividades basadas en órdenes, tomadas de la Respuesta Física Total; actividades del Método Directo en las que se usan la mímica, los gestos y el contexto para producir preguntas y respuestas, e incluso la práctica de estructuras basadas en situaciones. Las actividades de trabajo en grupo son a menudo idénticas a las usadas en la Enseñanza Comunicativa de la Lengua, en la que se da importancia especial al hecho de compartir información para completar una tarea. No hay ninguna novedad en los procedimientos y en las técnicas que propone el Enfoque Natural. Un observador normal puede que no se dé cuenta de la filosofía que subyace bajo las técnicas de clase que observa. Lo que caracteriza a este método es el uso de técnicas conocidas dentro de un esquema teórico que se centra en proporcionar una información de entrada comprensible y un ambiente de clase que facilite la comprensión de la información, reduciendo la ansiedad del alumno y potenciando su confianza en sí mismo.

Papel del alumno

Un supuesto básico en el Enfoque Natural es que los alumnos no deberían intentar aprender una lengua en el sentido convencional. La cantidad de actividades de comunicación significativa que puedan realizar determinará la cantidad y la calidad de la adquisición que experimenten, y la fluidez que finalmente demuestren. La adquisición de una lengua es un proceso de comprensión de información de entrada. Se reta al alumno con información que está un poco por encima de su nivel de competencia para que le dé significado a través de un uso activo del contexto y de la información extralingüística.

Se considera que los papeles de los alumnos deben cambiar de acuerdo con su estadio de desarrollo lingüístico. Lo importante en este cambio de papeles son las decisiones del alumno sobre cuándo hablar, qué decir y qué expresiones lingüísticas utilizar.

En el *estadio previo a la producción*, los alumnos «participan en la actividad sin tener que responder en la lengua objeto» (Krashen y Terrell, 1983: 76). Por ejemplo, los alumnos pueden obedecer órdenes físicas, identificar a los compañeros que describe el profesor, señalar dibujos, etc.

En el *estadio inicial de producción*, los alumnos responden a preguntas de elección entre dos opciones, usan palabras sueltas o frases cortas, rellenan cuadros y usan estructuras fijas de conversación (p. e., ¿Cómo estás? ¿Cómo te llamas?).

En la *fase emergente de habla*, los alumnos participan en simulaciones y juegos, contribuyendo con información personal y opiniones, y participando en la resolución de problemas en grupo.

Los alumnos tienen cuatro tipos de responsabilidad en una clase en la que se utilice este método:

1. Aportar información sobre sus objetivos específicos, de forma que las actividades de adquisición puedan centrarse en los temas y las situaciones que sean más importantes para sus necesidades.
2. Adoptar un papel activo en la consecución de información de entrada comprensible. Deberán aprender y utilizar técnicas de control de la conversación para regular la información de entrada.
3. Decidir cuándo empiezan a producir la lengua y cuándo avanzar.
4. Cuando los ejercicios de aprendizaje (p. e., el estudio de la gramática) formen parte del programa, decidir con el profesor la cantidad relativa de tiempo que se les dedica, y quizá incluso completarlos y corregirlos sin ayuda del profesor.

Se supone que los alumnos deben participar con otros alumnos en actividades comunicativas. Aunque se considera que estas actividades proporcionan una práctica natural y crean un sentimiento de camaradería, que baja el filtro afectivo, puede que no consigan proporcionar a los alumnos una información de entrada comprensible y adecuada al nivel I + 1. Krashen y Terrell señalan estas limitaciones, pero no sugieren los medios para superarlas.

Papel del profesor

En el Enfoque Natural, el profesor desempeña tres papeles fundamentales. Primero, el profesor es la fuente principal de información de entrada comprensible en la lengua objeto. «El tiempo de clase se dedica fundamentalmente a ofrecer información de entrada para la adquisición», siendo el profesor su principal generador. En este papel, se requiere que el profesor genere un flujo constante de información de entrada lingüística y que proporcione una variedad de elementos extralingüísticos que ayuden a los alumnos a interpretar dicha información. El Enfoque Natural exige del profesor un papel central en mucha mayor medida que otros métodos comunicativos contemporáneos.

Segundo, el profesor que utiliza este método crea un clima de clase que es interesante y relajado, con un filtro afectivo para el aprendizaje bajo. Esto se consigue, en parte, a través de técnicas como las de no pedir a los alumnos que hablen antes de que estén preparados, no corregir sus errores y ofrecer temas que les interesen.

Finalmente, el profesor debe elegir y organizar una rica mezcla de actividades de clase que incluya suficiente variedad en el tamaño de los grupos, los contenidos y los contextos. Se considera que el profesor es responsable de elegir el material y de diseñar su uso. Los materiales, según Krashen y Terrell, se basan no sólo en la opinión del profesor, sino también en las necesidades e intereses expresados por los alumnos.

Como con otros sistemas novedosos de enseñanza, el profesor tiene la responsabilidad de comunicar con claridad y convicción a los alumnos los supuestos, la organización y los propósitos del método, puesto que en muchos casos éstos no coincidirán con las ideas que tienen los alumnos sobre cómo debería ser el aprendizaje y la enseñanza de la lengua.

Materiales de enseñanza

El principal objetivo de los materiales en el Enfoque Natural es el de hacer las actividades de clase lo más significativas posible proporcionando «el contexto extralingüístico que ayuda al alumno a entender y, por tanto, a adquirir» (Krashen y Terrell, 1983: 55), y relacionando las actividades del aula con el mundo real, al tiempo que se fomenta la comunicación real entre los alumnos. Los materiales provienen más del mundo real que de los libros de texto. El propósito fundamental de los materiales es promover la comprensión y la comunicación. Los dibujos y otras ayudas visuales son esenciales porque proporcionan el contenido de la comunicación y facilitan la adquisición de un amplio vocabulario dentro del aula. Otros materiales auténticos recomendados incluyen horarios, catálogos, anuncios, mapas y libros con niveles adecuados para los alumnos, si se incluye un componente de lectura en el curso. En general, se considera que los juegos son materiales de clase útiles porque «por su propia naturaleza, los juegos centran la atención del alumno en lo que hace y hacen que use la lengua como una herramienta para alcanzar un fin más que como un fin en sí mismo» (Terrell, 1982: 121). La selección, la reproducción y la colección de materiales supone una carga para el profesor que utilice este método. Como Krashen y Terrell sugieren un programa de temas y situaciones, es probable que en algún momento se publiquen colecciones de materiales que, basándose en el programa de los temas y las situaciones que recomienda el Enfoque Natural, complementen las presentaciones del profesor.

Procedimiento

Como ya hemos visto, el Enfoque Natural adopta técnicas y actividades de distintos métodos, por lo que sólo puede considerarse innovador con respecto a los propósitos para los que se recomiendan y a la forma en que se utilizan estas actividades y técnicas. Krashen y Terrell (1983) proporcionan sugerencias para

185

el uso de una amplia variedad de actividades, que son utilizadas en la Enseñanza Situacional de la Lengua, en la Enseñanza Comunicativa de la Lengua y en otros métodos analizados en este libro. Para ilustrar los aspectos procedimentales de este método, mencionamos ejemplos de cómo se usan estas actividades para proporcionar información de entrada comprensible, sin necesidad de producir ningún tipo de respuestas en la lengua objeto.

1. Empezar con órdenes de Respuesta Física Total. En un principio, las órdenes son bastante simples: «Levántate. Da la vuelta. Levanta la mano derecha.»

2. Utilizar el método de Respuesta Física Total para enseñar las partes del cuerpo y para presentar los números y la secuencia temporal. «Pon tu mano derecha en la cabeza, pon ambas manos en los hombros, primero tócate la nariz, después levántate y gira a la derecha tres veces», etc.

3. Presentar las instrucciones de la lengua de clase. «Recoge un lápiz y ponlo debajo del libro, toca la pared, ve a la puerta y llama tres veces.» Puede incluirse cualquier elemento que pueda llevarse a clase. «Recoge el disco y colócalo en la bandeja. Da la manta verde a Larry. Recoge el jabón y dáselo a la mujer con la blusa verde.»

4. Usar nombres de características físicas y prendas de vestir para identificar miembros de la clase. El profesor usa el contexto y los elementos para clarificar el significado de las palabras clave: pelo, largo, corto, etc. Después, se describe a un alumno. «¿Cuál es tu nombre?» (seleccionando a un alumno). «Mirad a Bárbara. Tiene el pelo castaño y largo. Su pelo es castaño y largo. Su pelo no es corto. Es largo» (señalando y usando gestos o el contexto para facilitar la comprensión). «¿Cuál es el nombre del alumno con el pelo castaño y largo?» (Bárbara). Preguntas como «¿Cuál es el nombre de la mujer con el pelo rubio y corto?» o «¿Cuál es el nombre del alumno que se sienta al lado del hombre con el pelo castaño y corto y lleva gafas?» se entienden fácilmente escuchando las palabras clave y atendiendo a los gestos y al contexto. Los alumnos sólo tienen que recordar y producir el nombre de un compañero. Lo mismo se puede hacer con las prendas de vestir y los colores. «¿Quién lleva puesta una camisa amarilla? ¿Quién lleva puesto un traje marrón?»

5. Usar ayudas visuales, normalmente fotos de revista, para presentar el vocabulario nuevo y continuar con actividades que requieran sólo nombres de alumnos como respuesta. El profesor presenta cada uno de los dibujos a la clase, centrándose generalmente en un solo elemento o actividad. Se pueden presentar de una a cinco palabras nuevas en la conversación sobre el dibujo. Después, se pasa el dibujo a un alumno de clase. La tarea de los alumnos consiste en recordar el nombre del alumno con cada dibujo. Por ejemplo, «Tom tiene el dibujo del barco de vela. Joan tiene el dibujo de la familia mirando la televisión», y así sucesivamente. El profesor hará preguntas como: «¿Quién tiene el dibujo del barco de vela? ¿El dibujo de la gente en la playa lo tiene Susan o Tom?» De nuevo, los alumnos sólo tienen que producir un nombre como respuesta.

6. Combinar el uso de dibujos con Respuesta Física Total. «Jim, encuentra el dibujo de la niña pequeña con su perro y dáselo a la mujer con la blusa rosa.»

7. Combinar los comentarios sobre los dibujos con imperativos y condicionales. «Si hay una mujer en tu dibujo, levántate. Si hay algo azul en tu dibujo, tócate el hombro derecho.»

8. Usando muchos dibujos, pedir a los alumnos que señalen el que se describe. Dibujo 1. «Hay varias personas en este dibujo. Una parece ser el padre, la otra su hija. ¿Qué están haciendo? Cocinando. Están cocinando una hamburguesa.» Dibujo 2. «Hay dos hombres en este dibujo. Son jóvenes. Están boxeando.» Dibujo 3…

(Krashen y Terrell, 1983: 75–77)

En todas estas actividades, el profesor mantiene un flujo constante de información de entrada comprensible, usando los elementos de vocabulario clave, los gestos adecuados, el contexto, la repetición y la paráfrasis.

Conclusión

El Enfoque Natural pertenece a una tradición de métodos de enseñanza de idiomas basado en la observación y la interpretación de cómo los alumnos adquieren tanto la lengua materna como segundas lenguas en situaciones informales. Estos métodos rechazan la organización formal (gramatical) de la lengua como requisito de enseñanza. Siguiendo a Newmark y Reibel, mantienen que «se puede enseñar a un adulto con materiales desordenados desde un punto de vista gramatical» y que este enfoque es, de hecho, «el *único* proceso de aprendizaje que estamos seguros producirá el dominio de la lengua en el nivel de un nativo» (1968: 153). Para el Enfoque Natural, el énfasis que se da tanto a la comprensión y a la comunicación de significados como a la presentación de la información de entrada adecuada y comprensible ofrece las condiciones necesarias y suficientes para que se produzca la adquisición de una segunda lengua o de una lengua extranjera en la clase de manera satisfactoria. Esto ha conducido a unas nuevas bases para la integración y la adaptación de técnicas provenientes de una amplia variedad de fuentes. Como la Enseñanza Comunicativa de la Lengua, el Enfoque Natural es, por tanto, más evolutivo que revolucionario en sus procedimientos. Su mayor pretensión de originalidad no radica en las técnicas que utiliza, sino en el uso, que se centra más en actividades prácticas comprensibles y significativas que en la producción de enunciados y oraciones perfectos desde un punto de vista gramatical.

16 El Aprendizaje Cooperativo de la Lengua

Antecedentes

El Aprendizaje Cooperativo de la Lengua (ACL) forma parte de un enfoque instructivo más general conocido también como Aprendizaje en Colaboración (AC). El Aprendizaje Cooperativo es un enfoque docente que se vale al máximo de actividades cooperativas en las que los alumnos participan formando parejas y pequeños grupos en el aula. Se ha definido de la siguiente manera:

> El aprendizaje cooperativo es una actividad de aprendizaje en grupo organizada de manera que el aprendizaje esté en dependencia del intercambio de información, socialmente estructurado, entre los alumnos distribuidos en grupos, y en el cual a cada alumno se le considera responsable de su propio aprendizaje y se le motiva para aumentar el aprendizaje de los demás.
>
> (Olsen y Kagan, 1992: 8)

El Aprendizaje Cooperativo tiene antecedentes en propuestas de tutoría entre iguales y seguimiento entre iguales que se remontan a cientos de años atrás y todavía más lejos. Se suele atribuir a John Dewey, educador norteamericano de principios del siglo xx, el haber promovido la idea de incorporar la cooperación en el aprendizaje a las clases regulares, y ello de un modo regular y sistemático (Rodgers, 1988). Se impulsó y desarrolló de manera más general en Estados Unidos en los años sesenta y setenta como respuesta a la forzada integración de las escuelas públicas; desde esa época se ha desarrollado y perfeccionado sustancialmente. A los educadores les preocupaba el que los modelos tradicionales de aprendizaje en el aula se basaran en la colocación frente al profesor, alimentaran la competencia en vez de la cooperación y favorecieran a los alumnos pertenecientes a la mayoría. Pensaban que, en este tipo de entorno de aprendizaje, los alumnos de las minorías podrían quedarse retrasados respecto de los más avanzados. El Aprendizaje Cooperativo, en este contexto, se proponía lograr lo siguiente:

- elevar el aprovechamiento de todos los alumnos, incluyendo por igual a los dotados y a los que presentan deficiencias académicas
- ayudar al profesor a configurar unas relaciones positivas entre los alumnos
- suministrar a los alumnos las experiencias que necesitan para un sano desarrollo social, psicológico y cognitivo
- sustituir la estructura organizativa competitiva de la mayoría de las aulas y escuelas por otra de alto rendimiento y basada en el trabajo en equipo

(Johnson, Johnson y Holubec, 1994: 2)

En la enseñanza de la segunda lengua, el AC (al que se alude con frecuencia como Aprendizaje Cooperativo de la Lengua, ACL) ha sido adoptado como una manera de promover la interacción comunicativa en el aula y es considerado como una extensión de los principios de la Enseñanza Comunicativa de la Lengua. Se tiene por un enfoque docente centrado en el alumno; se supone que ofrece ventajas sobre los métodos de trabajo en el aula basados en la disposición frontal hacia el profesor. En la enseñanza de idiomas, sus objetivos son:

- dar oportunidades para una adquisición naturalista de la segunda lengua mediante el uso de actividades en pareja y en grupo
- proporcionar a los profesores una metodología que les permita alcanzar este objetivo y que se pueda aplicar a diversos entornos curriculares (p. e., aulas de idiomas extranjeros basadas en el contenido, sistema dominante)
- hacer posible prestar atención prioritaria a unidades léxicas, estructuras lingüísticas y funciones comunicativas concretas a través del uso de tareas interactivas
- dar a los alumnos oportunidades de desarrollar unas estrategias de aprendizaje y comunicación que tengan buenos resultados
- aumentar la motivación de los alumnos, reducir su estrés y crear un clima afectivo positivo en el aula

El ACL es, pues, un enfoque que se aplica tanto al sistema educativo dominante como a la enseñanza de la primera y segunda lenguas.

Enfoque

Teoría de la lengua

En el capítulo 2 hemos esbozado una visión «interactiva» de la estructuración de la lengua. El Aprendizaje Cooperativo de la Lengua se fundamenta en unas premisas básicas acerca de la naturaleza interactiva/cooperativa de la lengua y del aprendizaje de idiomas, y se basa en esas premisas de maneras diversas.

La Premisa 1 es reflejo del título de un libro sobre el lenguaje infantil: *Born to Talk* (Weeks, 1979). El autor sostiene (como muchos otros) que «todos los niños normales que crecen en un entorno normal aprenden a hablar. Hemos nacido para hablar (...) podemos imaginar que estamos programados para hablar (...) se considera de modo general que la comunicación es la finalidad primordial del lenguaje» (Weeks, 1979: 1).

La Premisa 2 es que la mayor parte del habla/discurso se organiza como conversación. «Los seres humanos pasan gran parte de su vida conversando; para la mayoría de ellos, la conversación es una de las más importantes y absorbentes de sus actividades» (Richards y Schmidt, 1983: 117).

La Premisa 3 es que la conversación actúa con arreglo a un determinado conjunto de reglas o «máximas» cooperativas sobre el cual hay coincidencia (Grice, 1975).

La Premisa 4 es que aprendemos cómo estas máximas cooperativas se realizan en nuestra lengua materna a través de una interacción conversacional de carácter informal y cotidiano.

La Premisa 5 es que aprendemos cómo estas máximas se realizan en una segunda lengua a través de una participación en actividades interactivas estructuradas cooperativamente. Esto supone la utilización de

> un formato progresivo o secuenciación de estrategias en la clase de conversación que prepare bien a los alumnos, que desmonte sistemáticamente los estereotipos del procedimiento seguido en el aula y les permita empezar a interactuar de forma democrática e independiente. A través de este enfoque, los alumnos aprenden, paso a paso, unas técnicas de interacción funcional al tiempo que se construye el espíritu o confianza de grupo.
>
> (Christison y Bassano, 1981: xvi)

A las prácticas que tratan de organizar el aprendizaje de la segunda lengua de acuerdo con estas premisas, explícita o implícitamente, se aplica el rótulo común de Aprendizaje Cooperativo de la Lengua. En sus aplicaciones, el ACL se utiliza como apoyo de modelos estructurales y funcionales y de modelos lingüísticos interactivos, ya que las actividades del ACL se pueden usar para centrarse en la forma de la lengua y para practicar funciones lingüísticas concretas.

Teoría del aprendizaje

Los defensores del aprendizaje cooperativo se inspiran en gran medida en la obra teórica de los psicólogos experimentales Jean Piaget (p. e., 1965) y Lev Vygotsky (p. e., 1962), que subrayan el papel esencial de la interacción social en el aprendizaje. Como hemos indicado, una premisa fundamental del ACL es que los estudiantes desarrollan la competencia comunicativa en un idioma conversando en el seno de situaciones social o pedagógicamente estructuradas. Los defensores del ACL han propuesto determinadas estructuras interactivas que se consideran óptimas para el aprendizaje de las reglas y prácticas adecuadas para conversar en un nuevo idioma. El ACL pretende también desarrollar las capacidades de los alumnos para el pensamiento crítico, que se tienen por fundamentales para cualquier tipo de aprendizaje. Algunos autores incluso han elevado el pensamiento crítico al mismo nivel de centro de atención prioritaria que gozan las habilidades básicas de la lengua: lectura, escritura, comprensión oral y expresión oral (Kagan, 1992). Un enfoque encaminado a la integración de la enseñanza del pensamiento crítico que han adoptado los defensores del ACL se denomina *Question Matrix* (Wiederhold, 1995). Wiederhold ha desarrollado un batería de actividades basadas en la matriz para animar a los alumnos a preguntar y a responder a una selección más profunda de tipos alternativos de pregunta. Se piensa que este género de actividades fomenta el desarrollo del pensamiento crítico. (La matriz se basa en la conocida Taxonomía de los Objetivos Educativos, ideada por Bloom [1956], que incluye una jerarquía de objetivos de aprendizaje que van desde simplemente recordar la información hasta formar juicios conceptuales.) Kagan y otros teóricos del AC han adoptado para el Aprendizaje Cooperativo este esquema como teoría subyacente del aprendizaje.

La palabra *cooperativo* de «Aprendizaje Cooperativo» pone de relieve otra importante dimensión del ACL: pretende desarrollar unas aulas que promuevan la cooperación en vez de la competitividad en el aprendizaje. Los partidarios del ACL en la educación general subrayan los beneficios de la cooperación en el fomento del aprendizaje:

> Cooperación significa trabajar juntos para alcanzar unas metas comunes. En las situaciones cooperativas, los individuos se proponen lograr resultados beneficiosos para ellos y para todos los demás miembros del grupo. El aprendizaje cooperativo es el uso instructivo de pequeños grupos a través de los cuales los alumnos trabajan juntos para maximizar su propio aprendizaje y cada uno el de los demás. Se puede comparar con el aprendizaje competitivo, en el cual los alumnos trabajan unos contra otros para alcanzar una meta académica, por ejemplo una matrícula de honor.
>
> (Johnson *et al.*, 1994: 4)

Desde el punto de vista de la enseñanza de la segunda lengua, McGroarty (1989) ofrece a los estudiantes del ISL en aulas del ACL seis ventajas por cuanto atañe al aprendizaje:

1. una mayor frecuencia y variedad en la práctica de la segunda lengua por medio de diferentes tipos de interacción
2. la posibilidad de desarrollar o usar la lengua de una manera que contribuya al desarrollo cognitivo y al aumento de las destrezas lingüísticas
3. unas oportunidades de integrar la lengua en la instrucción basada en el contenido
4. unas oportunidades de incluir una mayor variedad de materiales curriculares a fin de estimular el aprendizaje del idioma y el conceptual
5. la libertad que se da a los profesores para dominar nuevas habilidades docentes, sobre todo las que hacen hincapié en la comunicación
6. las oportunidades de que los alumnos actúen a modo de recursos los unos para los otros, asumiendo así un papel más activo en su aprendizaje

Diseño

Objetivos

Dado que el ACL es un enfoque concebido para fomentar la cooperación en lugar de la competitividad, así como para desarrollar las destrezas de pensamiento crítico y la competencia comunicativa a través de unas actividades de interacción socialmente estructuradas, se puede considerar que son éstos los objetivos generales del ACL. Del contexto en que se utilicen se derivarán otros objetivos más específicos.

Programa

El ACL no asume ninguna forma concreta de programa de lengua, ya que mediante el aprendizaje cooperativo se pueden enseñar actividades de muy diversas orientaciones curriculares. De este modo, encontramos que el ACL se utiliza en la enseñanza de clases de contenidos, inglés para fines específicos (IFE), las cuatro destrezas, gramática, pronunciación y vocabulario. Lo que define al ACL es el uso sistemático y esmeradamente planificado de unos procedimientos docentes basados en grupos como opción a la enseñanza con la clase enfrente del profesor.

Tipos de actividades de aprendizaje y de enseñanza

Johnson *et al.* (1994: 4–5) describen tres tipos de grupos de aprendizaje cooperativo:

1. *Grupos formales de aprendizaje cooperativo.* Tienen una duración que va desde una hora lectiva hasta varias semanas. Se forman para una tarea concreta y en ellos los alumnos trabajan juntos para lograr unos objetivos comunes.
2. *Grupos informales de aprendizaje cooperativo.* Son grupos *ad hoc* que duran desde unos minutos hasta una hora lectiva y se utilizan para concentrar la atención del alumno o para facilitar el aprendizaje durante la enseñanza directa.
3. *Grupos de base cooperativa.* Son grupos a largo plazo y duran por lo menos un año; tienen un carácter heterogéneo y están formados de miembros estables; su finalidad primordial es permitir que sus componentes se presten recíprocamente el apoyo, la ayuda, el aliento y la colaboración que necesiten para salir adelante en sus estudios.

El éxito del AC depende de manera crucial de la naturaleza y organización del trabajo en equipo. Esto requiere un programa estructurado de aprendizaje que esté cuidadosamente diseñado para que los alumnos se interrelacionen y se sientan motivados para incrementar el aprendizaje de los demás. Olsen y Kagan (1992) proponen los siguientes elementos clave del AC para un logrado aprendizaje basado en el grupo:

— Interdependencia positiva
— Composición del grupo
— Responsabilidad individual
— Habilidades sociales
— Estructuración y estructuras

Hay *interdependencia positiva* cuando los miembros del grupo piensan que lo que ayuda a uno de ellos los ayuda a todos y lo que hace daño a uno de ellos se lo hace a todos. La crean la estructura de las tareas del AC y la aparición de un espíritu de apoyo mutuo dentro del grupo. Por ejemplo, un grupo puede generar un producto único, como un trabajo escrito, o se puede hacer la media de las puntuaciones de los miembros de un grupo.

La *composición del grupo* es un factor importante para crear una interdependencia positiva. Entre los factores que intervienen en ella están:

— decidir el tamaño del grupo: esto dependerá de las tareas que hayan de llevar a cabo, de la edad de los alumnos y de los límites de tiempo de la clase. El tamaño típico del grupo es entre dos y cuatro

- distribuir a los alumnos en grupos: los grupos deben ser elegidos por el profesor, al azar o según los alumnos, aunque se recomienda la selección por el profesor como modo habitual para crear grupos que sean heterogéneos en variables tales como aprovechamiento anterior, pertenencia étnica o sexo
- papel de los alumnos en los grupos: cada miembro de un grupo tiene un papel específico que desempeñar en él, por ejemplo, encargado de quejas, encargado de turnos de palabra, registrador o responsable del sumario

La *responsabilidad individual* afecta tanto a la actuación de grupo como a la individual, por ejemplo, asignando a cada alumno una nota por su parte de un proyecto de equipo o convocando al azar a un alumno para que participe con toda la clase, con miembros del grupo o con otro grupo.

Las *habilidades sociales* determinan la manera en que los alumnos se interrelacionan como compañeros del equipo. Por lo general se necesita una cierta instrucción explícita en esta materia para garantizar una buena interrelación.

Estructuración y estructuras se refieren a los modos de organizar la interacción y las distintas maneras en que los alumnos tienen que interactuar entre sí, como la Entrevista en tres pasos o el Turno Circular (que veremos más adelante en esta sección).

Existen numerosas descripciones de tipos de actividad que se pueden utilizar en el ACL. Coelho (1992b: 132) describe tres tipos principales de tareas cooperativas de aprendizaje y sus respectivas prioridades de aprendizaje; cada uno de ellos tiene muchas variantes.

1. *Práctica de equipo a partir del input corriente – desarrollo de habilidades y dominio de hechos*
- Todos los alumnos trabajan con el mismo material.
- La práctica podría seguir a una presentación tradicional, dirigida por el profesor, de un material nuevo; por esa razón es un buen punto de partida para profesores o alumnos, o ambos, novatos en el trabajo de grupo.
- La tarea es garantizar que todos en el grupo conozcan la respuesta a una pregunta y puedan explicar cómo se ha obtenido la contestación o cómo interpreta ésta el material. Como los alumnos quieren que su equipo vaya bien, hacen de tutores y se preparan unos a otros para tener la seguridad de que cualquier miembro del grupo pueda contestar por todos y explicar la respuesta del equipo.
- Cuando el profesor asume la pregunta o tarea, cualquier miembro del equipo puede ser llamado a contestar en nombre del equipo.
- Esta técnica es útil para el repaso y para pruebas prácticas; los miembros del grupo hacen la prueba juntos, pero cada alumno hará al final una tarea o una prueba individualmente.
- Esta técnica es eficaz en situaciones en las que la composición del grupo es inestable (por ejemplo, en los programas para adultos). Los alumnos pueden formar nuevos grupos cada día.

2. *Rompecabezas: input diferenciado pero predeterminado – evaluación y síntesis de hechos y opiniones*
- Cada miembro del grupo recibe una parte distinta de la información.
- Los alumnos se reagrupan formando grupos temáticos (grupos de expertos), compuestos por personas que tienen la misma parte para dominar los materiales y prepararse para su enseñanza.
- Los alumnos vuelven a sus grupos de origen (grupos de rompecabezas) para comunicar su información a los demás miembros.
- Los alumnos sintetizan la información mediante el debate.
- Cada alumno presenta una tarea que forma parte de un proyecto de equipo o hace una prueba para mostrar la síntesis de toda la información presentada por todos los miembros del grupo.
- Este método de organización puede requerir actividades de construcción de equipos para los grupos de origen y para los temáticos, así como participación en grupos a largo plazo y ensayo de métodos de presentación.
- Este método es muy útil en las clases de niveles múltiples, pues permite agrupaciones homogéneas y heterogéneas desde el punto de vista de la competencia en inglés.
- En la enseñanza de idiomas, las actividades de lagunas en la información son actividades de rompecabezas en forma de trabajo en parejas. Los componentes tienen datos (en forma de texto, tablas, gráficos, etc.) en los que falta información, que ha de proporcionarse durante la interacción con el compañero.

3. *Proyectos cooperativos: temas / recursos elegidos por los alumnos – aprendizaje de descubrimiento*
- Los temas pueden ser diferentes para cada grupo.
- Los alumnos identifican subtemas para cada miembro del grupo.
- Un comité de orientación puede coordinar el trabajo de la clase en su conjunto.
- Los alumnos investigan la información valiéndose de recursos como consultas en la biblioteca, entrevistas y medios visuales.
- Los estudiantes sintetizan su información para una presentación de grupo: oral o escrita, o ambas cosas. Cada miembro del grupo desempeña un papel en la presentación.
- Cada grupo hace su presentación a toda la clase.
- Este método insiste más en la individualización y en los intereses del alumno. La tarea de cada alumno es única.
- Los alumnos necesitan mucha experiencia previa de un trabajo de grupo más estructurado para que éste sea eficaz.

Olsen y Kagan (1992: 88) describen los siguientes ejemplos de actividades de ACL:

Entrevista en tres pasos: (1) Los alumnos se distribuyen en parejas; uno es el entrevistador y otro el entrevistado. (2) Los alumnos invierten los papeles. (3) Cada uno comunica al otro miembro del equipo lo averiguado en las dos entrevistas.

Mesa redonda: Hay un papel y un bolígrafo para cada equipo. (1) Un alumno hace una aportación y (2) pasa el papel y el bolígrafo al que tiene a su izquierda. (3) Cada alumno hace su aportación a su vez. Si se hace oralmente, se denomina Turno circular.

Piensa-Forma pareja-Comparte: (1) El profesor plantea una pregunta (por lo general que suscite escaso consenso). (2) Los alumnos piensan una respuesta. (3) Los alumnos debaten sus respuestas con un compañero. (4) Los alumnos comunican la respuesta de su compañero a la clase.

Resuelve-Forma pareja-Comparte: (1) El profesor plantea un problema (que suscite mucho o poco consenso pero que pueda ser resuelto mediante diferentes estrategias). (2) Los alumnos llegan a soluciones de forma individual. (3) Los alumnos explican cómo han resuelto el problema en estructuras de Entrevista o Turno circular.

Cabezas numeradas: (1) Los alumnos, cada uno con un número, se dividen en equipos. (2) El profesor formula una pregunta (generalmente de elevado consenso). (3) Cabezas juntas: los alumnos juntan literalmente las cabezas y se aseguran de que todos conocen y pueden explicar la respuesta. (4) El profesor dice un número y los alumnos que lo tengan levantan la mano para que se les pregunte, como en el aula tradicional.

Papel del alumno

El papel primordial del alumno es el de un miembro de un grupo que tiene que trabajar en colaboración con los demás miembros en las tareas. Los alumnos tienen que aprender destrezas de trabajo en equipo. Son también los directores de su propio aprendizaje. Se les enseña a planificar, seguir y evaluar su propio aprendizaje, que se considera como una recopilación de habilidades de aprendizaje desarrolladas a lo largo de toda la vida. Así, el aprendizaje es algo que requiere participación e implicación directas y activas del alumno. La agrupación por parejas es el formato más típico del ACL; garantiza que los dos alumnos pasen el máximo de tiempo dedicados a tareas de aprendizaje. Las tareas en pareja en las que los alumnos alternan sus papeles les hacen asumir los papeles de tutores, supervisores, registradores y comunicadores de información.

Papel del profesor

El papel del profesor en el ACL es distinto del que tiene en la clase tradicional, colocada frente a él. El profesor tiene que crear en el aula un entorno de aprendizaje muy estructurado y bien organizado, estableciendo objetivos, planificando y estructurando tareas, fijando la disposición física de la clase, distribuyendo a los alumnos en grupos y funciones, y seleccionando materiales y tiempo (Johnson et al., 1994). Un papel importante del profesor es el de facilitador del aprendizaje. En su papel de facilitador, el profesor debe moverse por la clase ayudando a los alumnos y grupos conforme surge la necesidad:

> Durante este tiempo, el profesor interactúa, enseña, vuelve a centrar la atención, aclara, apoya, amplía, elogia, se identifica con el alumno. Según los problemas

que surjan, se recurre a las siguientes conductas de apoyo. Los facilitadores dan retroinformación, redirigen al grupo por medio de preguntas, animan al grupo a resolver sus propios problemas, amplían la actividad, fomentan la reflexión, gestionan el conflicto, observan a los alumnos y suministran recursos.

(Harel, 1992: 169)

Los profesores hablan menos que en las clases dispuestas frente a ellos. Formulan cuestiones generales para provocar la reflexión, preparan a los alumnos para las tareas que van a ejecutar, los ayudan con las tareas de aprendizaje y dan pocas órdenes, imponiendo menos control disciplinario (Harel, 1992). El profesor puede tener asimismo la función de reestructurar las clases de manera que los alumnos puedan trabajar en colaboración sobre la materia. Ello supone los siguientes pasos, según Johnson *et al.* (1994: 9):

1. Tome sus clases, programa y fuentes existentes y estructúrelos con la mira puesta en la cooperación.
2. Adapte las clases de aprendizaje cooperativo a las singulares necesidades, circunstancias, programas y áreas temáticas de su docencia y a sus alumnos.
3. Diagnostique los problemas que pueden tener algunos alumnos para trabajar juntos e intervenga para aumentar la eficacia del grupo de aprendizaje.

Materiales de enseñanza

Los materiales tienen un papel importante en la creación de oportunidades para que los alumnos trabajen en colaboración. Los mismos materiales se pueden usar y se usan en otros tipos de clase, pero se requieren variaciones en la manera en que se usan. Por ejemplo, si los alumnos están trabajando en grupos, cada uno podría tener un conjunto de materiales (o los grupos podrían tener diferentes conjuntos de materiales), o cada miembro de un grupo podría necesitar copia de un texto para leerlo y remitir a él. Se pueden diseñar materiales especiales para el aprendizaje del tipo ACL (como rompecabezas de venta al público y actividades de llenar lagunas), modificados a partir de materiales existentes o tomados de otras disciplinas.

Procedimiento

Johnson *et al.* (1994: 67–68) ofrece el siguiente ejemplo de cómo se haría una clase de aprendizaje en colaboración cuando se pide a los alumnos que redacten un ensayo, un informe, un poema o un relato, o hagan una reseña de algo que hayan leído. Se utiliza una organización en parejas de colaboración para escribir y editar. Las parejas verifican que la redacción de cada uno de los miembros se ajuste a los criterios establecidos por el profesor; después obtienen una puntuación individual según la calidad de sus composiciones. También se les puede dar una puntuación de grupo basada en el número total de errores cometidos por la pareja en sus redacciones individuales. El procedimiento funciona de la siguiente manera:

1. El profesor distribuye a los alumnos por parejas con un buen lector al menos en cada pareja.
2. El alumno A describe lo que tiene pensado redactar al alumno B, que escucha atentamente, indaga mediante una serie de preguntas y resume las ideas del alumno A. El alumno B entrega el resumen escrito al alumno A.
3. Se invierte el procedimiento; el estudiante B describe lo que tiene pensado redactar al alumno A y éste escucha y hace un resumen de las ideas del alumno B, resumen que entrega luego al alumno B.
4. Los alumnos investigan por separado los materiales que necesitan para sus redacciones, sin descuidar el material útil para su compañero.
5. Los alumnos trabajan juntos en la redacción del primer párrafo de cada composición a fin de asegurarse de tener claro el comienzo de sus redacciones.
6. Los alumnos escriben por separado sus redacciones.
7. Cuando los alumnos han terminado las composiciones, corrige cada uno la del otro: mayúsculas, signos de puntuación, ortografía, uso de la lengua y otros aspectos de la expresión escrita que especifique el profesor. Los alumnos hacen también sugerencias para la revisión.
8. Los alumnos revisan las redacciones.
9. Los alumnos leen después cada uno la redacción del otro y firman con su nombre para indicar que cada redacción ha quedado limpia de errores.

Durante este proceso, el profesor hace un seguimiento de las parejas, interviniendo cuando convenga para ayudar a los alumnos a dominar las necesarias habilidades de expresión escrita y de colaboración.

Conclusión

El uso de grupos de debate, trabajo en equipo y trabajo en pareja se ha defendido muchas veces en la enseñanza de idiomas y en otras materias. En su manera típica, con estos grupos se pretende lograr un cambio respecto del ritmo normal de los acontecimientos de la clase e incrementar la participación del alumno en las clases. Estas actividades, sin embargo, no necesariamente se realizan en colaboración. En el Aprendizaje Cooperativo, las actividades de grupo son el principal modo de aprendizaje, y foman parte de una teoría y un sistema generales para el empleo del trabajo en grupo en la enseñanza. Las actividades de grupo se planean minuciosamente para maximizar la interacción de los alumnos y facilitar sus aportaciones recíprocas al aprendizaje de los demás. Las actividades del ACL se pueden usar también en colaboración con otros métodos y enfoques docentes.

A diferencia de la mayoría de las propuestas de enseñanza de idiomas, el ACL se ha investigado y evaluado ampliamente, y los hallazgos derivados de la investigación son en general favorables (véanse Slavin, 1995; Baloche, 1998), si bien pocas de estas investigaciones se han realizado en aulas de L2. Sin embargo, no faltan los críticos del ACL. Algunos han cuestionado su utilización con estudiantes de diferentes niveles de competencia, indicando que algunos grupos de alumnos (p. e., los intermedios y avanzados) pueden sacar más provecho de él que los demás. Además, exige demasiado a los profesores, que pueden tener dificultades para adaptarse a los nuevos papeles que se les imponen. Los defensores del ACL insisten en que éste mejora el aprendizaje y las habilidades de los alumnos para la interacción.

17 La Instrucción Basada en Contenidos

Antecedentes

La Instrucción Basada en Contenidos (IBC) es un enfoque de la enseñanza de la segunda lengua en el cual la docencia se organiza en torno al contenido o información que los alumnos van a obtener, en vez de a un programa lingüístico o de otro tipo. Krahnke ofrece la siguiente definición:

> Es la enseñanza del contenido o información en el idioma que se aprende, con poco o ningún esfuerzo directo o explícito por enseñar el idioma mismo de una manera separada del contenido que se enseña.
>
> (Krahnke, 1987: 65)

El término «contenido» se ha hecho popular dentro de la enseñanza de idiomas y en los medios de comunicación. William Safire, columnista del *New York Times* y experto en lingüística, se ocupaba de él en una de sus columnas en 1998 y observaba:

> Si hay una palabra en la lengua inglesa que esté de moda, que sea de rabiosa actualidad y que cause un entusiasmo sin límites, superando incluso a «milenio» tanto en el discurso general como en la jerga de los informados, esa palabra es «contenido». Acostúmbrense a ella, porque no nos la vamos a quitar de encima así como así.
>
> (*New York Times*, 19 de agosto de 1998: 15)

Aunque *contenido* se usa con una gran variedad de significados distintos en la lengua, lo más frecuente es que se refiera a la sustancia o materia que conocemos o comunicamos a través de la lengua y no a la lengua que usamos para ello. Los intentos de dar prioridad al significado en la enseñanza de idiomas no son nuevos. En diversas épocas de la historia de la enseñanza de idiomas han aparecido enfoques que estimulan la demostración, la imitación, el remedo; otros que recomiendan el uso de objetos, imágenes y presentaciones audiovisuales, y propuestas que respaldan la traducción, la explicación y la definición como ayuda a la comprensión del significado. Según Brinton, Snow y Wesche (1989), San Agustín fue un temprano defensor de la Enseñanza Basada en Contenidos; citan sus recomendaciones en cuanto a la prioridad del contenido con significado en la enseñanza de idiomas. La historia de la enseñanza de idiomas de Kelly cita una serie de propuestas de este tipo basadas en el significado (Kelly, 1969). La Instrucción Basada en Contenidos se funda igualmente en los principios de la Enseñanza Comunicativa de la Lengua tal como se perfilaron en la década de 1980. Si, como se dijo, las aulas deben centrarse en la comunicación real y en el intercambio de información, una situación ideal para el aprendizaje de la segunda lengua sería aquélla en la que la materia de la enseñanza del idioma no fuera la gramática, las funciones ni ninguna otra unidad de organización basada en la lengua, sino el contenido, es decir, una materia externa al ámbito de la lengua. El idioma que se enseña se podría utilizar para presentar la materia y los alumnos aprenderían el idioma como un subproducto del aprendizaje sobre un contenido del mundo real. Widdowson comentó (1978: 16):

> Yo sostendría, por tanto, que una lengua extranjera se puede asociar con las áreas de utilidad que están representadas en las otras asignaturas del plan de estudios escolar, y que esto no sólo ayuda a reforzar el vínculo con la realidad y con la propia experiencia del alumno, sino que también nos proporciona los medios más seguros que tenemos para enseñar el idioma como comunicación, como utilidad, en vez de simplemente como uso. El tipo de curso de idioma que yo imagino trata una selección de temas tomados de las otras asignaturas: experimentos sencillos de física y química, procesos biológicos en plantas y animales, trazado de mapas, descripciones de acontecimientos históricos y demás... Es fácil ver que, si se adoptara este procedimiento, las dificultades asociadas a la presentación del idioma en el aula desaparecerían en una considerable medida. La presentación sería en esencia la misma que las técnicas metodológicas empleadas para presentar los temas en las asignaturas de las que están tomados.

Entre otras iniciativas educativas formuladas desde finales de los años setenta que también insisten en el principio de adquirir un contenido a través del idioma, en vez de estudiar el idioma por sí mismo, figuran la Lengua en todo el Currículum, la Inmersión Total, los Programas «A la Llegada» para Inmigrantes, los Programas para Alumnos con Competencia Limitada en Inglés y la Lengua para Fines Específicos. La Instrucción Basada en Contenidos extrae parte de su teoría y de su praxis de estos enfoques curriculares. Examinaremos brevemente el papel del contenido en estos modelos de plan de estudios antes de detenernos en los planteamientos concretos de la Instrucción Basada en Contenidos.

El papel del contenido en otros diseños curriculares

La Lengua en todo el Currículum fue una propuesta de educación en la lengua materna que surgió de las recomendaciones de una comisión del gobierno británico a mediados de los setenta. El informe de la comisión recomendaba dar prioridad a la lectura y a la expresión escrita en todas las áreas temáticas del plan de estudios y no solamente en la materia denominada artes del lenguaje. Las habilidades lingüísticas debían enseñarse, pues, dentro del contenido de las propias asignaturas y no dejarse exclusivamente en manos del profesor de lengua inglesa. Este informe influyó también en la educación norteamericana; el lema «todos los profesores son profesores de inglés» se hizo familiar a todos los profesionales de la docencia. Como otras propuestas multidisciplinarias, ésta no llegó a tener en las aulas la influencia que esperaban sus defensores. Sin embargo, aparecieron textos de diversas asignaturas en los que se incluían ejercicios que se ocupaban de la práctica de la lengua y se insistió en la necesidad de colaboración entre los profesores de las asignaturas y los profesores de lengua. En algunos casos, se produjeron materiales curriculares que integraban la asignatura y los objetivos de la enseñanza lingüística, como el Proyecto Piloto Primario de Singapur, de los años setenta: unos textos para trabajo en el aula que integraban el estudio de las ciencias, las matemáticas y la lengua.

La *Inmersión Total* ha ejercido también una gran influencia en la teoría de la Instrucción Basada en Contenidos. Es un tipo de enseñanza de idiomas extranjeros en la cual se enseña el plan de estudios escolar normal en la lengua extranjera. Esta es el vehículo de la instrucción en los contenidos, no la materia de la instrucción. Así, por ejemplo, sería posible que un niño de habla inglesa entrara en una escuela primaria en la cual el medio de instrucción para todas las asignaturas es el francés. Entre los objetivos del alumno de un programa de inmersión están: (1) el desarrollo de un alto nivel de competencia en la lengua extranjera; (2) el desarrollo de una actitud positiva hacia quienes hablan la lengua extranjera y hacia su(s) cultura(s); (3) el desarrollo de unas destrezas en lengua inglesa acordes con las expectativas propias de la edad y las capacidades de un alumno; (4) la obtención de las destrezas y el conocimiento indicados en las áreas de contenido del plan de estudios.

Los primeros programas de inmersión se pusieron en marcha en Canadá en los años setenta con el fin de dar a los alumnos de lengua inglesa la oportunidad de aprender francés. Desde esa época, se han adoptado programas de inmersión en muchas zonas de América del Norte y se han ideado formas opcionales de programas de inmersión. En Estados Unidos se pueden encontrar estos programas en varios idiomas, entre ellos francés, alemán, español, japonés y chino.

Los *Programas «A la Llegada» para Inmigrantes* se centran en su forma típica en la necesidad de supervivencia de los inmigrantes recién llegados a un país. Estos alumnos precisan por lo general aprender a tratar diferentes tipos de contenidos del mundo real como base para su supervivencia social. El diseño de cursos de este tipo en Australia fue uno de los primeros intentos de integrar especificaciones conceptuales, funcionales, gramaticales y léxicas configuradas en torno a temas y situaciones concretas. Un curso típico cubriría el lenguaje necesario para tratar con las burocracias de inmigración, encontrar alojamiento, comprar, buscar empleo y demás. La metodología de estos cursos australianos se basó en el Método Directo (Ozolins, 1993), pero incluyó improvisaciones y simulaciones basadas en la lengua requerida para actuar en situaciones concretas. En los actuales programas «a la llegada» se utiliza a menudo un enfoque basado en la competencia, en el cual se desarrolla un programa de enseñanza ajustado a las competencias que se piensa que necesitan los alumnos en diferentes situaciones de supervivencia (véase capítulo 13).

Los *Programas para Alumnos con Competencia Limitada en Inglés* (ACLI) son programas gubernamentales obligatorios dirigidos especialmente a los niños a cuyos padres podrían estar dirigidos los programas «a la llegada», pero, de forma más general, están concebidos para proporcionar instrucción a cualesquiera niños en edad escolar cuya competencia lingüística es insuficiente para su plena participación en la instrucción escolar normal. Las primeras versiones de estos programas se basaron en buena medida en la gramática. Otros programas ACLI más recientes se centran en suministrar a los alumnos la lengua y otras destrezas requeridas para ingresar en el plan de estudios escolar regular. Estas habilidades incluyen a menudo cómo realizar tareas escolares y entender los contenidos escolares en una segunda lengua.

La *Lengua para Fines Específicos* (LFE) es un movimiento que se propone atender a las necesidades de los alumnos que precisan la lengua para realizar funciones específicas (p. e., estudiante, ingeniero, técnico, enfermera), y que por lo tanto tienen más necesidad de adquirir destrezas de contenidos y del mundo real que de dominar el idioma por sí mismo. La LFE se ha centrado de manera particular en el Inglés para Ciencia y Tecnología (ICT). Una institución que ofreciera cursos de Inglés para Ciencia y Tecnología tendría cursos especializados de apoyo al aprendizaje, encaminados a la lectura de artículos técnicos de informática o a la redacción de trabajos académicos de ingeniería química. LFE/ICT han dado origen a una serie de subcampos, como el IFE (Inglés para Fines Específicos), el IFO (Inglés para Fines Ocupacionales) y el IFA (Inglés para Fines Académicos).

Los cursos basados en el contenido son ahora habituales en muchos entornos diferentes y el contenido se usa a menudo como principio organizador en cursos de ISL/ILE de muchos tipos distintos. En este capítulo examinaremos los principios que subyacen a la Instrucción Basada en Contenidos y cómo se aplican a programas de enseñanza de idiomas y materiales de enseñanza.

Enfoque

La Instrucción Basada en Contenidos tiene su fundamento en dos principios esenciales (a la vez que examinamos cómo se aplican estos principios a la IBC consideraremos también otras cuestiones):

1. *Se aprende mejor una segunda lengua si se usa como medio para la adquisición de información en vez de como un fin en sí misma.* Este principio refleja una de las motivaciones de la IBC que hemos observado anteriormente: que conduce a un aprendizaje más eficaz del idioma.

2. *La Instrucción Basada en Contenidos refleja mejor las necesidades que tiene el alumno de aprender una segunda lengua.* Este principio refleja el hecho de que muchos programas basados en el contenido sirven para preparar a los alumnos de ISL para estudios académicos o para pasar al sistema dominante; en consecuencia, es una prioridad básica la necesidad de poder acceder al contenido del aprendizaje y la enseñanza académicos con la mayor rapidez posible, como también lo son los procesos a través de los cuales se realizan ese aprendizaje y esa enseñanza.

Teoría de la lengua

Subyacen a la Instrucción Basada en Contenidos una serie de ideas relativas a la naturaleza de la lengua.

LA LENGUA SE BASA EN EL TEXTO Y EN EL DISCURSO

La IBC estudia el papel de la lengua como un vehículo para el aprendizaje del contenido. Esto supone que tienen una importancia fundamental las entidades lingüísticas más largas que las oraciones solas, porque la enseñanza se centra ahora en la manera en que el significado y la información se comunican y construyen a través de textos y discursos. Las unidades lingüísticas fundamentales no se limitan al nivel de las oraciones y las unidades subesenciales (cláusulas y sintagmas), sino que son las que explican cómo se usan unos periodos lingüísticos mayores, siendo asimismo los rasgos lingüísticos que crean coherencia y cohesión dentro de los eventos orales y los tipos de texto. Esto implica el estudio de la estructura textual y discursiva de textos escritos, como cartas, informes, ensayos, descripciones o capítulos de libros, y de eventos orales, como reuniones, conferencias y debates.

EL USO DE LA LENGUA SE FUNDAMENTA EN HABILIDADES INTEGRADAS

La IBC considera que en el uso de la lengua intervienen diversas habilidades de forma simultánea. En una clase basada en el contenido, los alumnos participan muchas veces en actividades que relacionan las destrezas, pues es así como éstas suelen actuar en el mundo real. Por ello puede suceder que los alumnos lean y tomen notas, escuchen y escriban un resumen o respondan oralmente a cosas que han leído o escrito. Y, en vez de ver la gramática como una dimensión aparte de la lengua, en la IBC es un componente de las demás habilidades. Los cursos basados en un tema proporcionan una buena base para un enfoque de habilidades integradas porque los temas elegidos aportan coherencia y continuidad en todas las áreas de capacidad, y se centran en el uso de la lengua en el discurso hilado en vez de en fragmentos aislados. Dichos cursos tratan de unir las destrezas de conocimiento, lengua y pensamiento. La gramática también se puede presentar mediante un enfoque basado en contenidos. El profesor o el promotor del curso tiene la responsabilidad de identificar las prioridades lingüísticas relevantes, gramaticales o de otro tipo, como complemento del tema de las actividades.

LA LENGUA TIENE UNA FINALIDAD

La lengua se utiliza para finalidades específicas. La finalidad puede ser académica, profesional, social o recreativa, pero confiere dirección, forma y en última instancia significado al discurso y a los textos. Cuando los alumnos se centran en la finalidad de las muestras de lengua que se les presentan, acometen su seguimiento y ven si se logra su finalidad y cómo se relacionan sus propios intereses con esa finalidad (o finalidades). Para que los alumnos obtengan un máximo beneficio de la IBC, tienen que estar en clara sintonía con sus objetivos y con los códigos lingüísticos que señalan y enlazan estas expresiones de finalidad.

La lengua contiene grandes posibilidades para la comunicación del significado. Con el fin de hacer comprensible el contenido para los alumnos, los profesores tienen que hacer los mismos tipos de ajustes y simplificaciones que los hablantes nativos cuando se comunican con estudiantes de segunda lengua. El discurso resultante de estas simplificaciones se denomina muchas veces «habla de extranjero». Los profesores y conferenciantes que actúan dentro de la IBC hacen consciente e inconscientemente esas modificaciones de «habla de extranjero» en la lengua que usan en la docencia, con objeto de que el contenido en el que se centran sea más comprensible para sus alumnos. Entre estas modificaciones están la simplificación (p. e., uso de cláusulas y unidades T más cortas), lo gramaticalmente correcto (p. e., usar pocas desviaciones del uso estándar), la claridad (p. e., hablar con una pronunciación no reducida), la regularización (p. e., uso del orden de palabras canónico) y la redundancia (p. e., poner de relieve un material importante valiéndose del uso simultáneo de varios mecanismos lingüísticos) (Stryker y Leaver, 1993).

Teoría del aprendizaje

Hemos descrito anteriormente uno de los principios básicos de la IBC de la manera siguiente: *Se aprende mejor una segunda lengua si se usa como medio para la adquisición de información en vez de como un fin en sí misma.* Con independencia del tipo de modelo de IBC que se utilice, todos ellos «tienen en común el hecho de que el contenido es el punto de partida o principio organizador del curso, un rasgo que se origina en la común suposición de que el aprendizaje del idioma se logra cuando se presenta a los alumnos un material seleccionado en una forma contextualizada y que tenga sentido, siendo la adquisición de información la principal prioridad» (Brinton *et al.*, 1989: 17). Esta idea es respaldada por una serie de estudios (p. e., Scott, 1974; Collier, 1989; Grandin, 1993; Wesche, 1993) que apoyan la postura de que, en los entornos educativos formales, las segundas lenguas se aprenden mejor cuando la prioridad es el dominio de un contenido en vez del dominio del idioma *per se*. La IBC se opone, pues, a los enfoques tradicionales de la enseñanza de idiomas, en los cuales la forma lingüística es la prioridad esencial del programa y de la enseñanza en el aula.

A continuación describiremos una serie de ideas adicionales que se derivan de los principios básicos de la IBC a los que acabamos de aludir. Un corolario importante se puede enunciar de esta manera:

Se aprende mejor una segunda lengua cuando la información que se está adquiriendo se percibe como interesante, útil y conducente a un objetivo deseado.

Para justificar esta afirmación, los defensores de la IBC remiten a estudios de IFE en los que «se observa que para que haya un aprendizaje satisfactorio, el programa de la lengua tiene que tener en cuenta el uso que al final va a hacer el alumno del idioma elegido», y además que «muchos suponen que la utilidad del contenido informativo que al alumno le parece relevante aumenta la motivación en el curso de idioma, fomentando de este modo un aprendizaje más eficaz» (Brinton *et al.*, 1989: 3).

Se cree asimismo que el aprendizaje del idioma está más motivado cuando los alumnos se centran en algo que no sea el idioma, por ejemplo ideas, problemas y opiniones: «El alumno puede adquirir más eficazmente una segunda lengua cuando la tarea de aprender el idioma se torna secundaria a la de comunicarse con alguien (...) en relación con un tema (...) que es intrínsecamente interesante para el alumno» (D'Anglejan y Tucker, 1975: 284). Si se elige un contenido con un alto nivel de interés, los alumnos adquirirán posiblemente el idioma de mejor grado. Esto se puede expresar como:

Algunas áreas de contenido son más útiles que otras como base del aprendizaje de idiomas.

Se piensa que determinadas áreas de contenido son más eficaces que otras como base de la IBC. Por ejemplo, la geografía es con frecuencia la «primera opción». La geografía es «muy visual, espacial y contextual; se presta al uso de mapas, gráficos y realia, y el idioma suele tener un carácter descriptivo con uso de to be, cognados y nombres propios» (Stryker y Leaver, 1993: 288). Por razones algo distintas, «la introducción a la psicología ofreció una situación ideal para presentar la IBC en la Universidad de Ottawa, bilingüe, ya que tiene la mayor cantidad de estudiantes matriculados de todos los cursos introductorios de la universidad», y por ello era probable que «atrajera a un número de hablantes de la segunda lengua lo bastante grande como para justificar unas secciones de clases o debate especiales» (Brinton et al., 1989: 46). Se recomendó también este curso por el interés de los alumnos en los temas de este y por «el carácter muy estructurado del contenido, el hincapié en el aprendizaje receptivo de la información real, la disponibilidad de manuales adecuados y materiales de estudio en vídeo» (Brinton et al., 1989: 46).

Por otra parte, los cursos de IBC se han ajustado a una gran variedad de tipos alternativos de contenido. Los estudios de la IBC en la enseñanza de idiomas extranjeros revelan una selección de contenidos tan amplia como «Temas de la vida y la cosmovisión soviéticas» (ruso), «Aforismos, proverbios y dichos populares» (italiano), «Religión y cambio en la América Latina del siglo XX» (español) y «Los medios de comunicación franceses» (francés). En Stryker y Leaver (1993) se informa de once estudios de este tipo, que se valen de diversos contenidos de curso en diversas situaciones de enseñanza de lenguas extranjeras.

Los alumnos aprenden mejor cuando la enseñanza versa sobre lo que necesitan.

Este principio subraya que, en la IBC, el contenido que estudian los alumnos se elige de acuerdo con sus necesidades. Por tanto, si el programa se desarrolla en una escuela secundaria, las necesidades escolares de los alumnos en relación con todo el plan de estudios constituyen la base del programa de contenidos. Unos textos auténticos, escritos y orales, que los alumnos van a ver en el mundo real (p. e., en la escuela o en el trabajo), aportan el punto de partida para desarrollar un programa, a fin de garantizar la relevancia de las necesidades de los alumnos. En el caso de un programa centrado en el estudio, «el plan de estudios del idioma se basa directamente en las necesidades escolares del alumno y sigue por lo general la secuencia determinada por una materia concreta en el tratamiento de los problemas lingüísticos que los alumnos encuentran» (Brinton et al., 1989: 2).

La enseñanza se basa en la experiencia previa de los alumnos.

Otra idea básica de la IBC es que trata de fundamentarse en los conocimientos y la experiencia previa de los alumnos. Éstos no empiezan cual *tabula rasa*, sino que se considera que aportan al aula importantes conocimientos e interpretaciones. El punto de partida para presentar una clase basada en un tema, en consecuencia, es lo que los alumnos ya saben de ese contenido.

Diseño

Objetivos

En la IBC, el aprendizaje del idioma se suele considerar secundario al aprendizaje del contenido. De este modo, los objetivos de un curso típico de IBC se enuncian como objetivos del curso de contenido. El logro de dichos objetivos se juzga prueba necesaria y suficiente de que también se han logrado los objetivos del aprendizaje del idioma. Una excepción a esta generalización es el modelo de IBC de instrucción basada en temas. En él, los objetivos de aprendizaje del idioma impulsan la selección de los temas; es decir, «a menudo hay objetivos lingüísticos fijados en el plan de estudios; se seleccionan los módulos temáticos según el grado en el que suministran contextos compatibles para trabajar con vistas a esos objetivos». Es posible que los cursos basados en temas estén dirigidos hacia objetivos de una única habilidad, ya que el tema seleccionado proporciona coherencia y continuidad en todas las áreas de habilidad y permite trabajar en destrezas lingüísticas de nivel superior (p. e., integrando las habilidades de lectura y expresión escrita)» (Brinton et al., 1989: 26).

Un ejemplo de los objetivos en la IBC es el Curso Intensivo de Lengua (CIL) de base temáticas de la Universidad Libre de Berlín. Se identificaron cuatro objetivos para su programa multitemático de un año de duración. Estos objetivos eran lingüísticos, estratégicos y culturales; eran los siguientes:

1. activar y desarrollar las habilidades existentes en lengua inglesa
2. adquirir habilidades y estrategias de aprendizaje que se pudieran aplicar a futuras oportunidades de desarrollo lingüístico
3. desarrollar habilidades académicas generales aplicables a los estudios universitarios en todas las áreas temáticas
4. ampliar el entendimiento que tienen los alumnos de los pueblos de habla inglesa

(Brinton et al., 1989: 32)

Programa

En la mayoría de los cursos de IBC, el programa se deriva del área de contenido, los cuales evidentemente varían mucho en detalles y formato. En su forma típica, la IBC es la única que se ajusta al modelo basado en el tema, en el cual se eligen el contenido y la secuencia docente según las metas del aprendizaje del idioma. El modelo basado en el contenido utiliza el tipo de programa denominado programa temático, cuya organización se ciñe a temas y subtemas concretos, como indica su nombre.

La organización del Curso Intensivo de Lengua de la Universidad Libre de Berlín se compone de una secuencia de módulos que abarcan el año académico. Los temas de los módulos son:

1. Drogas
2. Creencia religiosa
3. Publicidad
4. Gran Bretaña y la cuestión racial
5. Nativos americanos
6. Arquitectura moderna
7. Tecnología de microchips
8. Ecología
9. Energías alternativas
10. Energía nuclear
11. Drácula en la novela, el mito y cine
12. Ética profesional

Hay tanto macro como microestructuración del programa anual de este curso. En el nivel macro, el programa se compone de una secuencia de módulos elegidos de modo que reflejen los intereses del alumno y un punto de vista interdisciplinar. Los módulos están diseñados y secuenciados para que «se relacionen entre sí a fin de crear una transición coherente entre ellos». Los seis primeros módulos están ordenados de forma que los primeros contengan temas fácilmente accesibles y de gran interés. «Los módulos posteriores se ocupan de procesos técnicos y suponen dominio de unas habilidades, un vocabulario, unas estructuras y unos conceptos determinados» (Brinton *et al.*, 1989: 35). El diseño interno de los módulos (la microestructura) está concebida para lo siguiente:

> Todos los módulos pasan de un ejercicio inicial pensado para estimular el interés del alumno a través de diversos ejercicios, cuya finalidad es desarrollar la comprensión y la capacidad del alumno para manejar el lenguaje adecuado a cada situación y utilizar la lengua de los textos. Las últimas actividades de cada módulo requieren que los propios alumnos elijan el lenguaje adecuado a la situación y lo usen dentro de una interacción comunicativa.
>
> (Brinton *et al.*, 1989: 34)

Tipos de actividades de aprendizaje y de enseñanza

Hay una serie de descripciones de tipos de actividades en la IBC. Stoller (1997) ofrece una lista de actividades clasificadas con arreglo a sus prioridades docentes. Las categorías clasificatorias que propone son las siguientes:

- mejora de las destrezas lingüísticas
- formación de un vocabulario
- organización del discurso
- destrezas de estudio
- síntesis de gramática y materiales de contenido

Mohan (1986) describe un enfoque de la instrucción en ISL basada en el contenido, de nivel secundario y elaborado en torno a la noción de estructuras de conocimiento. Dicha noción alude a las estructuras de conocimiento en todo el plan de estudios, desde el punto de vista de unos marcos y esquemas que se apliquen a una amplia variedad de temas. El marco se compone de seis estructuras universales de conocimiento, de las cuales la mitad representan elementos prácticos, concretos (Descripción, Secuencia y Elección) y la otra mitad elementos generales, teóricos (Conceptos/Clasificaciones, Principios y Evaluación). Se han desarrollado diversos cursos de IBC basados en el marco de conocimiento de Mohan.

Papel del alumno

Una meta de la IBC es que los alumnos adquieran autonomía para «entender su propio proceso de aprendizaje (...) se hagan cargo de éste desde los mismos comienzos» (Stryker y Leaver, 1993: 286). Además, la mayoría de los cursos de la IBC prevén que los alumnos se apoyarán entre sí en los modos cooperativos de aprendizaje. Esto puede suponer un reto para los alumnos que están acostumbrados a unos modos de aprendizaje y enseñanza más independientes o de toda la clase. Los alumnos tienen que ser unos intérpretes activos del input o información de entrada y estar dispuestos a tolerar la incertidumbre en el camino del aprendizaje, a explorar estrategias opcionales de aprendizaje y a buscar interpretaciones múltiples de los textos orales y escritos.

Los propios alumnos pueden ser una fuente de satisfacción y participantes colectivos en la selección de temas y actividades. Dicha participación «se ha visto que es más motivadora y ha tenido como consecuencia que un curso cambie de dirección para satisfacer mejor las necesidades de los alumnos» (Stryker y Leaver, 1993: 11). Los alumnos tienen que comprometerse con este nuevo género de enfoque del aprendizaje de idiomas; los propugnadores de la IBC advierten que puede haber alumnos que no encuentren de su agrado esta nueva serie de papeles asignados a ellos y acaso no sean los participantes más dispuestos y gustosos en cursos de IBC. Otros se ven abrumados por la cantidad de información nueva que reciben en sus cursos de IBC y es posible que vayan a trompicones. Se sabe que otros se han sentido frustrados y han pedido volver a unas aulas más estructuradas y tradicionales. Es preciso preparar a los alumnos psicológica y cognitivamente para la IBC; si no se les prepara de forma adecuada, «será necesario proporcionarles los esquemas que falten o no inscribir a esos alumnos hasta que estén "preparados"» (Stryker y Leaver, 1993: 292).

Papel del profesor

La IBC prevé un cambio en los papeles típicos de los profesores de idiomas. «Los instructores tienen que ser algo más que simplemente buenos profesores de idiomas. Tienen que ser conocedores de la materia y capaces de suscitar ese conocimiento en sus alumnos» (Stryker y Leaver, 1993: 292). En un nivel más detallado, los profesores tienen que mantener el contexto y la comprensibilidad en el lugar preferente de su planificación y en sus intervenciones, son responsables de seleccionar y adaptar materiales auténticos para su uso en clase, se convierten en analistas de las necesidades del alumno y deben crear aulas verdaderamente centradas en los alumnos. Como observan Brinton *et al.* (1989: 3):

> Se les pide que contemplen su enseñanza de una manera nueva, desde el punto de vista de una verdadera contextualización de sus clases, utilizando el contenido como punto de partida. Casi con toda seguridad tendrán que comprometerse a la adaptación y desarrollo de los materiales. Finalmente, a la inversión de tiempo y energía necesaria para crear un curso de idioma basado en el contenido acompaña una responsabilidad todavía mayor para el alumno, ya que las necesidades de éste se convierten en el centro alrededor del cual giran el plan de estudios y los materiales de la segunda lengua, y por ende las prácticas docentes.

Stryker y Leaver indican las siguientes habilidades esenciales que debe poseer todo instructor de IBC:

1. Variar el formato de la instrucción en el aula.
2. Utilizar el trabajo de grupo y técnicas de formación de equipos.
3. Organizar distribuciones tipo rompecabezas para la lectura.
4. Definir los conocimientos y destrezas lingüísticas anteriores que se requieren para los buenos resultados del alumno.
5. Ayudar a los alumnos a desarrollar estrategias para hacer frente a situaciones.
6. Usar enfoques de proceso en la expresión escrita.
7. Usar técnicas adecuadas de corrección de errores.
8. Desarrollar y mantener altos niveles de estima en los alumnos.

(Stryker y Leaver, 1993: 293)

La Instrucción Basada en Contenidos plantea diferentes exigencias a los profesores procedentes de la enseñanza regular del ISL. Brinton *et al.* (1989) identifican las siguientes cuestiones:

– ¿Poseen una formación adecuada los instructores a los que se puede recurrir para dar los cursos seleccionados?
– ¿Podrán ofrecerse incentivos a los instructores que accedan a dar clase en el programa propuesto (p. e., aumentos de sueldo, tiempo libre, grupos más pequeños en sus clases)?
– ¿Qué se hará con los profesores que no estén dispuestos o cualificados para participar en el nuevo programa?
– ¿Cómo se orientará a los profesores y personal de apoyo hacia el modelo (p. e., cursos previos, cursos de capacitación)?
– ¿Cuál es el equilibrio que debe haber entre enseñanza del idioma y del contenido (p. e., prioridad de la enseñanza del contenido, prioridad de la enseñanza del idioma, igual atención a ambas)?
– ¿Qué papeles tiene el profesor (p. e., facilitador, experto en el área de contenido, experto en la lengua)? ¿Cuál es el volumen de trabajo previsto (p. e., horas de contacto, obligaciones curriculares)?

- ¿Quién es el responsable de seleccionar los materiales para la enseñanza?
- ¿Deben los profesores desarrollar unos materiales de enseñanza del idioma específicos para ese contenido? Si es así, ¿se proporcionará formación y directrices para su desarrollo?
- ¿Se utilizarán configuraciones alternadas de dotación de personal (p. e., especialistas en currículum y materiales)?

Casi todos los instructores que participan mencionan la gran cantidad de tiempo y energía que supone la Instrucción Basada en Contenidos, y muchos la describen como «un gran reto. Aceptar ese reto requiere que la persona o grupo de personas estén muy motivadas y entregadas» (Stryker y Leaver, 1993: 311).

Papel de los materiales

Como sucede con otros elementos de la IBC, los materiales que facilitan el aprendizaje del idioma son los que se utilizan de forma habitual en la materia del curso de contenido. Se recomienda que se identifiquen y usen unos tipos muy variados de material; la preocupación básica es la idea de que esos materiales sean «auténticos». En un sentido, la autenticidad supone que los materiales sean como los que se usan en la instrucción en la lengua materna. En otro sentido, la autenticidad se refiere a la introducción de, por ejemplo, artículos de periódicos y revistas y materiales de otros medios de comunicación «que no fueron originariamente producidos para los fines de la enseñanza del idioma» (Brinton et al., 1989: 17). Muchos profesionales de la IBC recomiendan el uso de realia como guías turísticas, revistas técnicas, horarios de ferrocarril, anuncios de prensa, programas de radio y televisión y demás, y por lo menos alguno advierte que «los libros de texto son contrarios al concepto mismo de la IBC, y de la buena enseñanza de idiomas en general» (Stryker y Leaver, 1993: 295).

Sin embargo, la comprensibilidad es tan decisiva como la autenticidad y se ha señalado que los cursos de la IBC muchas veces «se caracterizan por un uso intensivo de medios docentes (p. e., vídeos o casetes, o ambas cosas) para enriquecer el contexto que ofrecen las lecturas auténticas seleccionadas para constituir el núcleo de la unidad temática» (Brinton et al., 1989: 31). Si bien la autenticidad se considera decisiva, los defensores de la IBC reparan en que puede suceder que los materiales (así como las intervenciones del conferenciante) necesiten una modificación para garantizar una máxima comprensibilidad. Esto puede significar una simplificación lingüística o una redundancia añadida a los materiales textuales. Sin duda significará «proporcionarles guías y estrategias para que los ayuden [a los alumnos] a comprender los materiales» (Brinton et al., 1989: 17).

Modelos contemporáneos de instrucción basada en contenidos

Los principios de la IBC se pueden aplicar al diseño de cursos para alumnos de todos los niveles de aprendizaje del idioma. Veamos a continuación algunos ejemplos de diferentes aplicaciones de la IBC.

Modelos contemporáneos de instrucción basada en contenidos

Cursos de nivel universitario

Se han desarrollado varios enfoques diferentes de la Instrucción Basada en Contenidos a nivel universitario.

Instrucción del idioma basada en temas. Se refiere a un curso de idioma en el cual el programa se organiza en torno a temas tales como «la contaminación» o «los derechos de las mujeres». El programa de lengua se subordina al tema más general. Un tema general como «negocios y mercadotecnia» o «los inmigrantes en una nueva ciudad» podrían suministrar temas organizativos para dos semanas de trabajo integrado en el aula. El análisis y la práctica del idioma se origina en los temas que constituyen el marco del curso. Se podría introducir un tema a través de una lectura, desarrollar el vocabulario por medio de un debate guiado, usar el material de audio o vídeo del mismo tema para la comprensión oral, seguido de tareas escritas que integren información de varias fuentes distintas. La mayor parte de los materiales empleados serán, en su forma típica, generados por el profesor, y los temas que se traten abarcarán todas las habilidades (Brinton *et al.*, 1989).

Instrucción de contenido protegida. Se refiere a cursos de contenido impartidos en la segunda lengua por un especialista en el área de contenido a un grupo de estudiantes de ISL que han sido agrupados con este fin. Como los estudiantes de ISL no están en la misma clase que los hablantes nativos, se requerirá que el instructor presente el contenido de una manera que sea comprensible para los alumnos de la segunda lengua y en el proceso utilice un lenguaje y unas tareas de un nivel de dificultad apropiado. En términos generales, el profesor recurrirá a unos textos de un nivel de dificultad adecuada para los alumnos y ajustará las exigencias del curso para dar cabida a las capacidades lingüísticas de éstos (p. e., poniendo menos tareas escritas). Shih cita ejemplos de este enfoque en cursos protegidos de psicología para inmersión total de estudiantes en francés e inglés, en la Universidad de Ottawa, cursos de inglés para economía y empresa ofrecidos por la Oregon State University y cursos de IFE para economía, empresa e informática en la Western Illinois University (Shih, 1986: 638).

Instrucción complementaria de la lengua. En este modelo se inscribe a los alumnos en dos cursos vinculados entre sí, un curso de contenido y otro de idioma, ambos con la misma base de contenido y complementarios uno de otro en términos de tareas recíprocamente coordinadas. Este programa requiere mucha coordinación para garantizar que los dos programas estén interrelacionados, y ello puede exigir modificaciones en ambos cursos.

Enfoque de trabajo en equipo. Es una variante del enfoque complementario. Shih (1986) describe dos ejemplos de éste. Uno de ellos (puesto en marcha en la Universidad de Birmingham) se centra en la comprensión de conferencias y en la redacción de preguntas de examen en campos como transporte y biología de las plantas. El trabajo de registrar conferencias y preparar comprobaciones de la comprensión (entre ellas preguntas de examen) lo comparten el profesor del tema y el del idioma, y durante la clase los dos ayudan a los alumnos con los problemas que surjan. Otro ejemplo es el de un programa politécnico de Singapur. Se diseñó

213

un curso de expresión escrita de inglés para fines ocupacionales con objeto de preparar a los alumnos para ejecutar tareas de expresión escrita que posiblemente tendrían que llevar a cabo en futuros empleos de mantenimiento y administración de edificios (p. e., redacción de especificaciones, memoranda, informes de accidentes, informes de progresos e infomes de reuniones). El profesor del tema busca situaciones auténticas o realistas que constituyan la base de las tareas de hacer informes. Mientras los alumnos trabajan en dichas tareas, los dos profesores hacen las veces de asesores. Después se presentan y discuten unos modelos redactados por el profesor del tema o basados en los mejores trabajos de los alumnos (Shih, 1986: 638).

Enfoque basado en habilidades. Se caracteriza por la prioridad de un área concreta de habilidad (p. e., la expresión escrita académica), que

> esté relacionada con el estudio simultáneo de una materia concreta en una o más disciplinas de estudio. Esto puede significar que los alumnos escriban sobre un material que estén estudiando al mismo tiempo en un curso académico o que el propio curso de lengua o composición estimule el proceso académico (p. e., miniconferencias, lecturas, debates sobre un tema que luego se trasladan a tareas de expresión escrita). Los alumnos escriben de formas muy variadas (pruebas consistentes en redacciones cortas, resúmenes, críticas, informes de investigación) para demostrar que han entendido la materia y ampliar sus conocimientos a nuevas áreas. Se integra la expresión escrita con la lectura, la comprensión oral y la discusión del contenido esencial y de la investigación cooperativa e independiente que se origina en el material básico.
>
> (Shih, 1986: 617–618)

Cursos de nivel elemental y secundario

En los niveles elemental y secundario se encuentran también variantes de los enfoques examinados en la sección anterior.

Enfoque basado en temas. Es habitual en este nivel un modelo en el cual los alumnos siguen módulos basados en temas, diseñados para facilitarles la entrada en el aula regular donde se enseñan las áreas temáticas. Estos modelos no ofrecen un sustituto de las clases de contenido de la educación general, sino que se centran en el aprendizaje de las estrategias, conceptos, tareas y habilidades necesarios en las áreas temáticas del plan de estudios general, agrupadas en torno a temas tales como educación de los consumidores, destrezas relativas a la cartografía, alimentos y nutrición.

Se precisan dos elementos decisivos para desarrollar un enfoque en el cual progresen en paralelo la competencia lingüística y el contenido escolar: la integración del desarrollo de la segunda lengua en una instrucción regular en el área de contenido y la creación de las condiciones apropiadas para suministrar input. El éxito de este modelo depende del aprendizaje cooperativo en entornos heterogéneos de pequeños grupos. Para ello hacen falta:

— estrategias de formación de grupos
— modos alternativos de suministrar input

- técnicas para hacer comprensible la materia
- oportunidades para desarrollar la competencia lingüística con fines académicos

(Kessler y Quinn, 1989: 75)

Este enfoque reconoce que preparar a los estudiantes de ISL para la educación general es una responsabilidad no sólo para los profesores de ISL, sino también para los profesores de contenidos. Éstos tienen que reconocer de manera creciente el papel fundamental que desempeña el idioma en el aprendizaje de contenidos.

Un ejemplo de este enfoque es descrito por Wu (1996) en un programa preparado para estudiantes de ISL de una escuela superior australiana. Se eligieron temas de una extensa gama de materias de la educación general como base del curso y para que proporcionaran una transición a las clases del sistema general. Se eligieron sobre todo para satisfacer las variadísimas necesidades e intereses de los alumnos. La adecuación lingüísitica fue otro factor que se tuvo en cuenta en la selección de temas, ya que algunos contenían términos más técnicos y construcciones gramaticales más complejas. Los temas se eligieron también por su relevancia para el clima sociopolítico y cultural australiano. Entre los que cumplían estos criterios se cuentan el multiculturalismo, la era nuclear, deportes, el movimiento verde, los niños de la calle y el tabaquismo en adolescentes (Wu, 1996: 23).

Enfoque complementario. En paralelo al componente basado en el tema, descrito por Wu, hubo un curso complementario centrado en las ciencias. Tanto los profesores de ISL como los de ciencias participaron en este aspecto del curso, que se centró en la preparación de los alumnos para realizar la transición a aprender ciencias en inglés. Las prioridades del curso complementario fueron las siguientes:

1. La comprensión de terminologías y conceptos especializados de las ciencias.
2. Habilidades de expresión escrita que tienen que ver con redactar informes.
3. Gramática para las ciencias.
4. Habilidades que tienen que ver con tomar notas.

(Wu, 1996: 24)

Cursos en academias de idiomas privadas

Los cursos basados en temas proporcionan también un marco para cursos y materiales de muchos programas fuera del sector de la universidad y la escuela pública, como el mercado de las academias de idiomas privadas. Con los cursos basados en temas, se podría elegir un conjunto de temas como base del trabajo de un semestre, constituyendo cada tema la base del trabajo de seis o más horas de trabajo, en las cuales se enseñarían las cuatro destrezas en relación con el tema central. Este enfoque suministra también el fundamento de muchos textos de ISL publicados (p. e., Richards y Sandy, 1998).

Procedimiento

Dado que la Instrucción Basada en Contenidos se refiere a un enfoque y no a un método, no hay técnicas ni actividades específicas asociadas a ella. En el plano del procedimiento, los materiales y actividades de enseñanza se eligen con arreglo a la medida en la que concuerdan con el tipo de programa que sea. Stryker y Leaver (1997: 198–199) describen una secuencia típica de procedimientos de trabajo en el aula en una clase basada en el contenido. Es una clase de español sobre la película *El Norte*.

Preparación preliminar: los alumnos leen materiales de consulta que tratan de las leyes estadounidenses de inmigración y un extracto de *El laberinto de la soledad*, de Octavio Paz.

1. Análisis lingüístico: examen de la gramática y el vocabulario, basado en el análisis que hacen los alumnos de las intervenciones verbales realizadas el día anterior.
2. Preparación para la película: actividades de examen previo del vocabulario de la película, incluyendo una hoja de trabajo de vocabulario.
3. Visión de un segmento de la película.
4. Debate sobre la película, dirigido por el profesor.
5. Debate sobre la lectura.
6. Entrevista grabada en vídeo: los alumnos ven una corta entrevista en la cual se debaten cuestiones que atañen a la inmigración.
7. Debate: sobre la reforma de la inmigración.
8. Preparación de artículos: se da tiempo a los alumnos para que lean artículos relacionados con el tema y preparen una intervención en clase.
9. Presentación de los artículos: los alumnos hacen sus intervenciones, que se pueden grabar en magnetófono para que luego las escuchen y procedan a su autocorrección.
10. Debate resumen.

Conclusión

Los enfoques basados en contenidos en la enseñanza de idiomas han sido muy utilizados en una gran variedad de entornos diferentes desde la década de 1980. Desde sus primeras aplicaciones al IFE, al IFO y a los programas de inmersión, ha pasado a utilizarse en los programas K–12 para alumnos de ISL, en programas universitarios de lenguas extranjeras y en cursos de empresa y formación profesional en entornos de IFE. Sus defensores afirman que conduce a la obtención de unos resultados más satisfactorios que otros enfoques de la enseñanza de idiomas. Como ofrece ilimitadas oportunidades para que los profesores combinen los intereses y necesidades con un contenido interesante y que tenga sentido, posee muchas ventajas prácticas para profesores y diseñadores de cursos. Observan Brinton *et al.* (1989: 2):

En un enfoque basado en contenidos, las actividades de la clase de idioma son privativas del tema que se está enseñando y están orientadas a estimular a los alumnos a aprender por medio del lenguaje elegido. Este enfoque se presta de manera totalmente natural a la enseñanza integrada de las cuatro destrezas lingüísticas. Por ejemplo, emplea materiales auténticos de lectura que exigen a los alumnos no solamente entender la información, sino también interpretarla y valorarla. Proporciona un foro en el cual los alumnos pueden responder oralmente a los materiales de lectura y conferencias. Reconoce que la expresión escrita académica se sigue de la comprensión oral y la lectura, y de este modo exige a los alumnos sintetizar hechos e ideas de fuentes múltiples como preparación para escribir. En este enfoque, los alumnos entran en contacto con habilidades de estudio y aprenden variadas destrezas lingüísticas que luego preparan para una serie de tareas académicas con las que se van a encontrar.

Los críticos han reparado en que la mayoría de los profesores de idiomas se han formado para enseñar el idioma como una habilidad y no una materia. Así, puede ser que los profesores de idiomas carezcan de la base suficiente para enseñar una asignatura en la cual no se han formado. Se considera a menudo que las propuestas de enseñanza en equipo, con participación de profesores de idiomas y profesores de las asignaturas, son poco flexibles y pueden redundar en disminuir la eficiencia de unos y otros. No obstante, dado que la IBC se funda en una serie de principios generales que se pueden aplicar de múltiples maneras diferentes y es muy utilizada como base de múltiples tipos diferentes de satisfactorios programas de idiomas, podemos esperar que la IBC siga siendo uno de los principales enfoques curriculares de la enseñanza de idiomas.

18 Enseñanza de la Lengua Basada en Tareas

Antecedentes

La Enseñanza de la Lengua Basada en Tareas (ELBT) es un enfoque fundado en el uso de tareas como unidad fundamental de planificación e instrucción en la enseñanza de idiomas. Algunos de sus partidarios (p. e., Willis, 1996) la presentan como un desarrollo lógico de la Enseñanza Comunicativa de la Lengua, ya que se inspira en varios principios que han formado parte del movimiento de la enseñanza comunicativa de la lengua desde los años ochenta. Por ejemplo:

- Las actividades en las que interviene la comunicación real son esenciales para el aprendizaje de los idiomas.
- Las actividades en las que se utiliza el idioma para realizar tareas con sentido contribuyen al aprendizaje.
- Una lengua que tenga sentido para el alumno sustenta el proceso de aprendizaje.

Se proponen tareas como útiles vehículos para la aplicación de estos principios. Dos tempranas aplicaciones de un enfoque basado en tareas fueron el Programa de Comunicación malayo (1975) y el Proyecto Bangalore (Beretta y Davies, 1985; Prabhu, 1987; Beretta, 1990), ambos de vida relativamente corta.

El papel de las tareas ha contado asimismo con el apoyo de algunos investigadores de la adquisición de la segunda lengua (ASL), interesados en el desarrollo de aplicaciones pedagógicas de la teoría de la ASL (p. e., Long y Crookes, 1993). El interés por las tareas como potenciales componentes básicos de la instrucción en la segunda lengua nació cuando los investigadores empezaron a utilizar las tareas como instrumentos de investigación de la ASL, a mediados de los ochenta. La investigación de la ASL se ha centrado en las estrategias y en los procesos cognitivos empleados por los estudiantes de una segunda lengua. Dicha investigación ha sugerido una nueva valoración del papel de la enseñanza de la gramática formal en la docencia de idiomas. No hay testimonios, según se dice, de que el tipo de actividades de enseñanza centradas en la gramática utilizado en muchas aulas de idiomas refleje los procesos cognitivos de aprendizaje empleados en situaciones realistas de aprendizaje de idiomas fuera del aula. Si hacemos que los alumnos trabajen en tareas dispondremos de un contexto para activar los procesos de aprendizaje mejor que valiéndonos de actividades centradas en la forma, y por tanto facilitaremos, en última instancia, mejores oportunidades para que tenga lugar el aprendizaje del idioma. Se cree que el aprendizaje del idioma depende de la inmersión a los alumnos no sólo en un «input comprensible», sino también en tareas que les exijan negociar un significado y participar en una comunicación naturalista y dotada de sentido.

Las ideas clave de la instrucción basada en tareas son resumidas por Feez (1998: 17) de la siguiente manera:

- Se da prioridad al proyecto en lugar de al producto.
- Son elementos básicos unas actividades y tareas con sentido que hagan hincapié en la comunicación y el significado.
- Los alumnos pueden aprender el idioma mediante su interacción comunicativa y con sentido mientras participan en actividades y tareas.
- Las actividades y tareas pueden ser: las que posiblemente tengan que realizar los alumnos en la vida real; las que posean una finalidad pedagógica concreta para la clase.
- Las actividades y tareas de un programa basado en tareas forman una secuencia con arreglo a su dificultad.
- La dificultad de una tarea depende de diversos factores, entre ellos la experiencia previa del alumno, la complejidad de la tarea, el lenguaje requerido para emprenderla y el grado de apoyo disponible.

Merced a sus vínculos con la metodología de la Enseñanza Comunicativa de la Lengua y al apoyo de algunos destacados lingüistas expertos en ASL, la ELBT ha sido objeto de una considerable atención dentro de la lingüística aplicada, si bien ha habido pocas aplicaciones prácticas a gran escala de ella y se cuenta con escasa documentación relativa a sus repercusiones o a su eficacia como base del diseño de programas, el desarrollo de materiales y la enseñanza en el aula.

La Enseñanza de la Lengua Basada en Tareas propone el concepto de «tarea» como unidad esencial de planificación y enseñanza. Aunque las definiciones de la tarea varían en la ELBT, se entiende por sentido común que una tarea es una actividad u objetivo que se realiza utilizando el idioma, como hallar la solución de un enigma, leer un plano y dar instrucciones, llamar por teléfono, escribir una carta o leer las instrucciones del montaje de un juguete y seguirlas:

> Las tareas (...) son actividades que tienen como prioridad básica el significado. El éxito en la tarea se evalúa desde el punto de vista de la consecución de un resultado; las tareas tienen por lo general alguna semejanza con el uso del idioma en la vida real. Así pues, la instrucción basada en tareas tiene una visión muy favorable de la enseñanza comunicativa de la lengua.
>
> (Skehan, 1996b: 20)

Nunan (1989: 10) nos brinda esta definición:

> la tarea comunicativa [es] un trabajo de clase por medio del cual los alumnos comprenden, manipulan, producen o interactúan en el idioma elegido como objetivo, en tanto que su atención está centrada principalmente en el significado y no en la forma. La tarea debe poseer también un sentido de totalidad y ser independiente como acto de comunicación por derecho propio.

Aunque los defensores de la ELBT se han adherido con entusiasmo y convicción al concepto de tarea, el uso de tareas como unidades de la planificación curricular tiene una historia mucho más antigua en la educación. Apareció por primera vez en las prácticas de formación profesional en la década de 1950. La prioridad de la tarea tuvo aquí su origen en el interés por el diseño de la formación del ejército en lo que se refiere a nuevas tecnologías militares y especialidades ocupacionales de la época. El *análisis de tareas* se centró en un principio en tareas psicomotrices en solitario, para las cuales se necesitaba escasa comunicación o colaboración. En el análisis de tareas, unas tareas en el propio puesto de trabajo y en buena medida manuales se traducían a tareas de formación. Smith resume así el proceso:

> Se analiza el sistema operativo desde el punto de vista de los factores humanos y se prepara un perfil de misión u organigrama para disponer de una base para desarrollar el inventario de tareas. Se prepara el inventario de tareas (un resumen de las principales funciones del puesto de trabajo y de las tareas de éste, más específicas, asociadas a cada función), utilizando métodos adecuados de análisis del puesto de trabajo. Se toman decisiones referentes a las tareas que hay que enseñar y al nivel de competencia que los alumnos tienen que alcanzar. Se desglosa cada tarea en los actos concretos que se requieren para su ejecución. Se revisan los actos concretos, o elementos de la tarea, para identificar los componentes de conocimiento y habilidades que intervienen en la ejecución de la tarea. Finalmente, se organiza una jerarquía de objetivos.
>
> (Smith, 1971: 584)

Un proceso similar se halla en el centro del enfoque curricular conocido como Enseñanza de Idiomas Basada en competencias (véase capítulo 13). La formación basada en tareas identificó varias áreas clave de interés:

1. el análisis de situaciones donde se usan las tareas en el mundo real
2. la traducción de éstas en descripciones de tareas de enseñanza
3. el diseño detallado de tareas docentes
4. la secuenciación de tareas docentes en la formación/enseñanza en el aula

Estas mismas cuestiones siguen siendo fundamentales en los debates actuales sobre la aplicación de la instrucción basada en tareas a la enseñanza de idiomas. Aunque el análisis de tareas y el diseño docente se ocupaban solamente en un principio del desempeño en solitario de tareas manuales en el puesto de trabajo, la atención se centró después en tareas de equipo, para las cuales se requiere comunicación. Se identificaron cuatro categorías principales de funciones de realización en equipo:

1. *funciones de orientación* (procesos para generar y distribuir la información necesaria a los miembros del equipo para el cumplimiento de la tarea)
2. *funciones de organización* (procesos necesarios para que los miembros coordinen acciones precisas para la ejecución de la tarea)
3. *funciones de adaptación* (procesos que tienen lugar cuando cada miembro del equipo adapta su ejecución a la de los demás para culminar la tarea)

4. funciones de motivación (que definen objetivos de equipo y «vigorizan al grupo» para culminar la tarea)

(Nieva, Fleishman y Rieck, 1978, citado en Crookes, 1986)

Los partidarios de la ELBT han hecho intentos parecidos de definir y validar la naturaleza y la función de las tareas en la enseñanza de idiomas. Aunque los estudios de este género que acabamos de mencionar se han centrado en la naturaleza de las tareas ocupacionales, también se ha prestado considerable atención a las tareas académicas en la educación general desde comienzos de los años setenta. Doyle observó que en la enseñanza elemental «la tarea escolar es el mecanismo mediante el cual se despliega ante los alumnos el plan de estudios» (Doyle, 1983: 161). Las tareas escolares se definen por poseer cuatro importantes dimensiones:

1. los productos que se pide a los estudiantes que generen
2. las operaciones cuyo uso se les requiere a fin de generar esos productos
3. las operaciones cognitivas necesarias y los recursos disponibles
4. el sistema de responsabilidad implicado

Todas las preguntas (y muchas de las contestaciones propuestas) que se suscitaron en estas tempranas investigaciones sobre las tareas y su papel en la instrucción y la enseñanza reflejan debates parecidos, relacionados con la Enseñanza Basada en Tareas. En este capítulo resumiremos las cuestiones decisivas de la Enseñanza Basada en Tareas y ofreceremos ejemplos de la imagen que se nos presenta de la enseñanza basada en tareas.

Enfoque

Teoría de la lengua

La ELBT se inspira esencialmente en una teoría del aprendizaje y no en una teoría de la lengua. Sin embargo, se puede decir que hay varias ideas sobre la naturaleza de la lengua que subyacen a los enfoques actuales de la ELBT. Son las siguientes:

LA LENGUA ES PRIMORDIALMENTE UN MEDIO PARA CREAR SIGNIFICADO

En común con otras realizaciones de la enseñanza comunicativa de la lengua, la ELBT acentúa el papel fundamental del significado en el uso del lenguaje. Skehan observa que en la instrucción basada en tareas (IBT), «el significado es primordial (...) la evaluación de la tarea se hace desde el punto de vista del resultado» y que a la instrucción basada en tareas no «le concierne la demostración del lenguaje» (Skehan, 1998: 98).

LA IBT ESTÁ CONFIGURADA POR MÚLTIPLES MODELOS DE LENGUA

Los defensores de la instrucción basada en tareas se fundan en modelos de lengua estructurales, funcionales e interactivos, según los hemos definido en el capítulo 1. Al parecer, es cuestión de conveniencia más que de ideología. Por ejemplo, Skehan emplea criterios *estructurales* cuando examina los criterios para determinar la complejidad lingüística de las tareas:

> La lengua se considera simplemente de menos a más compleja en una manera notablemente tradicional, ya que se puede interpretar que la complejidad lingüística está restringida por consideraciones del programa estructural.
>
> (Skehan, 1998: 99)

Otros investigadores han propuesto clasificaciones *funcionales* de los tipos de tareas. Por ejemplo, Berwick emplea los «objetivos de las tareas» como una de sus dos distinciones en la clasificación de los tipos. Observa que los objetivos de las tareas son principalmente «objetivos educativos que tienen una clara función didáctica» y «objetivos sociales (fáticos) que requieren el uso del lenguaje simplemente por causa de la actividad que realizan los participantes» (Berwick, 1988, citado en Skehan, 1998: 101). Foster y Skehan (1996) proponen una triple distinción funcional de tareas: tareas personales, narrativas y de toma de decisiones. Esta y otras clasificaciones de los tipos de tareas adaptan las categorías de las funciones lingüísticas que toman de los modelos propuestos por Jakobson, Halliday, Wilkins y otros.

Para terminar, las clasificaciones de las tareas que proponen quienes proceden de la tradición investigadora de la ASL, con sus estudios sobre interacción, se centran en las dimensiones *interactivas* de las tareas. Por ejemplo, Pica (1994) distingue entre actividad de interacción y objetivo de comunicación.

La IBT, por tanto, no está ligada a un único modelo de lengua, sino que se inspira en tres modelos de teoría de la lengua.

LAS UNIDADES LÉXICAS SON ESENCIALES EN EL USO Y EN EL APRENDIZAJE DE LA LENGUA

En años recientes se ha considerado que el vocabulario desempeña un papel más esencial en el aprendizaje de la segunda lengua de lo que se suponía tradicionalmente. El concepto de vocabulario tal como se usa aquí incluye la consideración de sintagmas léxicos, raíces de oraciones, rutinas prefabricadas y distribuciones, no sólo palabras como las unidades significativas del análisis léxico lingüístico y de la pedagogía de la lengua. Muchas propuestas basadas en tareas incorporan esta perspectiva. Skehan, por ejemplo (1996b: 21–22), comenta:

> Aunque gran parte de la enseñanza de idiomas ha funcionado dando por hecho que la lengua tiene un carácter esencialmente estructural, con los elementos de vocabulario encajando en ella para llenar unas pautas estructurales, muchos lingüistas y psicolingüistas han sostenido que el procesamiento de la lengua materna posee, con harta frecuencia, una naturaleza léxica. Esto significa que el procesamiento de la lengua se basa en la producción y recepción de unidades sintagmáticas completas mayores que la palabra (aunque analizables en palabras por los lingüistas) que no requieren un procesamiento interno cuando se «recitan de un tirón» (...) La fluidez tiene que ver con la capacidad del alumno de producir lengua en tiempo real sin detenerse excesivamente debido a vacilaciones.

Es probable que se base en modos más lexicalizados de comunicación, ya que sólo se hace frente a las presiones de la producción del discurso en tiempo real evitando un excesivo cálculo basado en las reglas.

LA «CONVERSACIÓN» ES LA PRIORIDAD FUNDAMENTAL DE LA LENGUA Y LA PIEDRA ANGULAR DE LA ADQUISICIÓN DE ÉSTA

En la IBT se considera que la base de la adquisición de la segunda lengua es hablar y tratar de comunicarse con otros mediante el lenguaje hablado, basándose en los recursos lingüísticos y comunicativos de que dispone el alumno; de aquí que en la mayoría de las tareas propuestas dentro de la ELBT intervenga la conversación. Volveremos sobre el papel de la conversación más adelante en este capítulo.

Teoría del aprendizaje

La IBT coincide con la Enseñanza Comunicativa de la Lengua (véase capítulo 14) en las ideas generales que subyacen a ésta acerca de la naturaleza del aprendizaje de los idiomas. Sin embargo, hay algunos otros principios de aprendizaje que desempeñan un papel destacado en la teoría de la ELBT. Son los siguientes:

LAS TAREAS PROPORCIONAN EL PROCESAMIENTO TANTO DE INPUT COMO DE OUTPUT NECESARIO PARA LA ADQUISICIÓN DE LA LENGUA

Krashen ha insistido durante mucho tiempo en que un input comprensible es el criterio único (y suficiente) de una lograda adquisición de la lengua (véase capítulo 15). Otros han argumentado, sin embargo, que un output productivo y no sólo el input es también decisivo para un adecuado progreso en la segunda lengua. Por ejemplo, en las aulas canadienses de inmersión total, Swain (1985) mostró que, incluso después de años de contacto con un input comprensible, la capacidad lingüística de los alumnos en inmersión seguía estando rezagada respecto de los hablantes nativos de su edad. La autora afirmó que para un pleno desarrollo lingüístico es decisivo tener oportunidades de utilizar el idioma de manera productiva. Se dice que las tareas ofrecen plenas oportunidades para las exigencias de input y output, que se consideran como procesos clave en el aprendizaje de idiomas. Otros investigadores se han fijado en la «negociación del significado» como elemento necesario en la adquisición de la segunda lengua. «Es la negociación del significado la que centra la atención del alumno en alguna parte de un enunciado [del alumno] (pronunciación, gramática, léxico, etc.) que precise modificación. Es decir, la negociación se puede considerar como el detonante de la adquisición» (Plough y Gass, 1993: 36).

Se piensa que las tareas fomentan los procesos de negociación, modificación, reformulación y experimentación que se hallan en el núcleo del aprendizaje de la segunda lengua. Esta opinión se engloba en la atención prioritaria, más general, que se presta a la decisiva importancia de la conversación en la adquisición de la lengua (p. e., Sato, 1988). Fundándose en la investigación de la ASL sobre negociación e interacción, la ELBT propone que la tarea sea el eje de la estimulación de la práctica input-output, la negociación del significado y la conversación centrada en la transacción.

LA ACTIVIDAD DE LA EJECUCIÓN DE TAREAS Y EL APROVECHAMIENTO SON MOTIVACIONALES

Se dice también que las tareas mejoran la motivación del alumno, y por lo tanto impulsan el aprendizaje. Esto es así porque estas exigen a los alumnos utilizar un lenguaje auténtico, tienen unas dimensiones y una conclusión bien definidas, son variadas en formato y funcionamiento, suelen incluir actividad física y toleran y alientan gran variedad de estilos de comunicación. Un profesor en prácticas, comentando una experiencia en la que figuraban tareas de comprensión oral, hacía notar que dichas tareas son «genuinamente auténticas, fáciles de entender gracias a la natural repetición; los alumnos se sienten motivados a escuchar porque acaban de hacer la misma tarea y quieren comparar cómo les ha salido» (citado en Willis, 1996: 61–62). (Sin duda, los entusiastas de otros métodos de enseñanza podrían citar similares «pruebas» de su eficacia.)

LA DIFICULTAD EN EL APRENDIZAJE PUEDE SER NEGOCIADA Y PUESTA A PUNTO PARA FINALIDADES PEDAGÓGICAS CONCRETAS

Otra cosa que se dice de las tareas es que se pueden diseñar para facilitar el uso y aprendizaje de aspectos concretos de la lengua. Long y Crookes (1991: 43) afirman que las tareas

> proporcionan un vehículo para presentar a los alumnos adecuadas muestras de lengua escogidas como objetivo –un input al que ellos inevitablemente darán nueva forma mediante la aplicación de unas capacidades generales de procesamiento cognitivo– y para ofrecer oportunidades de comprensión y producción de dificultad negociable.

En apoyo más detallado de esta aseveración, Skehan indica que al seleccionar o diseñar tareas hay que sacrificar algo la atención prioritaria a la forma por el procesamiento cognitivo. Unas tareas más difíciles y cognitivamente exigentes reducen la cantidad de atención que el alumno puede prestar a los rasgos formales de los mensajes, algo que se considera necesario para la precisión y el progreso gramatical. En otras palabras, si la tarea es demasiado difícil, puede suceder que la fluidez se desarrolle a costa de la precisión. Este autor indica que se pueden diseñar las tareas con arreglo a una escala de dificultad, de manera que los alumnos puedan trabajar en unas tareas que les permitan desarrollar tanto la fluidez como la consciencia de la forma lingüística (Skehan, 1998: 97). Propone asimismo que las tareas se puedan utilizar para «canalizar» a los alumnos hacia aspectos concretos de la lengua:

> Esta utilización canalizada podría aplicarse a algún aspecto del discurso o a la precisión, la complejidad, la fluidez en general, o incluso, de vez en cuando, al uso de determinados conjuntos de estructuras del idioma.
>
> (Skehan, 1998: 97–98)

Diseño

Objetivos

Hay pocos ejemplos publicados (o quizá plenamente llevados a la práctica) de programas completos de idiomas que pretendan estar basados exclusivamente en las más recientes formulaciones de la ELBT. La bibligrafía contiene sobre todo descripciones de ejemplos de actividades basadas en tareas. Sin embargo, como ocurre en otros enfoques comunicativos, en la ELBT las metas, idealmente, han de ser determinadas por las necesidades específicas de los alumnos concretos. La selección de tareas, según Long y Crookes (1993), debe basarse en un minucioso análisis de las necesidades de los estudiantes en el mundo real. Un ejemplo de cómo se hizo en un plan de estudios nacional inglés es el *English Language Syllabus in Schools Malaysian* (1975), un programa nacional comunicativo, basado en tareas. El Ministerio de Educación estableció un objetivo muy general en relación con la lengua inglesa en una época en la que el malayo estaba sustituyendo de forma gradual al inglés en todos los niveles de la educación. Un intento de definir el papel del inglés, dado el nuevo papel de la lengua malaya nacional, condujo al objetivo general de dar a todos los malayos que terminaban la enseñanza secundaria *la capacidad de comunicarse con precisión y eficacia en las actividades más corrientes en lengua inglesa en las que era posible que fueran a participar.* Tras esta declaración general, el equipo encargado de elaborar el programa identificó una diversidad de situaciones laborales en las que era probable que se usara el inglés. Los previstos usos profesionales (y de forma ocasional recreativos) del inglés dirigidos a los graduados de los cursos superiores de la enseñanza secundaria, que tenían como objeto otros sectores diferentes del terciario, fueron establecidos a modo de lista de objetivos generales de uso del inglés. Los veinticuatro objetivos resultantes pasaron a ser el marco en el cual se propuso una gama de actividades relacionadas con ellos. Los componentes de estas actividades fueron definidos en el programa bajo los epígrafes de Situación, Estímulo, Producto, Tareas y Proceso Cognitivo. En el capitulo 14 se ofrece un panorama del programa que surgió de este proceso.

Programa

A continuación se examinan las diferencias entre un programa convencional de idioma y otro basado en tareas. Un programa convencional, en su forma típica, especifica el contenido de un curso eligiéndolo entre estas categorías:

— estructuras lingüísticas
— funciones
— temas
— microhabilidades (lectura, expresión escrita, comprensión oral, expresión oral)
— competencias
— tipos de textos
— vocabulario escogido como objetivo

El programa especifica el contenido y los resultados del aprendizaje y es un documento que se puede utilizar como base para la enseñanza en el aula y el diseño de materiales docentes. Aunque los partidarios de la ELBT no excluyen el interés por el desarrollo de cualquiera de estas categorías por los alumnos, las dimensiones de proceso que posee el aprendizaje les precupan más que el contenido y las habilidades concretas que se podrían adquirir mediante la utilización de esos procesos. Un programa de ELBT, en consecuencia, precisa las tareas que han de llevar a cabo los alumnos dentro de un programa.

Nunan (1989) sugiere que un programa podría concretar dos tipos de tareas:

1. tareas del mundo real, concebidas para practicar o ensayar las tareas que se juzgan importantes en un análisis de necesidades y que son importantes y útiles en el mundo real
2. tareas pedagógicas, que tienen una base psicolingüística en la teoría y la investigación de la ASL pero no necesariamente se reflejan en tareas del mundo real

El uso del teléfono sería un ejemplo de las primeras; una tarea de rellenar lagunas en la información lo sería de las segundas. (Hay que observar que la atención prioritaria a las tareas del Tipo 1, su identificación por medio del análisis de necesidades y el empleo de esa información como base para la planificación y ejecución de la enseñanza son idénticos a los procesos usados en la Instrucción Basada en Competencias; véase capítulo 13).

En el Proyecto Bangalore (un diseño basado en tareas para alumnos de inglés de edad de enseñanza primaria) se hizo uso de ambos grupos de tareas, como se deduce de la siguiente lista de los primeros diez tipos de tareas:

Tipo de tarea	*Ejemplo*
1. Diagramas y formaciones	Nombrar partes de un diagrama mediante números y letras del alfabeto según instrucciones
2. Dibujo	Dibujar figuras/formaciones geométricas a partir de series de instrucciones verbales
3. Esferas de reloj	Colocar las manos sobre un reloj para mostrar una hora determinada
4. Calendario mensual	Calcular la duración en días y semanas en el contexto de viajes, permisos y demás
5. Planos	Levantar el plano de una casa a partir de una descripción
6. Horarios de clase	Hacer horarios para profesores de asignaturas concretas
7. Programas e itinerarios	Formar itinerarios a partir de descripciones de viajes
8. Horarios de trenes	Elegir trenes apropiados para determinadas necesidades

    9. Edad y año de nacimiento   Averiguar el año de nacimiento por la edad
10. Dinero   Decidir las cantidades que hay que comprar según el dinero disponible

(Adaptado de Prabhu y citado en Nunan, 1989: 42–44)

Norris *et al.* (1998) dan ejemplos de tareas representativas del mundo real agrupadas según temas. Por ejemplo:

Tema: planificar unas vacaciones

Tareas
- decidir dónde se puede ir con arreglo a las «millas de ventaja»
- reservar un vuelo
- elegir un hotel
- reservar una habitación

Tema: solicitud para una universidad

Tareas
- presentar la solicitud
- mantener correspondencia con la cátedra del departamento
- preguntar por las ayudas financieras
- elegir los cursos que se desee y que sean idóneos, guiándose por los consejos del asesor
- inscribirse por teléfono
- calcular y pagar las tasas

No parece que esta clasificación ofrezca mucho más que las impresiones intuitivas de los autores de materiales docentes de la Enseñanza Situacional de Lengua de los años sesenta o las taxonomías libres de datos que se encuentran en *Communicative Syllabus Design* (1978) de Munby. Tampoco otros intentos posteriores de describir dimensiones y dificultad de las tareas han ido mucho más allá de la especulación (véase Skehan, 1998: 98–99).

Además de seleccionar tareas como base de un programa de ELBT, también es preciso determinar la ordenación de éstas. Veíamos que se ha propuesto la dificultad intrínseca de las tareas como base de su secuenciación, pero la dificultad de las tareas es en sí misma un concepto que no resulta fácil de determinar. Honeyfield (1993: 129) expone las siguientes consideraciones:

1. Procedimientos, o lo que tienen que hacer los alumnos para extraer output del input
2. Texto de input
3. Output requerido:
   a) Unidades lingüísticas: vocabulario, estructuras, estructuras del discurso, procesabilidad y demás
   b) Habilidades, tanto macrohabilidades como subhabilidades
   c) Conocimiento de palabras o «contenido temático»
   d) Tratamiento del texto o estrategias de conversación

4. Cantidad y tipo de ayuda que se presta
5. Papel de profesores y alumnos
6. Tiempo permitido
7. Motivación
8. Seguridad
9. Estilos de aprendizaje

Esta lista es ilustrativa de la dificultad de la noción de dificultad de las tareas: ¡se podría añadir a aquélla casi cualquier cosa, como hora del día, temperatura de la habitación o efectos secundarios del desayuno!

Tipos de actividades de aprendizaje y de enseñanza

Hemos visto que hay muchas opiniones distintas en cuanto a qué es lo que constituye una tarea. En consecuencia, hay muchas descripciones contrapuestas de los tipos básicos de tareas en la ELBT, así como de las actividades adecuadas en el aula. Breen ofrece una descripción muy amplia de lo que es una tarea (1987: 26):

> Una tarea de aprendizaje del idioma se puede considerar como un trampolín para la labor de aprendizaje. En sentido amplio, es un plan estructurado para dar oportunidades de perfeccionamiento de los conocimientos y capacidades que contiene una nueva lengua y su uso en la comunicación. Ese plan de trabajo tendrá su propio objetivo particular, un contenido adecuado sobre el que hay que trabajar, y un procedimiento operativo (...) Un ejercicio breve y sencillo es una tarea, y también lo son unos planes de trabajo más complejos y generales que requieran la comunicación espontánea de significado o la resolución de problemas planteados en el aprendizaje y la comunicación. Cualquier test de lengua se puede incluir en este espectro de tareas. Todos los materiales diseñados para la enseñanza de idiomas –a través de su particular organización de contenidos y de los procedimientos operativos que asumen o proponen para el aprendizaje del contenido– pueden ser considerados como compendios de tareas.

Para Prabhu, una tarea es «una actividad que exige a los alumnos que lleguen a un resultado partiendo de una información dada a través de un proceso de pensamiento y que permite a los profesores controlar y regular ese proceso» (Prabhu, 1987: 17). Leer horarios de trenes y decidir qué tren hay que tomar para llegar a un determinado destino un día determinado es una tarea apropiada para realizarla en el aula, según esta definición. Para Crookes, una tarea es «un trabajo o actividad, habitualmente con una finalidad concreta, acometida como parte de un curso educativo, en el trabajo o utilizado para obtener datos para la investigación» (Crookes, 1986: 1). Esta definición conduciría a una serie de «tareas» muy diferentes de las identificadas por Prabhu, ya que podría incluir no sólo resúmenes, redacciones y notas de clase, sino también posiblemente, en algunas aulas de idiomas, ejercicios, lecturas de diálogos y cualesquiera otras «tareas» de las que se valgan los profesores para lograr sus objetivos docentes.

En la bibliografía sobre la ELBT se han hecho diversos intentos de agrupar las tareas en categorías como base para el diseño y la descripción de aquéllas.

Willis (1996) propone seis tipos de tareas fundamentados en jerarquías de conocimiento más o menos tradicionales. Da a sus ejemplos de tareas las siguientes denominaciones:

1. escuchar
2. ordenar y clasificar
3. comparar
4. solución de problemas
5. compartir experiencias personales
6. tareas creativas

Pica, Kanagy y Falodun (1993) clasifican las tareas según el tipo de interacción que se da en su realización y ofrecen la siguiente clasificación:

1. *Tareas de rompecabezas*: en ellas, los alumnos combinan diferentes fragmentos de información para formar una totalidad (p. e., tres individuos o grupos tienen tres partes distintas de un relato y tienen que recomponer éste).
2. *Tareas de lagunas en la información*: un alumno o grupo de alumnos tiene una serie de datos y otro alumno o grupo tiene otra complementaria. Tienen que negociar y averiguar qué información tiene la otra parte a fin de culminar una actividad.
3. *Tareas de resolución de problemas*: se da a los alumnos un problema y unos datos. Deben llegar a una solución del problema. Por lo general, hay una única solución.
4. *Tareas de toma de decisiones*: se plantea a los alumnos un problema para el cual hay varias soluciones posibles y tienen que elegir una mediante la negociación y el debate.
5. *Tareas de intercambio de opiniones*: los alumnos participan en debates e intercambian ideas. No es preciso que lleguen a un acuerdo.

Se han descrito otras características de las tareas, tales como las siguientes:

1. sentido único o doble: si la tarea supone un intercambio de información en sentido único o doble
2. convergente o divergente: si los alumnos consiguen un objetivo común o varios diferentes
3. cooperativo o competitivo: si los alumnos colaboran para realizar una tarea o compiten entre sí en ella
4. soluciones únicas o múltiples: si hay una única solución o muchas diferentes
5. lenguaje concreto o abstracto: si la tarea supone el uso de un lenguaje concreto o abstracto
6. procesamiento simple o complejo: si la tarea requiere un procesamiento cognitivo relativamente simple o complejo
7. lenguaje simple o complejo: si las exigencias lingüísticas de la tarea son relativamente simples o complejas

8. basada en la realidad o no basada en la realidad: si la tarea refleja una actividad del mundo real o es una actividad pedagógica que no existe en el mundo real

Papel del alumno

En las propuestas actuales para la IBT se incluyen una serie de papeles específicos para los alumnos. Algunos de ellos coinciden parcialmente con las funciones generales que asumen los alumnos en la Enseñanza Comunicativa de la Lengua, mientras que otros los crea la atención prioritaria que se presta a la realización de tareas como actividad esencial de aprendizaje. Los papeles primordiales que supone la tarea son:

PARTICIPANTE EN UN GRUPO
Muchas tareas se harán en parejas o grupos pequeños. Para los alumnos más acostumbrados al trabajo individual o de toda la clase, es posible que esto requiera una cierta adaptación.

ESCUCHA
En la ELBT no se recurre a las tareas por sí mismas, sino como medio para facilitar el aprendizaje. Las actividades de clase tienen que estar diseñadas de manera que los alumnos tengan ocasión de darse cuenta de cómo se utiliza el idioma en la comunicación. Los propios alumnos tienen que «atender» no sólo al mensaje del trabajo que se ejecuta en la tarea, sino también a la forma en la que se presentan habitualmente estos mensajes. En Bell y Burnaby (1984) se proponen una serie de técnicas, puestas en marcha por los alumnos, para ayudar a éstos a reflexionar sobre las características de las tareas, entre ellas la forma lingüística.

DISPUESTO A ARRIESGARSE E INNOVADOR
Muchas tareas requerirán que los alumnos creen e interpreten mensajes sin tener plenos recursos lingüísticos ni experiencia previa. De hecho, se dice que esta es la finalidad de estas tareas. A menudo se necesitará práctica en replantear, parafrasear, usar signos paralingüísticos (en los casos en que sea adecuado) y demás. Es posible que también sea preciso desarrollar destrezas de adivinación de pistas lingüísticas y conceptuales, petición de aclaraciones y consulta con otros alumnos.

Papel del profesor

Los profesores asumen también otros papeles en la ELBT; entre ellos figuran:

SELECTOR Y SECUENCIADOR DE TAREAS
Una función fundamental del profesor es la de seleccionar, adaptar o crear —o ambas cosas— las tareas ellos mismos y luego ordenarlas en una secuencia instructiva que esté en armonía con las necesidades, intereses y nivel de destreza lingüística del alumno.

PREPARAR A LOS ALUMNOS PARA LAS TAREAS

La mayoría de los partidarios de la ELBT indican que los alumnos no deben acometer nuevas tareas «en frío» y que es importante algún género de preparación o arranque pre-tarea. Estas actividades podrían incluir presentación de temas, instrucciones para aclarar las tareas, ayudar a los alumnos a aprender o recordar palabras y expresiones que faciliten la ejecución de las tareas, y aportar una demostración parcial de los procedimientos de las tareas. Estos arranques pueden ser implícitos y actuar por inducción, o explícitos y actuar por deducción.

SUSCITAR CONSCIENCIA

La visión actual de la ELBT sostiene que para que los alumnos adquieran la lengua participando en tareas tienen que atender y prestar atención a las características decisivas de la lengua que usan y oyen. Se aludió a esto como «Atención a la Forma». Los defensores de la ELBT insisten en que esto no significa dar una lección de gramática antes de que los alumnos aborden una tarea. Sí que significa emplear diversas técnicas para centrar su atención en la forma, entre ellas actividades pre-tarea de atención prioritaria, exploración de tests, experiencia guiada de tareas paralelas y uso de materiales con partes destacadas.

Papel de los pre-materiales de enseñanza

MATERIALES PEDAGÓGICOS

Los materiales de enseñanza desempeñan un importante papel en la ELBT porque ésta depende de que se cuente con suficientes tareas adecuadas en el aula, algunas de las cuales pueden requerir un tiempo considerable y obligar a desarrollar mucho ingenio y recursos. Los materiales que se pueden aprovechar para la instrucción en la ELBT no tienen otros límites que la imaginación del diseñador de las tareas. Muchos textos contemporáneos de enseñanza de lenguas citan la «atención prioritaria a la tarea» o las «actividades basadas en tareas» entre sus credenciales, aunque la mayoría de las tareas que aparecen en esos libros son actividades en el aula bien conocidas por todos los profesores que se valen del aprendizaje cooperativo, la Enseñanza Comunicativa de la Lengua o las actividades en grupos pequeños. Hay varios libros de material didáctico para profesores que contienen series representativas de actividades sencillas para tareas (p. e., Willis, 1996), que se pueden adaptar a diversas situaciones. También se han recopilado en forma de manual series de tareas para uso de los alumnos. Unas se encuentran en un formato textual más o menos tradicional (p. e., Think Twice, Hover, 1986), otras son multimedia (p. e., Challenges, Candlin y Edelhoff, 1982) y otras se han publicado en forma de fichas de tareas (p. e., Malaysian Upper Secondary Communicational Syllabus Resource Kit, 1979). También se pueden utilizar como material didáctico de IBT una variada gama de realia.

REALIA

Los defensores de la ELBT son partidarios del uso de tareas auténticas con el apoyo de materiales auténticos siempre que sea posible. Es evidente que los medios de comunicación populares suministran abundantes recursos en este sentido. Los siguientes son algunos tipos de tareas que se pueden configurar con arreglo a estos productos:

Periódicos

- Los alumnos examinan un periódico, identifican sus secciones y sugieren tres nuevas que pudieran figurar en el periódico.
- Los alumnos preparan un anuncio de búsqueda de empleo utilizando ejemplos de la sección de anuncios por palabras.
- Los alumnos preparan su plan de ocio para el fin de semana utilizando la sección de ocio y espectáculos.

Televisión

- Los alumnos toman notas durante el informe meteorológico y preparan un mapa con símbolos meteorológicos que muestren el tiempo probable que va a hacer en el periodo de la predicción.
- Viendo un anuncio, los alumnos identifican y enumeran los términos de publicidad a bombo y platillo, y después intentan construir un anuncio paralelo siguiendo las secuencias de estos términos.
- Tras ver un episodio de un culebrón desconocido, los alumnos enumeran los personajes (con nombres conocidos o inventados) y sus posibles relaciones con otros personajes del episodio.

Internet

- Se da a los alumnos el título de un libro que tienen que comprar y realizan un análisis comercial comparativo de tres libreros de Internet, viendo sus precios, tiempos de envío y costes de expedición, y eligen un vendedor, justificando su elección.
- Para tratar de encontrar un hotel económico en Tokio, los alumnos utilizan tres buscadores diferentes (p. e., Yahoo, Netscape, Snap), comparando tiempos de búsqueda y analizando los diez primeros hallazgos para determinar cuál es el buscador más útil para esa finalidad.
- Los alumnos inician un *chat* en un espacio de «chateo», indicando un interés actual en su vida y desarrollando una contestación a las tres primeras personas que respondan. Después empiezan un diario con esas series de textos, clasificando las respuestas.

Procedimiento

La manera en que se diseñan las actividades que integran las tareas a fin de que constituyan un bloque de enseñanza puede verse en el siguiente ejemplo, tomado de Richards (1985). Dicho ejemplo procede de un programa de lengua que contenía un componente básico construido alrededor de tareas. El programa era un curso intensivo de conversación para estudiantes universitarios japoneses que estaban asistiendo a un programa de verano en Estados Unidos. El análisis de necesidades identificó unas tareas a modo de objetivos que los estudiantes tenían que ser capaces de realizar en inglés, entre ellas:

— transacciones sociales básicas de supervivencia
— conversaciones informales en persona
— conversaciones telefónicas
— entrevistas en el campus
— conflictos con el servicio

A continuación se desarrollaron una serie de actividades de improvisación centradas en situaciones que los alumnos se podrían encontrar en la comunidad y en transacciones que tendrían que realizar en inglés. Se elaboró el siguiente formato para cada tarea de improvisación:

Actividades pre-tarea

1. En primer lugar, los alumnos toman parte en una actividad preliminar que presenta el tema, la situación y el «guión» que posteriormente aparecerán en la tarea de improvisación. Estas actividades son de varios tipos, entre ellas lluvia de ideas, ejercicios de clasificación y tareas de resolución de problemas. La atención se centra en pensar en un tema, generar un vocabulario y un lenguaje relacionados con él y desarrollar expectativas en torno al tema. Esta actividad, por lo tanto, prepara a los alumnos para la tarea de improvisación estableciendo esquemas de diferentes tipos.

2. Después, los alumnos leen un diálogo sobre un tema que guarda relación con el suyo. Esto sirve para tomar como modelo el tipo de actividad que el alumno tendrá que realizar en la tarea de improvisación y para aportar ejemplos del tipo de lenguaje que se podría utilizar en una transacción de ese tipo.

Actividad de la tarea

3. Los alumnos llevan a cabo la improvisación. Trabajan en parejas con una tarea y se les da pie cuando es necesario para negociar la tarea.

Actividades post-tarea

4. Los alumnos escuchan luego grabaciones de hablantes nativos haciendo la misma tarea de improvisación que ellos acaban de practicar, y establecen las diferencias que hay entre la manera en que ellos han expresado funciones y significados y cómo lo han hecho los hablantes nativos.

Willis (1996: 56–57) recomienda una secuencia de actividades similar:

Pre-tarea

Introducción al tema y a la tarea

— P [el profesor] ayuda a As [los alumnos] a entender el tema y los objetivos de la tarea, por ejemplo, por medio de una lluvia de ideas con la clase, valiéndose de imágenes, mímica o la experiencia personal para presentar el tema.

- As pueden hacer una pre-tarea, por ejemplo, juegos de excluir la palabra que no encaje basados en el tema.
- P puede destacar palabras y expresiones útiles, pero no pre-enseñar nuevas estructuras.
- Se puede dar a As un tiempo de preparación para que piensen cómo hacer la tarea.
- As pueden oír una grabación de cómo se hace una tarea paralela (siempre que no revele la solución del problema).
- Si la tarea se basa en un texto, As leen parte de él.

El ciclo de la tarea

Tarea

- La tarea es realizada por As (en parejas o grupos) y les da ocasión de usar el lenguaje que ya dominen para expresarse y decir lo que quieran. Esto se puede hacer como reacción a la lectura de un texto o a la audición de una grabación.
- P recorre el aula y controla, dando apoyo a todos y alentando sus intentos de comunicarse en la lengua elegida.
- P ayuda a As a formular lo que quieren decir, pero sin intervenir para corregir errores de forma.
- Se hace hincapié en que se hable con un talante espontáneo y explorador y en aumentar la seguridad dentro de la intimidad del pequeño grupo.
- El logro de los objetivos de la tarea contribuye a la motivación de As.

Planificación

- La planificación prepara para la etapa siguiente, en la cual se pide a As que informen brevemente a toda la clase acerca de cómo han hecho la tarea y cuál ha sido el resultado.
- As hacen en borrador y ensayan lo que quieren decir o escribir.
- P recorre el aula para dar consejos a los alumnos sobre la lengua, sugerir expresiones y ayudarlos a pulir y corregir su manera de utilizarla.
- Si los informes son por escrito, P puede animar a As a corregir y usar el diccionario juntos.
- Se insiste sobre todo en la claridad, la organización y la precisión como las características que debe tener una presentación en público.
- As aprovechan muchas veces la ocasión para hacer preguntas individualmente acerca de elementos concretos del idioma.

Informe

- P pide a algunas parejas que informen brevemente a toda la clase para que todos puedan comparar los hallazgos, o bien que inicien un repaso. (Nota: Los demás tienen que tener una finalidad para escuchar.) A veces sólo uno o dos grupos hacen un informe completo; otros comentan y añaden aspectos adicionales. La clase puede tomar notas.
- P preside, comenta el contenido de los informes, acaso reformula, pero no hace correcciones públicas y abiertas.

Comprensión oral post-tarea
— As escuchan una grabación de personas que hablan con soltura haciendo la misma tarea y la comparan con el modo en que la han hecho ellos.

La prioridad lingüística

Análisis
— P pone tareas centradas en el lenguaje, basadas en textos que As hayan leído o en transcripciones de las grabaciones que han oído.
— Entre los ejemplos se encuentran los siguientes:
Hallar palabras y expresiones relacionadas con el título del tema o texto.
Leer la transcripción, hallar palabras que acaben en s o 's y decir lo que significa la s.
Encontrar todos los verbos que haya en la forma del *past simple* [pretérito indefinido]. Decir cuáles se refieren al pasado y cuáles no.
Subrayar y clasificar las preguntas de la transcripción.
— P hace que As empiecen; luego siguen As, muchas veces en parejas.
— P recorre el aula para ayudarlos; As pueden hacer preguntas individuales.
— Con toda la clase, P después revisa el análisis, posiblemente escribe en la pizarra los aspectos lingüísticos relevantes en forma de lista; As pueden tomar notas.

Práctica
— P dirige actividades encaminadas a la práctica según las necesidades, basándose en el trabajo de análisis del idioma que está ya en la pizarra o utilizando ejemplos del texto o de la transcripción.
— Las actividades de práctica pueden incluir:
Repetición en coro de las expresiones identificadas y clasificadas.
Juegos de reto a la memoria basados en ejemplos con partes borradas o utilizando listas escritas ya en la pizarra, que se van borrando.
Completar oraciones (planteadas por un equipo a otro).
Conjuntar tiempos verbales pasados (revueltos) con el sujeto o los objetos que tengan en el texto.
Juego de Kim (en equipos) con palabras y expresiones nuevas.
Consulta en el diccionario de palabras o frases del texto o de la transcripción.

Conclusión

Pocos pondrían en duda el valor pedagógico de la utilización de tareas como vehículo para fomentar la comunicación y el uso del lenguaje auténtico en las aulas de segunda lengua; dependiendo de la definición de cada uno de lo que son las tareas, éstas forman parte desde hace mucho, para profesores de muchas opiniones metodológicas distintas, del repertorio que posee el sistema dominante de técnicas de enseñanza de idiomas. Sin embargo, la ELBT ofrece un fundamento diferente para el uso de las tareas, así como unos criterios para el diseño y empleo de las tareas. Es la dependencia respecto de las tareas como fuente primordial de input pedagógico en la enseñanza y la inexistencia de un programa sistemático gramatical o de otro tipo lo que caracteriza las versiones actuales de la ELBT, y lo que distingue su modo de usar las tareas del de la Enseñanza de Idiomas Basada en Competencias, otro enfoque asimismo basado en tareas pero no ligado al marco teórico y a las ideas básicas de la ELBT. Muchos aspectos de la ELBT aún no han sido justificados; por ejemplo, los esquemas propuestos de tipos de tareas, la secuenciación de tareas y la evaluación de la ejecución de las tareas. Y la suposición básica de la Enseñanza Basada en Tareas –que proporciona una base más eficaz para la enseñanza que otros enfoques de la enseñanza de idiomas– sigue estando en el ámbito de la ideología y no en el de los hechos.

19 La era post-métodos

Antecedentes

En la revisión de enfoques y métodos presentada en este libro hemos visto que la historia de la enseñanza de idiomas en los últimos cien años ha estado caracterizada por una búsqueda de maneras más eficaces de enseñar segundas lenguas o lenguas extranjeras. Se consideró que la solución más habitual al «problema de la enseñanza de idiomas» estaba en la adopción de un nuevo enfoque o método docente. Un resultado de esta tendencia fue la época de los denominados métodos de diseñador o de marca, es decir, soluciones prefabricadas que se pueden describir y comercializar para su utilización en cualquier parte del mundo. Así, en la primera parte del siglo XX hubo entusiastas adhesiones al Método Directo, recibido como un perfeccionamiento de Gramática-Traducción. En la década de 1950 se pensó que el Método Audiolingüístico ofrecía un avance, al incorporar las ideas más recientes de las ciencias de la lingüística y la psicología. Cuando el Método Audiolingüístico empezó a decaer en los años setenta, sobre todo en Estados Unidos, apareció una diversidad de métodos, dirigidos cada uno por su gurú, para llenar el vacío dejado por el descrédito del Método Audiolingüístico, tales como la Vía Silenciosa, la Respuesta Física Total y la Sugestopedia. Aunque en los años noventa todos ellos habían decaído de una manera sustancial, se siguieron anunciando nuevos «progresos» de vez en cuando, como la Instrucción Basada en Tareas, la Programación Neurolingüística y las Inteligencias Múltiples, que atrajeron diferentes niveles de apoyo. El sistema dominante de enseñanza de idiomas a ambos lados del Atlántico, sin embargo, optó en los ochenta por la Enseñanza Comunicativa de la Lengua (ECL) como base recomendada para la metodología de la enseñanza de idiomas; hoy en día sigue siendo considerada como la base más plausible para la enseñanza de idiomas, aunque, como veíamos en el capítulo 14, en la actualidad se entiende que la ECL significa poco más que una serie de principios muy generales que se pueden aplicar e interpretar de muchas maneras.

Este libro describe los enfoques y métodos en la enseñanza de idiomas. Hemos dicho que un enfoque es un conjunto de creencias y principios que se pueden utilizar como base para enseñar un idioma. He aquí algunos ejemplos de enfoques que se han descrito en este libro:

- Enseñanza Comunicativa de la Lengua
- Enseñanza de Idiomas Basada en Competencias

- Instrucción Basada en Contenidos
- Aprendizaje Cooperativo
- Enfoques Léxicos
- Inteligencias Múltiples
- El Enfoque Natural
- Programación Neurolingüística
- Enseñanza de la Lengua Basada en Tareas
- Lengua Total

Todos estos enfoques (o al menos los que han sido más plenamente elaborados y adoptados) tienen en común un conjunto esencial de teorías y creencias acerca de la naturaleza de la lengua y del aprendizaje del idioma, y un conjunto, derivado de aquél, de principios para la enseñanza de un idioma. Ninguno de ellos, sin embargo, conduce a una serie específica de normas y técnicas que haya que utilizar en la enseñanza de un idioma. Se caracterizan por la diversidad de sus interpretaciones en cuanto a cómo se pueden aplicar estos principios. A causa de este nivel de flexibilidad y de la posibilidad de que haya distintas interpretaciones y aplicaciones, los enfoques suelen permanecer en reserva mucho tiempo. Permiten la interpretación y la aplicación individuales. Pueden ser revisados y actualizados en el transcurso del tiempo según aparecen nuevas prácticas.

Un *método,* por otra parte, es un diseño o sistema docente específico basado en una teoría concreta de la lengua y del aprendizaje de idiomas. Contiene especificaciones detalladas sobre el contenido, los papeles de profesores y alumnos, y los procedimientos y técnicas de enseñanza. Posee una relativa fijeza en el tiempo y hay por lo general poco ámbito para la interpretación individual. Los métodos se aprenden mediante el adiestramiento. El papel del profesor consiste en seguir el método y aplicarlo de manera precisa con arreglo a las normas. He aquí algunos ejemplos de métodos en este sentido:

- Método Audiolingüístico
- Aprendizaje-Orientación
- Enseñanza Situacional de la Lengua
- La Vía Silenciosa
- Sugestopedia
- Respuesta Física Total

Comparados con los enfoques, los métodos suelen resistir relativamente poco tiempo en la reserva. Al estar frecuentemente vinculados a alegaciones muy específicas y a prácticas obligatorias, suelen caer en desgracia cuando esas prácticas se pasan de moda o quedan desacreditadas. Se puede considerar que la época de apogeo de los métodos duró hasta finales de la década de 1980. No obstante, los métodos ofrecen algunas ventajas sobre los enfoques, lo cual explica sin duda su atractivo. Por la naturaleza general de los enfoques, muchas veces no hay una aplicación clara de sus supuestos y principios, como hemos visto en una serie de enfoques tratados en este libro. Es mucho lo que se deja a la interpretación, la destreza y la pericia personales del profesor. En consecuencia, es frecuente que no haya un claro modo, correcto o erróneo, de enseñar con arreglo a un enfoque ni un corpus de práctica obligada que esté en espera de ser puesto en ejecución. Esta falta de detalle puede ser una fuente de frustración e irritación para los profesores, en especial para los que tienen poco entrenamiento o experiencia. Los métodos, por otra parte, resuelven muchos de los problemas con que tienen que luchar los profesores principiantes, pues muchas de las decisiones básicas acerca de qué enseñar y cómo enseñarlo las han tomado ya otros por ellos. Además, los entusiastas de los métodos forman una comunidad profesional con un propósito, una ideología y un dialecto comunes. Ello proporciona a los adeptos un grupo de adláteres compuesto por profesores de opiniones afines con los cuales pueden compartir ideas y experiencia. Se puede considerar también que los métodos ofrecen abundantes recursos en cuanto a actividades, algunas de las cuales se pueden adoptar con independencia de la ideología de cada cual. Como la normativa «P-P-P» de Presentación, Práctica y Producción, un método ofrece al profesor novato la seguridad de una serie pormenorizada de pasos secuenciales que debe seguir en el aula.

Hasta qué punto los nuevos enfoques y métodos han tenido una aceptación general y gozan de una influencia duradera en las prácticas docentes es algo que depende también de la relativa facilidad o dificultad con que se tope la introducción de los cambios requeridos por el enfoque o método. Los cambios en el plan de estudios son de tipos muy diferentes. Pueden afectar a los valores y creencias pedagógicas de los profesores, a su concepción de la naturaleza de la lengua o del aprendizaje de la segunda lengua, o bien a sus prácticas en el aula y a su manera de utilizar los materiales de enseñanza. Es posible que unos cambios sean aceptados fácilmente y otros hallen resistencia. La medida en que se va a adoptar un nuevo enfoque o método se verá afectada, en consecuencia, por las siguientes cuestiones:

— ¿Qué ventajas ofrece un nuevo enfoque o método? ¿Se considera que es más eficaz que las actuales prácticas?
— ¿Hasta qué punto es compatible con las existentes creencias y actitudes de los profesores y con la organización y las prácticas dentro de las aulas y escuelas?
— El nuevo enfoque o método, ¿es muy complicado y difícil de entender y utilizar?
— ¿Ha sido puesto a prueba en algunas escuelas y aulas antes de que se imponga su uso a los profesores?
— Los beneficios del nuevo enfoque o método, ¿han sido transmitidos con claridad a profesores e instituciones?
— ¿Qué grado de claridad y carácter práctico posee el nuevo enfoque o método? ¿Se han expuesto sus expectativas de una manera que muestre claramente cómo ha de usarse en el aula?

El carácter práctico es una cuestión clave. Una metodología que se pueda convertir con facilidad en materiales de enseñanza y libros de texto y cuyo uso no requiera un adiestramiento especial será adoptada de forma más inmediata que una que no tenga estos rasgos. Son asimismo fundamentales las redes de apoyo disponibles para la promoción o explicación de un nuevo enfoque o método docente. En este sentido, un ministerio o departamento de educación, los responsables clave de la administración de la enseñanza, las academias más destacadas y las corporaciones y organizaciones profesionales pueden desempeñar un papel importante en la promoción de un nuevo enfoque o método.

De las descripciones que hemos dado en este libro se deduce que es improbable que algunos enfoques y métodos sean adoptados de manera general, pues son difíciles de entender y usar, carecen de una aplicación práctica clara, requieren una formación especial y exigen cambios de gran calado en los hábitos y creencias de los profesores. Esto es así en el caso de muchos de los enfoques y métodos alternativos que hemos expuesto en este libro.

Con todo, en los años noventa el concepto de método fue objeto de críticas por otras razones y se expusieron una serie de limitaciones implícitas a la noción de método multiuso. A fines del siglo XX, el sistema dominante de enseñanza de idiomas ya no consideraba los métodos como el factor esencial que explicaba el éxito o el fracaso en la enseñanza de idiomas. Hubo quienes hablaron de la muerte de los métodos y enfoques y en ocasiones se utilizó el término «era post-métodos». ¿Cuáles fueron las críticas principales que se hicieron de los enfoques y métodos?

La crítica «de arriba abajo»

Mientras que los enfoques suelen permitir diferentes interpretaciones en la práctica, los métodos, en su forma típica, imponen a los profesores lo que tienen que enseñar y cómo. Los profesores tienen que aceptar como artículo de fe los principios o la teoría que subyacen al método y aplicarlos a su propia práctica. Se considera que la buena enseñanza es el uso correcto del método y de sus principios y técnicas preceptivos. Se prescriben de manera general los papeles de profesores y alumnos, así como el tipo de actividades y técnicas de enseñanza que han de utilizarse en el aula. El papel del profesor queda marginado; se restringe a entender el método que aplica y aplicar correctamente sus principios. De la misma manera, a veces se considera a los alumnos como receptores pasivos del método y deben someterse a su régimen de ejercicios y actividades. En la visión tradicional de los métodos falta un concepto de enseñanza centrada en el alumno y de creatividad del profesor: un reconocimiento de que los alumnos aportan al proceso de aprendizaje diferentes estilos y preferencias, de que hay que consultarlos en el proceso de desarrollo de un programa y de que los métodos docentes deben ser flexibles y adaptables a las necesidades e intereses de los alumnos. Al mismo tiempo, muchas veces hay poco espacio para la propia iniciativa y estilo personal de enseñanza del profesor. Este tiene que someterse al método.

El papel de los factores contextuales

Tanto los enfoques como los métodos son a menudo promovidos como soluciones multiuso a los problemas de la enseñanza, soluciones aplicables en cualquier parte del mundo y en cualesquiera circunstancias. Al tratar de aplicar estos enfoques o métodos, los profesores desconocen muchas veces cuál es el punto de partida del diseño del programa de lengua, a saber, una atenta consideración del contexto en el cual tienen lugar la enseñanza y el aprendizaje, incluyendo el contexto cultural, el contexto político, el contexto institucional local y el contexto formado por los profesores y los alumnos en sus aulas.

Por ejemplo, los intentos de introducir la Enseñanza Comunicativa de la Lengua en países con tradiciones educativas muy diferentes de aquéllos en los cuales se desarrolló la ECL (Gran Bretaña y Estados Unidos, y otros países de habla inglesa) se han descrito en ocasiones como «imperialismo cultural» porque se tienen por «correctas» las ideas básicas y prácticas implícitas a la ECL, mientras que se considera que las de la cultura elegida han de ser reemplazadas. De manera parecida, el Aprendizaje-Orientación y el Aprendizaje Cooperativo hacen, por lo que atañe a las funciones de profesores y alumnos, unas suposiciones que no son culturalmente universales por necesidad.

La exigencia de unos procesos de desarrollo del plan de estudios

Los planificadores curriculares ven los debates sobre el método de enseñanza como parte de una serie más amplia de decisiones de planificación educativa. Entre ellas figuran tradicionalmente:

a) El examen pormenorizado, basado en todas la fuentes disponibles de conocimiento y juicio bien informado, de los objetivos docentes, ya sea en cursos sobre temas concretos o sobre el plan de estudios en su totalidad.
b) El desarrollo y uso de prueba en colegios de los métodos y materiales que se piensa que tienen más probabilidades de alcanzar los objetivos acordados por los profesores.
c) La evaluación de en qué medida la labor de desarrollo ha logrado en realidad sus objetivos. Se puede esperar que esta parte del proceso genere una nueva reflexión acerca de los propios objetivos.
d) El elemento final es, por lo tanto, la retroinformación de toda la experiencia obtenida, a fin de proporcionar un punto de partida para un estudio posterior.

(Nicholls y Nicholls, 1972: 4)

Se considera que estos elementos forman una red de sistemas interrelacionados. Así pues, la elección del método de enseñanza no puede determinarse de manera aislada de otras prácticas de planificación y puesta en marcha (Richards, 2000).

La falta de una base de investigación

Los enfoques y métodos se basan con frecuencia en la suposición de que los procesos del aprendizaje de la segunda lengua se entienden perfectamente. Muchos de los libros escritos por el gurú de algún método están llenos de aseveraciones acerca de cómo aprenden los idiomas las personas, pero son pocas las que tienen un fundamento en investigaciones sobre adquisición de la segunda lengua o han sido comprobadas empíricamente. Con algunas excepciones, por ejemplo Krashen, los investigadores que estudian el aprendizaje de idiomas son habitualmente reacios a dispensar recetas para la enseñanza basadas en los resultados de sus investigaciones, porque saben que el conocimiento actual es provisional, parcial y cambiante. Buena parte de estas investigaciones no apoyan las teorías y recetas, a menudo simplistas, que se hallan en algunos enfoques y métodos. Skehan, por ejemplo, en sus comentarios sobre la secuencia estándar para una clase que proponen la Enseñanza Situacional de la Lengua y otros métodos, compuesta por una fase de Presentación, otra de Práctica y otra de Producción (el modelo de clase P-P-P), señala que esa secuencia no refleja los principios de la adquisición de la segunda lengua:

> La teoría que subyace a un enfoque P-P-P ha quedado ya desacreditada. La creencia de que el centrarse en una forma concreta conduce al aprendizaje y la automatización (que los alumnos aprenderán lo que se enseña en el orden en el que se enseña) ya no goza de mucha credibilidad en la lingüística ni en la psicología.
>
> (Skehan, 1996: 18)

La similitud de las prácticas en el aula

Otra crítica es que es muy difícil que los profesores utilicen los enfoques y métodos de una manera que refleje con exactitud los principios subyacentes al método. Swaffar, Arens y Morgan (1982: 25) dijeron:

> Un problema permanente es si los profesores que se encargan de presentar los materiales creados para un determinado método están reflejando en realidad las filosofías que subyacen a dichos métodos en sus prácticas en el aula.

Swaffar y sus colegas estudiaron el uso que hacían de ellos en el aula profesores que usaban diferentes métodos; averiguaron que muchas de las distinciones empleadas para contraponer los métodos, sobre todo los basados en las actividades en el aula, no existían en la práctica real:

> Las etiquetas metodológicas asignadas a las actividades docentes no ofrecen ninguna información por sí mismas, ya que aluden a un conglomerado de prácticas en el aula que se usan de manera uniforme. Las diferencias entre las principales metodologías han de buscarse en la jerarquía ordenada, las prioridades asignadas a las tareas.
>
> (1982: 31)

Brown (1997: 3) hace una observación parecida:

> Por lo general, los métodos están muy diferenciados en las etapas primeras e iniciales de un curso de idioma y son imposibles de distinguir unos de otros en una fase posterior. En los primeros días de una clase de Aprendizaje Comunitario de la Lengua, por ejemplo, los alumnos son testigos de una serie única de experiencias en sus pequeños círculos de lengua traducida y susurrada en sus oídos. Pero en cuestión de semanas esas aulas se pueden parecer a cualquier otro plan de estudios centrado en el idioma.

Es tal vez por esta razón por lo que las muestras en vídeo de los diferentes enfoques y métodos muestran habitualmente la primera clase (o una clase del principio) de un grupo de alumnos. No hay «demostraciones» convincentes en vídeo con alumnos intermedios o avanzados, quizá porque, como señala Brown, en esos niveles no hay nada claro que demostrar.

Más allá de los enfoques y los métodos

¿Qué otros enfoques del estudio de la enseñanza hay fuera del marco de los enfoques y métodos de marca? Creemos que, como los enfoques y métodos han desempeñado un papel esencial en el desarrollo de nuestra profesión, seguirá siendo de utilidad para profesores y alumnos familiarizarse con los principales enfoques y métodos docentes propuestos para la enseñanza de segundas lenguas y lenguas extranjeras. Los enfoques y métodos del sistema dominante se basan en una extensa experiencia y práctica colectiva de la cual se puede aprender mucho. Por lo tanto, puede ser útil estudiar y dominar selectivamente los enfoques y métodos con el fin de:

– aprender cómo utilizar diferentes enfoques y métodos, y entender cuándo podrían ser útiles
– entender algunos de los problemas y controversias que caracterizan la historia de la enseñanza de idiomas
– tomar parte en experiencias de aprendizaje de idiomas basadas en distintos enfoques y métodos como fundamento para la reflexión y la comparación
– conocer la abundancia de recursos en cuanto a actividades que un profesor imaginativo tiene a su disposición
– apreciar cómo se pueden unir la teoría y la práctica desde distintos puntos de vista

Sin embargo, los profesores y los profesores en prácticas tienen que ser capaces de utilizar los enfoques y métodos de una manera flexible y creativa, basándose en su propio juicio y experiencia. En el proceso hay que animarlos a transformar y a adaptar los métodos que usen para hacerlos suyos. La formación en las técnicas y procedimientos de un método concreto es quizá esencial para los novatos que empiezan en la enseñanza, pues les proporciona la seguridad que necesitan para enfrentarse con los alumnos y unas técnicas y estrategias para presentar sus clases. En las primeras etapas, la enseñanza consiste en buena medida en la aplicación de procedimientos y técnicas desarrollados por otros. Un enfoque o método predeterminado, con sus actividades, principios y técnicas asociados, puede constituir un punto de partida muy importante para un profesor inexperto, pero no hay que verlo como algo más que eso. Conforme el profesor vaya ganando en experiencia y conocimientos, empezará a desarrollar un enfoque individual o método personal de enseñanza, que se base en un enfoque o método establecido pero que también refleje con su singularidad las creencias, valores, principios y experiencias personales del profesor. Esto tal vez no conduzca al abandono del enfoque o método con el que el profesor empezó, pero sí a su modificación según este añade, cambia y ajusta el enfoque o método a las realidades de la clase.

Al desarrollar un enfoque personal a la enseñanza, un punto de referencia primordial para el profesor son sus creencias y principios personales por lo que atañe a lo siguiente:

- su papel en el aula
- la naturaleza de la enseñanza y el aprendizaje eficaces
- las dificultades con que se enfrentan los alumnos y cómo hay que abordarlas
- unas actividades de aprendizaje satisfactorias
- la estructura de una clase eficaz

Las creencias y teorías acerca de estos aspectos de la enseñanza resultan en el desarrollo de unos principios básicos que suministran al profesor la fuente de su planes y decisiones relativas a la docencia (Richards, 1998). Un profesor concreto puede recurrir a principios diferentes en momentos diferentes, dependiendo del tipo de grupo al que está dando clase (p. e., niños o adultos, principiantes o avanzados). Los siguientes son ejemplos de estos principios (Bailey, 1996):

- Hacer participar a todos los alumnos en la clase.
- Convertir a los alumnos y no al profesor en el centro de atención de la clase.
- Dar a los alumnos el máximo de oportunidades de participar.
- Desarrollar la responsabilidad de los alumnos.
- Ser tolerante con los errores de los alumnos.
- Desarrollar la confianza de los alumnos.
- Enseñar estrategias de aprendizaje.
- Responder a las dificultades de los alumnos y tomarlas como base.
- Utilizar el máximo posible de actividades para realizar entre alumnos.
- Fomentar la cooperación entre los alumnos.
- Practicar la precisión y la fluidez.
- Ocuparse de las necesidades e intereses de los alumnos.

Sólo habrá referencia consciente a unos cuantos de estos principios en un momento dado. Es posible que algunos se deriven de los enfoques y métodos con los que los profesores están familiarizados. Otros los configuran ellos personalmente con el paso del tiempo y basándose en la experiencia.

Todas las prácticas realizadas en el aula reflejan los principios y creencias de los profesores; los distintos sistemas de creencias que hay entre ellos pueden muchas veces explicar por qué llevan sus clases de maneras diferentes. Clark y Peterson (1986) repararon en que:

- Las creencias más fuertes o «de base» de los profesores tienen como fundamento la propia época escolar de éstos, en la cual observaban a los que los enseñaban a ellos. La educación posterior no parece que perturbe estas primeras creencias, de lo cual no es quizá la razón menor el que raras veces se ocupe de ellas.
- Si los profesores ponen a prueba en la práctica una determinada innovación que no se ajusta a sus creencias previas y resulta útil o satisfactoria, la adopción de una creencia o principio opcionales será más posible que en cualquier otra circunstancia.
- Para el profesor novato, la experiencia en el aula y la interacción día a día con los compañeros tienen la capacidad de influir en las relaciones particulares entre creencias y principios y, con el paso del tiempo, de consolidar la variación que haga de ellas el individuo. No obstante, parece ser que una mayor experiencia no conduce a una mayor capacidad de adaptación en nuestras creencias, y por lo tanto al abandono de unos principios pedagógicos bien arraigados. En realidad, sucede exactamente lo contrario. Cuanta más experiencia tengamos, más nos agarramos a nuestros principios «de base» y menos conscientes somos de ello.
- El desarrollo profesional que hace participar a los profesores en una explicación directa de sus creencias y principios puede dar ocasión para un mayor conocimiento de uno mismo a través de la reflexión y la indagación crítica como punto de partida para una posterior adaptación.
- Las descripciones que hace el profesor de, por ejemplo, la lengua, el aprendizaje y la enseñanza, están situadas dentro de un sistema de creencias personales más amplio, que atañe a cuestiones como la naturaleza humana, la cultura, la sociedad, la educación y demás.

Por lo tanto, el desarrollo del profesor es mucho más importante que aprender a utilizar tales o cuales enfoques y métodos de enseñanza. Sin embargo, la experiencia con distintos enfoques y métodos puede proporcionar a los profesores una base inicial de conocimiento práctico para la docencia, y también puede serles útil para explorar y desarrollar sus propias creencias, principios y prácticas.

Mirando hacia delante

¿Hacia dónde pensamos que va a ir la profesión de la enseñanza de idiomas en el futuro cercano, o incluso en un futuro más lejano? Los enfoques y métodos que hemos repasado en el presente libro han identificado una serie de cuestiones que suponemos seguirán determinando el futuro de la enseñanza de idiomas de diferentes maneras. Algunas de las respuestas a estas cuestiones pueden adoptar la forma de nuevos enfoques y métodos; otras, tal vez conduzcan al perfeccionamiento o modificación de algunos de los existentes, conforme la profesión docente reacciona a los hallazgos de las nuevas investigaciones y a los progresos de la teoría y la práctica educativas. Las iniciativas para introducir cambios en los programas y en la pedagogía pueden venir de dentro de la profesión: de profesores, administradores e investigadores. Incentivos o demandas de naturaleza política, social o incluso fiscal pueden también impulsar un cambio, como ha sucedido en el pasado. Es asimismo posible que ciertas personalidades y líderes en este campo determinen el futuro de la enseñanza de idiomas. El cambio puede también originarse en fuentes totalmente inesperadas. Concluiremos, por lo tanto, identificando algunos de los factores que han influido en las tendencias de la enseñanza de idiomas en el pasado y que podemos imaginar que continuarán haciéndolo en lo sucesivo.

Las directrices de la política gubernamental. Las crecientes exigencias de reponsabilidad de gobiernos y agencias financiadoras han impulsado con regularidad durante décadas los cambios educativos, y es probable que siga siendo así en el futuro.

Las tendencias en la profesión. La profesión de la enseñanza es otra fuente de cambio. La certificación profesional para los profesores, así como el refrendo de tendencias concretas o enfoques por parte de organizaciones profesionales y grupos de presión que promueven determinados temas y causas, pueden tener una importante influencia en la enseñanza.

Innovaciones dirigidas por gurús. En ocasiones se ha descrito la enseñanza como un arte en lugar de como una ciencia, y muchas veces está determinada por la influencia de poderosos profesionales con sus propias escuelas de pensamiento y seguidores. Al igual que Gattegno, Lozanov y Krashen inspiraron a una serie de profesores en las décadas de 1970 y 1980, y Gardner hace hoy mismo, sin duda en el futuro nuevos gurús atraerán discípulos y determinarán las prácticas docentes.

Las reacciones a la tecnología. Es probable que las posibilidades de Internet, la Web Wide World y otras interfaces informáticas e innovaciones tecnológicas entusiasmen a la profesión docente en el futuro igual que en el pasado, e influyan en el contenido y en la forma de la presentación en la enseñanza de idiomas.

Las influencias de algunas disciplinas académicas. Disciplinas como la lingüística, la psicolingüística y la psicología han ejercido una influencia en las teorías de la lengua y del aprendizaje de idiomas y respaldan determinados enfoques de la enseñanza de idiomas. Conforme aparecen nuevas teorías en disciplinas como estas, es probable que influyan en las futuras teorías del aprendizaje. Al igual que en el pasado el Método Audiolingüístico y el Aprendizaje del Código Cognitivo reflejaron las teorías lingüísticas de su época, puede que las nuevas ideas de la lingüística funcional, el corpus lingüístico, la psicolingüística o la sociolingüística, o de fuentes actualmente desconocidas, desempeñen un papel dominante en la configuración de la pedagogía de la lengua.

La influencia de la investigación. La enseñanza y el aprendizaje de la segunda lengua constituye cada vez un campo para una investigación y teorización intensivas. La investigación de la adquisición de la segunda lengua suministró impulso para el desarrollo del Enfoque Natural y la Enseñanza de la Lengua Basada en Tareas, y sin duda seguirá motivando nuevos enfoques de la enseñanza de idiomas.

Innovaciones basadas en los alumnos. La actitudes de atención prioritaria al alumno vuelven a aparecer en la enseñanza de idiomas y otros campos en ciclos de aproximadamente diez años, como hemos visto con la instrucción individualizada, el currículum centrado en el alumno, la formación de los alumnos, las estrategias para alumnos y las Inteligencias Múltiples. Podemos prever que esta tendencia continuará.

Las tendencias educativas procedentes de otros campos. El Aprendizaje Cooperativo, el Enfoque de la Lengua Total, la Programación Neurolingüística y las Inteligencias Múltiples representan aportaciones a la enseñanza de la segunda lengua por movimientos de la educación general y otros terrenos. Estas aportaciones seguirán sin duda produciéndose, puesto que el campo de la enseñanza de idiomas no tiene el monopolio de las teorías de la enseñanza y el aprendizaje.

Aportaciones de otras disciplinas. Los encuentros con la psicología cognitiva, la psicoterapia, la ciencia de la comunicación, la etnografía y la ingeniería humana han dejado su huella en la pedagogía de la lengua e ilustran la manera en que disciplinas tan diversas pueden influir en un campo que está siempre buscando inspiración.

A pesar de los cambios en el rango de los enfoques y métodos, podemos suponer que, en el siglo XXI, el campo de la enseñanza de la segunda lengua y las lenguas extranjeras no constituirá menos que en el pasado un fermento de teorías, ideas y prácticas.

Bibliografía general

Aaron, P. (1991). Is there a hole in whole language? *Contemporary Education* 62 (winter): 127.

Abbs, B. A., y I. Freebairn (1977). *Starting Strategies.* Longman, Londres.

Adunyarittigun, D. (1996). Whole Language: A whole new world for ESL programs. ERIC Document ED386024.

Alexander, L. G. (1967). *New Concept English.* 4 vols. Longman, Londres.

Alexander, L. G. (1978). *Mainline Beginners.* Longman, Londres.

Alexander, L. G.; W. S. Allen; R. A. Close, y R. J. O'Neill (1975). *English Grammatical Structure.* Longman, Londres.

Allen, J. P. B. (1980). «A three-level curriculum model for second language education.» Modern Language Center, Ontario Institute for Studies in Education, Mimeo.

Allen, V. F. (1965). *On Teaching English to Speakers of Other Languages.* National Council of Teachers of English, Champaign, Ill.

Allwright, R. L. (1977). «Language learning through communication practice.» *ELT Documents*, 76 (3). British Council, Londres.

American Council of Learned Societies (1952). *Structural Notes and Corpus: A Basis for the Preparation of Materials to Teach English as a Foreign Language.* American Council of Learned Societies, Washington, D.C.

Anthony, E. M. (1963). «Approach, method and technique.» *English Language Teaching*, 17, págs. 63–7.

Applebee, A. N. (1974). *Tradition and Reform in the Teaching of English: A History.* National Council of Teachers of English, Urbana, Ill.

Armstrong, T. (1994). *Multiple Intelligences in the Classroom.* Alexandria, Va.: Association for Supervision and Curriculum Development.

Arnold, F. (1981). *College English: A Silent-Way Approach.* Dawn Press, Nara, Japón.

Asher, J., y B. S. Price (1967). «The learning strategy of the total physical response: some age differences.» *Child Development*, 38, págs. 1219–27.

Asher, J. (1965). «The strategy of the today physical response: an application to learning Russian.» *International Review of Applied Linguistics*, 3, págs. 219–300.

Asher, J. (1966). «The learning strategy of the total physical response: a review.» *Modern Language Journal*, 50, págs. 79–84.

Asher, J. (1969). «The total physical response approach to second language learning.» *Modern Language Journal*, 53, págs. 3–17.

Asher, J. (1972). «Children's first language as a model of second language learning.» *Language Journal*, 56, págs. 133–9.

Asher, J. (1977). *Learning Another Language Through Actions: The Complete Teacher's Guide Book.* Sky Oaks Productions, Los Gatos, Calif. (2ª edición, 1982).

Asher, J. (1981a). «The extinction of second language learning in American schools: an intervention model.» En H. Winitz (edit.), *The Comprehension Approach to Foreign Language Instruction*, págs. 49–68. Newbury House, Rowley, Mass.

Asher, J. (1981b). «The fear of foreign languages.» Psychology Today, 15 (8), págs. 52–9.

Asher, J.; J. A. Kusudo, y R. de la Torre (1974). «Learning a second language through commands: the second field test.» Modern Language Journal, 58, págs. 24–32.

Auerbach, E. R. (1986). Competency-based ESL: One step forward or two steps back? TESOL Quarterly 20 (3): 411, 430.

Austin, J. L. (1962). How to Do Things with Words. Clarendon Press, Oxford. [Trad. esp.: Cómo hacer cosas con palabras: palabras y acciones, Barcelona, Paidós, 1988.]

Bachman, L. (1991). Fundamental Considerations in Language Testing. Oxford: Oxford University Press.

Bahns, J. (1993). Lexical collocations: A contrastive view. ELT Journal 7 (1): 56–63

Bailey, K. (1996). The best-laid plans: Teachers' in-class decisions to depart from their lesson plans. In K. Bailey and D. Nunan (eds.), Voices from the Language Classroom. New York: Cambridge University Press. 15–40.

Baloche; L. (1998). The Cooperative Classroom. Englewood Cliffs, N.J.: Prentice.

Baltra, A. (1992). On breaking with tradition: The significance of Terrell's Natural Approach. Canadian Modern Language Review 49 (3): 565–593.

Bancroft, W. J. (1972). «The psychology of suggestopedia or learning without stress.» The Educational Courier, febrero, págs. 16–19.

Bancroft, W. J. (1978). «The Lozanov method and its American adaptations.» Modern Language Journal, 62 (4), págs. 167–75.

Barnaby, B., and Sun, Y. (1989). Chinese teachers' views of Western language teaching: context informs paradigms. TESOL Quarterly 23 (2): 219–238.

Bergeron, B. S. (1990). What does the term Whole Language mean? Journal of Reading Behavior 22 (4): 6–7.

Berne, J. (1990). A comparison of teaching for proficiency with the natural approach: Procedure, design and approach. Hispania 73 (4): 147–153.

Billows, F. L. (1961). The Techniques of Language Teaching. Longman, Londres.

Blair, R. W. (edit.) (1982). Innovative Approaches to Language Teaching. Newbury House, Rowley, Mass.

Bloch, B., y G. Trager (1942). Outline of Linguistic Analysis. Linguistic Society of America, Baltimore.

Bloom, S. (1956). Taxonomy of Educational Objectives. New York: David McKay.

Bloomfield, L. (1933). Language. Holt, Nueva York.

Bosco, F. J., y R. J. Di Pietro (1970). «Instructional strategies: their psychological and linguistic bases.» International Review of Applied Linguistics, 8, págs. 1–19.

Bottomley, Y., J. Dalton, and C. Corbel (1994). From Proficiency to Competencies. Sydney: National Centre for English Teaching and Research.

Bower, G. H., y D. Winzenz (1970). «Comparison of associative learning strategies.» Psychonomic Sciences, 20, págs. 119–20.

Breen, M., y C. N. Candlin (1980). «The essentials of a communicative curriculum in language teaching.» Applied Linguistics, 1 (2), págs. 89–112.

Brinton, D. M., and P. Master (eds.). (1997). New Ways in Content-Based Instruction. Alexandria, Va.: TESOL Inc.

Brinton, D. M., M. A. Snow, and M. B. Wesche (1989). Content-Based Second Language Instruction. New York: Newbury House.

Brockman, B. (1994). Whole language: A philosophy of literacy teaching for adults too! ERIC Document: ED376428.

Brody, C., and N. Davidson (eds). (1998). Professional Development for Cooperative Learning. New York: State University of New York Press.

Brooks, N. (1964). *Language and Language Learning: Theory and Practice*. 2ª edición. Harcourt Brace, Nueva York.

Brown, H. D. (1977). «Some limitations of C-L/CLL models of second language teaching.» *TESOL Quarterly*, 11 (4), págs. 365–72.

Brown, H. D. (1980). *Principles of Language Learning and Teaching*. Prentice-Hall, Englewood Cliffs, N. J.

Brown, H. D. (1994). *Teaching by Principles*. Englewood Cliffs, N.J.: Prentice Hall/Regents.

Brown, H. D.(1997). English language teaching in the "post-method" era: Toward better diagnosis, treatment, and assessment. PASAA (Bangkok) 27: 1–10.

Brown, H. D. (1993). *Principles of Language Learning and Teaching*. (3rd ed.). Englewood Cliffs, N. J.: Prentice-Hall.

Brown, J. (1995). *The Elements of the Language Curriculum*. Boston: Heinle & Heinle.

Brown, J. M., and A. Palmer (1988). *Listening Approach: Methods and Materials for Applying Krashen's Input Hypothesis*. Harlow, UK: Longman.

Brown, R. (1973). *A First Language*. Harvard University Press, Cambridge, Mass.

Brumfit, C. (1980). «From defining to designing: communicative specifications versus communicative methodology in foreign language teaching.» En K. Muller (edit.), *The Foreign Language Syllabus and Communicative Approaches to Teaching: Proceedings of a European–American Seminar*. Edición especial de *Studies in Second Language Acquisition*, 3 (1), págs. 1–9.

Brumfit, C. J., y K. Johnson (edits.) (1979). *The Communicative Approach to Language Teaching*. Oxford University Press, Oxford.

Bruner, J. (1966). *On Knowing: Essays for the Left Hand*. Atheneum, Nueva York.

Burger, S. (1989). Content-based ESL in a sheltered psychology course: Input, output and outcomes. *TESL Canada Journal* 6: 45–49.

Burns, A., and S. Hood (1994). The competency-based curriculum in action: Investigating course design practices. *Prospect* 9 (2): 76–89.

Byrne, D. (1976). *Teaching Oral English*. Longman, Londres.

Byrne, D. (1978). *Materials for Language Teaching: Interaction Packages*. Modern English Publications, Londres.

Campbell, L. (1997). How teachers interpret MI theory. *Educational Leadership* 55 (1): 15–19.

Canale, M., y M. Swain (1980). «Theoretical bases of communicative approaches to second language teaching and testing.» *Applied Linguistics*, 1 (1), págs. 1–47.

Candlin, C. N. (1976). «Communication language teaching and the debt to pragmatics.» En C. Rameh (edit.), *Georgetown University Roundtable 1976*. Georgetown University Press, Washington D. C.

Candlin, C. N.; C. J. Brutton, y J. H. Leather (1974). «Doctor–patient communication skills.» University of Lancaster, Mimeo.

Cantoni-Harvey, G. (1987). *Content-Area Language Instruction*. Reading, Mass.: Addison-Wesley.

Carrell, P., A. Devine, and D. Esky (1988). *Interactive Approaches to Second Language Reading*. Cambridge: Cambridge University Press.

Carroll, J. B. (1953). *The Study of Language: A Survey of Linguistics and Related Disciplines in America*. Harvard University Press, Cambridge, Mass.

Carroll, J. B. (1966a). *Research in Foreign Language Teaching: The Last Five Years*. En R. G. Mead Jr. (edit.), *Language Teaching: Broader Contexts*, págs.12–42. Northeast Conference Reports on the Teaching of Foreign Languages: Reports of the Working Committees. MLA Materials Center, Nueva York.

Carroll, J. B. (1966b). «The contributions of psychological theory and educational research to the teaching of foreign languages.» En A. Valdman (edit.), *Trends in Language Teaching*, págs. 93–106. McGraw-Hill, Nueva York.

Celce-Murcia, M. A. Dörnyei, and S. Thurrell (1997). Direct approaches in L2 instruction: A turning point in Communicative Language Teaching? *TESOL Quarterly* 31 (1): 141–152.

Center for Applied Linguistics. (1983). *From the Classroom to the Workplace: Teaching ESL to Adults*. Washington, D.C.: Center for Applied Linguistics.

Clark, C. M., and P. Peterson (1986). Teachers' thought processes. In M. Wittrock (ed.), *Handbook of Research on Teaching*. 3rd ed. New York: Macmillan. 255–296.

Coelho, E. (1992ª). Cooperative learning: Foundation for a communicative curriculum. In C. Kessler (ed.), *Cooperative Language Learning: A Teacher's Resource Book*. New York: Prentice Hall. 31–51.

Coelho, E. (1992b). Jigsaw: Integrating language and content. In C. Kessler 129152.

Coelho, E. (1994). *Learning Together in the Multicultural Classroom*. Scarborough, Ont.: Pippin.

Cole, R. (1931). *Modern Foreign Languages and Their Teaching*. Appleton-Century- Crofts, Nueva York.

Coleman, A. (1929). *The Teaching of Modern Foreign Languages in the United States*. Macmillan, Nueva York.

Coles, M., y B. Lord (1975). *Access to English*. Oxford University Press, Oxford.

Collier, V. (1989). How long? A synthesis of research on academic achievement in a second language. *TESOL Quarterly* 23: 509–531.

Commonwealth Office of Education (1965). *Situational English*. Longman, Londres.

Corder, P. (1973). *Introducing Applied Linguistics*. Baltimore: Penguin Books.

Craik, F. I. M. (1973). «A levels of analysis view of memory.» En P. Pliner, L. Krames, y T. Alloway (edits.), *Communication and Affect: Language and Thought*. Academic Press, Nueva York.

Crandall, J. (ed.). (1987). *ESL through Content-Area Instruction: Mathematics, Science, Social Studies*. Englewood Cliffs, N.J.: Prentice Hall.

Curran, C. A. (1976). *Counseling-Learning in Second Language*. Apple River Press, Apple River, Ill.

Curran, C. A. (1972). *Counseling-Learning: A Whole Person Model for Education*. Grune and Stratton, Nueva York.

Curran, C. A. (1976). *Counseling-Learning in Second Languages*. Apple River Press, Apple River, Ill.

Chastain, K. (1969). «The audio-lingual habit theory versus the cognitive code-learning theory: some theoretical considerations.» *International Review of Applied Linguistics, 7*, págs. 79–106.

Chastain, K. (1971). *The Development of Modern Language Skills: Theory to Practice*. Rand McNally, Chicago.

Chitrapu, D. (1996). Whole Language: Adapting the approach for large classes. *Forum Magazine* 34 (2): 28–29.

Chomsky, N. (1957). *Syntactic Structures*. Mouton, La Haya. [Trad. esp.: *Estructuras Sintácticas*, México, Siglo Veintiuno, 1974.]

Chomsky, N. (1959). «A review of B. F. Skinner's *Verbal Behavior*.» *Language*, 35 (1), págs. 26–58.

Chomsky, N. (1965). *Aspects of the Theory of Syntax*. MIT Press, Cambridge, Mass. [Trad. esp.: *Aspectos de la teoría de la sintáxis*, Barcelona, Gedisa, 1999.]

Chomsky, N. (1966). Linguistic theory. Reimpresión en J. P. B. Allen y P. Van Buren (edits.), *Chomsky: Selected Readings*, págs. 152–9. Oxford University Press, Londres.

Christison, M. (1997). An introduction to multiple intelligences theory and second language learning. In J. Reid (ed.), Understanding Learning Styles in the Second Language Classroom. Englewood Cliffs, N.J.: Prentice Hall/Regents. 1–14.

Christison, M. (1998). Applying multiple intelligences theory in preservice and inservice TEFL education programs. English Language Teaching Forum 36 (2) (April-June): 2–13.

Christison, M. (1999). Multiple Intelligences: Teaching the whole student. ESL Magazine 2 (5): 10–13.

Christison, M. (2001). Applying Multiple Intelligences Theory in the Second and Foreign Language Classroom. Burlingame, Calif: Alta Book Center Publishers.

Christison, M., and S. Bassano (1981). Look Who's Talking. San Fransisco: Alemany Press.

D'Anglejan, A., and R. Tucker (1975). The acquisition of complex English structures by adult learners. Language Learning 25 (2): 281–296.

Darian, K. C. (1971). Generative Grammar, Structural Linguistics, and Language Teaching. Rowley, Mass.: Newbury House.

Darian, S. G. (1972). English as a Foreign Language: History, Development, and Methods of Teaching. University of Oklahoma Press, Norman.

Davies, P.; J. Roberts, y R. Rossner (1975). Situational Lesson Plans. Macmillan, México D.F.

DeCecco, J. P. (1968). The Psychology of Learning and Instruction: Educational Psychology. Prentice-Hall, Englewood Cliffs, N. J.

Diller, K. C. (1971). Generative Grammar, Structural Linguistics, and Language Teaching. Newbury House, Rowley, Mass.

Diller, K. C. (1978). The Language Teaching Controversy. Newbury House, Rowley, Mass.

Dishon, D., and P. W. O'Leary (1998). A Guidebook for Cooperative Learning. Holmes Beach, Fla.: Learning Publications.

Docking, R. (1994). Competency-based curricula – the big picture. Prospect 9 (2): 8–17.

Doughty, C., and J. Williams (eds.). (1998). Focus on Form in Classroom Second Language Acquisitions. Cambridge: Cambridge University Press.

Dudley-Evans, T., and M. J. St John (eds.). (1998). Developments in English for Specific Purposes: A Multidisciplinary Approach. Cambridge: Cambridge University Press.

Efstathiadis, S. (1987). A critique of the communicative approach to language learning and teaching. Journal of Applied Linguistics 3: 5–13.

Ellis, R. (1997). Second Language Acquisition. Oxford: Oxford University Press.

English Language Services (1964). English 900. Collier Macmillan, Nueva York.

English Language Syllabus in Malaysian Schools, Tingkatan 4–5 (1975). Dewan Bahasa Dan Pustaka, Kuala Lumpur.

Fathman, A., and C. Kessler (1992). Cooperative language learning in school contexts. Annual Review of Applied Linguistics 13: 127–140.

Faucett, L.; M. West, H. E. Palmer, y E. L. Thorndike (1936). The Interim Report on Vocabulary Selection for the Teaching of English as a Foreign Language. P. S. King, Londres.

Feez, S. (1998). Text-Based Syllabus Design. Sydney: National Centre for English Teaching and Research.

Findlay, C. A., and L. Nathan (1980). Functional language objectives in a competency-based curriculum. TESOL Quarterly 14 (2): 221–232.

Finocchiaro, M., y C. Brumfit (1983). The Functional-Notional Approach: From Theory to Practice. Oxford University Press, Nueva York.

Firth, J. R. (1975). Papers in Linguistics: 1934–1951. Oxford Unversity Press, Londres.

Foley, Joseph (1991). A Psycholinguistic framework for task-based approaches to language teaching. Applied Linguistics 12 (1): 62–75.

Bibliografía general

Foster P., and P. Skehan (1996). The influence of planning on performance in taskbased learning. Studies in Second Language Acquisition 18: 299–324.

Franke, F. (1884). Die praktische Spracherlernung auf Grund der Psychologie und der Physiologie der Sprache dargestellt. O. R. Reisland, Leipzig.

Freed, B. (1984). Proficiency in context: The Pennsylvania experience. In S. Savignon and M. Berns (eds.), Initiatives in Communicative Language Teaching. Reading, Mass.: Addison-Wesley. 221–240.

Freeman, D., and Y. Freeman (1993). Whole Language: How does it support second language learners? ERIC Document: ED360875.

French, F. G. (1948–1950). The Teaching of English Abroad. 3 vols. Oxford University Press, Oxford.

Freire, P. (1970). Pedagogy of the Oppressed. Harmondsworth: Penguin Books. [Trad. esp.: Pedagogía del oprimido, Madrid, Siglo XXI de España, 1988.]

Fries, C. C. (1945). Teaching and Learning English as a Foreign Language. University of Michigan Press, Ann Arbor.

Fries, C. C., y A. C. Fries (1961). Foundations for English Teaching. Kenkyusha, Tokio.

Frisby, A. W. (1957). Teaching English: Notes and Comments on Teaching English Overseas. Longman, Londres.

Gagne, R. M. (1962). «Military training and principles of learning.» American Psychologist, 17 (2), págs. 83–91.

Gardner, H. (1985). Frames of Mind: The Theory of Multiple Intelligences. New York: Basic Books.

Gardner, H. (1993). Multiple Intelligences: The Theory and Practice. New York: Basic Books. [Trad. esp.: Inteligencias múltiples: la teoría en la práctica, Barcelona, Paidós Ibérica, 1998.]

Gass, S., and C. Madden (eds.). (1985). Input in Second Language Acquisition. New York: Newbury House.

Gaston, E. T. (edit.) (1968). Music in Therapy. Macmillan, Nueva York.

Gatenby, E. V. (1944). English as a Foreign Language. Longman, Londres.

Gattegno, C. (1972). Teaching Foreign Languages in Schools: The Silent Way. 2ª edición. Educational Solutions, Nueva York.

Gattegno, C. (1976). The Common Sense of Teaching Foreign Languages. Educational Solutions, Nueva York.

Gauntlett, J. O. (1957). Teaching English as a Foreign Language. Macmillan, Londres.

García, Ramiro (1996). Instructor's Notebook: How to Apply TPR for Best Results. 4th ed. Los Gatos, Calif.: Sky Oakes Productions.

Geddes, M., y G. Sturtridge (1979). Listening Links. Heinemann, Londres.

Glaser, R., and R. Linn (1993). Foreword. In L. Shephard, Setting Performance Standards for Student Achievement. Stanford, Calif.: National Academy of Education, Stanford University. xii-xiv.

Goodman, K. (1986). What's Whole in Whole Language? Portsmouth, N. H.: Heinemann.

Gottfredson, L. (1998). The general intelligence factor. Scientific American 9 (4) (Winter): 24–29.

Grabe, W., and F. Stoller (1997). Content-Based Instruction: Research foundations. In M. Snow and D. M. Brinton (eds.), The Content-Based Classroom. New York: Longman.

Grandin, J. (1993). The University of Rhode Island's International Engineering Program. In M. Krueger and F. Ryan (eds.), Language and Content. Lexington, Mass.: D. C. Heath. 57–79.

Green, J. M. (1993). Student attitudes towards communicative and noncommunicative activities: Do enjoyment and effectiveness go together? Modern Language Journal 77 (1): 1–9.

256

Green, P. (1987). *Communicative Language Testing: A Resource Book for Teacher Trainers.* Strasbourg: Council of Europe.

Gregg, K. (1984). «Krashen's monitor and Occam's razor.» *Applied Linguistics,* 5 (2), 79–100.

Grice, H. P. (1975). Logic and conversation. In P. Cole and J. Morgan (eds.), *Syntax and Semantics,* vol 3, *Speech Acts.* New York: Academic Press. 41–58.

Grognet, A. G., and J. Crandall (1982). Competency-based curricula in adult ESL. ERIC/CLL New Bulletin 6: 3–4.

Gumperz, J. J., y D. Hymes (edits.) (1972). *Directions in Sociolinguistics: The Ethnography of Communication.* Holt, Rinehart and Winston, Nueva York.

Gurrey, P. (1955). *Teaching English as a Foreign Language.* Longman, Londres.

Hagan, P. (1994). Competency-based curriculum. The NSW AMES experience. *Prospect* 9 (2): 19–30.

Hakuta, K. (1974). Prefabricated patterns and the emergence of structure in second language acquisition. *Language Learning* 24, 287–297.

Halliday, M. A. K. (1970). «Language structure and language function.» En J. Lyons (edit.), *New Horizons in Linguistics,* págs. 140–65. Penguin, Harmondsworth.

Halliday, M. A. K. (1973). *Explorations in the Functions of Language.* Edward Arnold, Londres.

Halliday, M. A. K. (1975). *Learning How to Mean: Explorations in the Development of Language.* London: Edward Arnold.

Halliday, M. A. K. (1978). *Language as Social Semiotic.* Edward Arnold, Londres.

Halliday, M. A. K.; A. McIntosh, y P. Strevens (1964). *The Linguistic Sciences and Language Teaching.* Longman, Londres.

Hammerly, H. (1982). *Synthesis in Second Language Teaching.* Second Language Publications, British Columbia.

Hao, R. N. (1991). Whole Language: Some thoughts. *Kamehameha Journal of Education* (March): 16–18.

Harding, A., B. Page, and S. Rowell. (1980). *Graded Objectives in Modern Languages.* London: Centre for Information on Language Teaching and Research.

Harel, Y. (1992). Teacher talk in the cooperative learning classroom. In C. Kessler (ed.), *Cooperative Language Learning: A Teacher's Resource Book.* New York: Prentice Hall. 153–162.

Hartley, B., y P. Viney (1979). *Streamline English.* Oxford University Press, Oxford.

Hashemipor, P., R. Maldonado, and M. van Naerssen (eds.). (1995). *Studies in Language Learning and Spanish Linguistics: Festschrift in Honor of Tracy D. Terrell.* New York: McGraw-Hill.

Henner-Stanchina, C., y P. Riley (1978). «Aspects of autonomous learning.» En *ELT Documents 103: Individualization in Language Learning,* págs. 75–97. British Council, Londres.

Hermanson, M. (1988). English as a Second Language tutor training guide. Portland, Oreg.: Portland Community College. ERIC Document ED318303.

Heymsfeld, C. R. (1989). Filling the hole in Whole Language. *Educational Leadership* 46 (6).

Higgs, T. V. (ed.). (1984). *Teaching for Proficiency, the Organizing Principle.* Skokie, Ill.: National Textbook Company.

Hilgard, E. R. (1975). *Theories of Learning.* 2ª edición. Appleton-Century-Crofts, Nueva York.

Hilgard, E. R., y G. H. Bower (1966). *Theories of Learning.* Appleton-Century-Crofts, Nueva York. [Trad. esp.: *Teorías del aprendizaje,* México, Trillas, 1979.]

Hockett, C. F. (1958). *A Course in Modern Linguistics.* Macmillan, Nueva York. [Trad. esp.: *Curso de lingüística moderna,* Buenos Aires, Edit. Universitaria, 1971.]

Hockett, C. F. (1959). «The objectives and process of language teaching.» Reimpresión en D. Byrne (edit., 1969), *English Teaching Extracts.* Longman, Londres.

Hodgson, F. M. (1955). *Learning Modern Languages*. Routledge and Kegan Paul, Londres.

Hoey, M. (1983). *On the Surface of Discourse*. Boston: Allen and Unwin.

Hoey, M. (1991). *Patterns of Lexis in Text*. Oxford: Oxford University Press.

Holec, H. (1980). *Autonomy and Foreign Language Learning*. Consejo de Europa, Estrasburgo.

Holliday, A. (1994). *Appropriate Methodology*. Cambridge: Cambridge University Press.

Holliday, A. (1994). The house of TESEP and the communicative approach: The special needs of English language education. *ELT Journal* 48 (1): 3–11.

Honeyfield, J. (1993). Responding to task difficulty. In M. Tickoo (ed.), *Simplification: Theory and Practice*. Singapore: Regional Language Center. 127–138.

Hood, S., and A. Burns (1994). The competency-based curriculum in action: Investigating course design practices. *Prospect* 9 (2): 76–89.

Hornby, A. S. (1950). «The situational approach in language teaching.» Serie de tres artículos aparecida en *English Language Teaching*, 4: págs. 98–104, 121–8, 150–6.

Hornby, A. S. (1954). *A Guide to Patterns and Usage in English*. Oxford University Press, Londres.

Hornby, A. S. (1954–6). *Oxford Progressive English Course for Adults Learners*. 3 vols. Oxford University Press, Londres.

Hornby, A. S.; E. V. Gatenby y H. Wakefield (1953). *The Advanced Learner's Dictionary of Current English*. Oxford University Press, Londres.

Hover, D. (1986). *Think Twice*. Cambridge: Cambridge University Press.

Howatt, A. P. R. (1984). *A History of English Language Teaching*. Oxford University Press, Oxford.

Howatt, T. (1997). Talking shop: Transformation and change in ELT. *ELT Journal* 5(3): 263-268.

Hubbard, P.; H. Jones, B. Thornton y R. Wheeler (1983). *A Traning Course for TEFL*. Oxford University Press, Oxford.

Hughes, J. P. (1968). *Linguistics and Language Teaching*. Random House, Nueva York.

Hutchison, T., and A. Waters. (1987). *English forSpecific Purposes*. Cambridge: Cambridge University Press.

Hymes, D. (1972). «On communicative competence.» En J. B. Pride y J. Holmes (edits.), *Sociolinguistics*, págs. 269–93. Penguin, Harmondworth.

Ingram, D. E. (1982). Designing a language program. *RELC Journal* 13 (2): 64

Jacobs, G. M., G. Lee, and J. Ball (1995). *Learning Cooperative Learning via Cooperative Learning*. Singapore: Regional Language Centre.

Jakobovits, L. A. (1970). *Foreign Language Learning: A Psycholinguistic Analysis of the Issues*. Newbury House, Rowley, Mass.

Jespersen, O. E. (1933). *Essentials of English Grammar*. Allen and Unwin, Londres.

Johnson (1982). *Communicative Syllabus Design and Methodology*. Pergamon, Oxford.

Johnson (1984). «Skill psychology and communicative methodology.» Ponencia presentada en RELC Seminar, Singapur.

Johnson, D., R. Johnson, and E. Holubec (1994). *Cooperative Learning in the Classroom*. Alexandria, Va.: Association for Supervision and Curriculum Development.

Johnson, F., y C. B. Paulston (1976). *Individualizing in the Language Classroom*. Jacaranda, Cambridge, Mass.

Johnson, K. (1982). *Communicative Syllabus Design and Methodology*. Pergamon, Oxford.

Jupp, T. C., y S. Hodlin (1975). *Industrial English: An Example of Theory and Practice in Functional Language Teaching*. Heinemann, Londres.

Johnson, K. (1996). *Language Teaching and Skill Learning*. Oxford: Blackwell.

Johnson, K., and H. Johnson (1998). Communicative methodology. In K. Johnson and H. Johnson (eds.), *Encylopedic Dictionary of Applied Linguistics*. Oxford: Blackwell. 68–73.

Jones, N. (1995). Business writing, Chinese students and communicative language teaching. TESOL Journal, 4 (3): 12–15.

Jordan, R. R. (1997). English for Academic Purposes. Cambridge: Cambridge University Press.

Kagan, S. (1992). Cooperative Learning. San Juan Capistrano, Calif.: Kagan Cooperative Learning.

Katona, G. (1940). Organizing and Memorizing: Studies in the Psychology of Learning and Teaching. Columbia University Press, Nueva York.

Keller, R. (1979). Gambits: Conversational strategy signals. Journal of Pragmatics 3, 219–237.

Kelly, L. G. (1969). 25 Centuries of Language Teaching. Newbury House, Rowley, Mass.

Kessler, C. (1992) (ed.). Cooperative Language Learning: A Teacher's Resource Book. New York: Prentice Hall.

Kessler, C., and M. Quinn. (1987). ESL and science learning. In J. Crandall (ed.), ESL through Content Area Instruction: Mathematics, Science, and Social Studies. Englewood Cliffs, N.Y. Prentice Hall. 55–88.

Krahnke, K. (1987). Approaches to Syllabus Design for Foreign Language Teaching. New York: Prentice Hall.

Krashen, S. (1982). Principles and Practices in Second Language Acquisition. Pergamon, Oxford.

Krashen. S. (1985). The Input Hypothesis: Issues and Implications. London: Longman.

Krashen, S. (1989). We acquire vocabulary and spelling by reading: Additional evidence for the input hypothesis. Modern Language Journal. 73 (4): 440–464.

Krashen, S. (1992). Fundamentals of Language Education. Beverley Hills, Calif.: Laredo.

Krashen, S. (1993). The case for free voluntary reading. Canadian Modern Language Review 50 (1): 72–82.

Krashen, S. (1996). Principles of English as a foreign language. English Teachers' Journal (Israel) 49: 1119.

Krashen, S. (1996). The case for narrow listening. System 24 (1): 97–100.

Krashen, S. (1997). The comprehension hypothesis: Recent evidence. English Teachers' Journal (Israel). 51: 17–29.

Krashen, S. (1998). Has whole language failed? ERIC Document: ED586010.

Krashen, S. D., (1981). Second Language Acquisition and Second Language Learning. Pergamon, Oxford.

Krashen, S. D., y T. D. Terrell (1983). The Natural Approach: Language Acquisition in the Classroom. Pergamon, Oxford.

Kumaravadivelu, B. (1994). The post-method condition: Emerging strategies for second/foreign language teaching. TESOL Quarterly 28, 27–48.

Kunihira, S., y J. Asher (1965). «The strategy of the total physical response: an application to learning Japanese.» International Review of Applied Linguistics, 3, págs. 277–89.

La Forge, P. G. (1971). «Community Language Learning. A pilot study.» Language Learning, 21 (1), págs. 45–61.

La Forge, P. G. (1975). «Community language learning: the Japanese case.» En F. C. C. Peng. (edit.), Language in Japanese Society, págs. 215–46. University of Tokio Press, Tokio.

La Forge, P. G. (1975). Research Profiles with Community Language Learning. Apple River Press, Apple River, Ill.

La Forge, P. G. (1977). «Uses of social silence in the interpersonal dynamics of Community Language Learning.» TESOL Quarterly, 11 (4), págs. 373–82.

La Forge, P. G. (1983). Counseling and Culture in Second Language Acquisition. Pergamon, Oxford.

Lado, R. (1957). Linguistics Across Cultures: Applied Linguistics for Language Teachers. University of Michigan Press, Ann Arbor.

Bibliografía general

Lado, R. (1961). *Language Testing*. Longman, Londres.

Lado, R. (1977). *Lado English Series*. 7 vols. Regents, Nueva York.

Lange, D. (1990). A blueprint for a teacher development program. In J. C. Richards and D. Nunan (eds.), *Second Language Teacher Education*. New York: Cambridge University Press. 245–268.

Lantoff, J., and G. Appel (eds.). (1994). *Vygotskian Approaches to Second Language Research*. Norwood, N. J.: Ablex.

Larsen–Freeman, D. (1998). Expanding roles of learners and teachers in learnercentered instruction. In W. Renandya and G. Jacobs (eds.), *Learners and Language Learning*. Singapore: SEAMEO Regional Language Center.

Lazear, D. (1991). *Seven Ways of Teaching: The Artistry of Teaching with Multiple Intelligences*. Palatine, Ill.: IRI Skylight.

Lee, J., and B. Van Patten. (1995). *Making Communicative Language Teaching Happen*. San Francisco: McGraw Hill.

Leech, G. (1997). Teaching and language corpora: a convergence. In A. Wichmann, S. Fligelstone, T. McEnery, and G. Knowles (eds.), *Teaching and Language Corpora*. Harlow, Essex: Longman.

Legutke, M., and Thomas, H. (1991). *Process and Experience in the Language Classroom*. London and New York: Longman.

Lems, K. (1995). Whole Language and the ESL/EFL classroom. ERIC Document ED384210.

Lewis, M. (1993). *The Lexical Approach*. London: Language Teaching Publcatons.

Lewis, M. (1997). *Implementing the Lexical Approach*. London: Language Teaching Publications.

Lewis, M. (2000). Learning in the lexical approach. In M. Lewis (ed.), *Teaching Collocation: Further Developments in the Lexical Approach*. London: Language Teaching Publications. 155–184.

Lewis, M. (2000). There is nothing as practical as a good theory. In M. Lewis (ed.), *Teaching Collocation: Further Developments in the Lexical Approach*. London: Language Teaching Publications. 10–27.

Lewis, M. (ed.). (2000). *Teaching Collocation: Further Developments in the Lexical Approach*. London: Language Teaching Publications.

Lim, K. B. (1968). «The unified language project.» RELC Journal, 9 (1) págs. 19–27.

Littlewood, W. (1981). *Communicative Language Teaching*. Cambridge University Press, Cambridge. [Trad. esp.: *La enseñanza comunicativa de idiomas. Introducción al Enfoque Comunicativo*, Madrid, Cambridge University Press, 1998.]

Littlewood, W. (1984). *Foreign and Second Language Learning: Language Acquisition Research and Its Implication for the Classroom*. Cambridge University Press, Cambridge.

Long, M., and G. Crookes (1991). Three approaches to task-based syllabus design. TESOL Quarterly 26: 27–55.

Long, M., and G. Crookes (1992). Three approaches to task-based syllabus design. TESOL Quarterly 226 (1) (spring): 27–56.

Long, M., and G. Crookes (1993). Units of analysis in course design - the case for task. In G. Crookes and S. Gass (eds.), *Tasks in a Pedagogical Context: Integrating Theory and Practice*. Clevedon: Multilingual Matters.

Lozanov, G. (1978). *Suggestology and Outlines of Suggestopedy*. Gordon and Breach, Nueva York.

Lugton, R. (edit.) (1971). *Toward a Cognitive Approach to Second Language Acquisition*. Center for Curriculum Development, Filadelfia, Pa.

Mackey, W. F. (1965). *Language Teaching Analysis*. Longman, Londres.

Mackey, W. F. (1972). *Bilingual Education in a Binational School*. Newbury House, Rowley, Mass.

Mangubhai, F. (1991). How does one learn a second language? Let me count the number of ways. ERIC Document ED358695.

Marcella, F. (1998). *Bilingual Education in a Binational School*. Newbury House, Rowley, Mass.

Marlatt, E. (1995). Learning language through total physical response. *Perspectives in Education and Deafness* 13 (4): 18–20.

Marzano, R., R. Brandt, C. Hughes, B. Jones, B. Presseisen, and S. Rankin. (1988). *Dimensions of Thinking: A Framework for Curriculum and Instruction*. Alexandria, Va.: Association for Supervision and Curriculum Development.

Matthew, R. J. (1947). *Language and Area Studies in the Armed Services: Their Future and Significance*. American Council on Education, Washington D. C.

McGroarty, M. (1989). The benefits of cooperative learning arrangements in second language instruction. *NABE Journal* 13 (2) (winter): 127–143.

McLaughlin, B. (1978). The historical development of ESL materials in the United States. ERIC Document ED425653.

Mennon, T. K. N., y M. S. Patel (1957). *The Teaching of English as a Foreign Language*. Acharya, Baroda (India).

Met, M. (1993). Foreign language immersion programs. ERIC Document ED363141.

Miller, G. A.; E. Galanter, y K. H. Pribram (1960). *Plans and the Structure of Behavior*. Henry Holt, Nueva York. [Trad. esp.: *Planes y estructuras de la conducta*, Madrid, Debate, 1983.]

Modern Language Association (1962). *Reports of Surveys and Studies in the Teaching of Modern Foreign Languages*. Modern Language Teaching Association, Nueva York.

Mohan, B. (1986). *Language and Content*. Reading, Mass.: Addison-Wesley.

Mohan, B. (1993). A common agenda for language and content integration. In N. Bird, J. Harris, and M. Ingram (eds.), *Language and Content*. Hong Kong: Institute of Language in Education. 4–19.

Moore, H. (1996). Why has competency-based training become the "solution"? *Prospect* 11 (2): 28–46.

Morris, I. (1954). *The Art of Teaching English as a Living Language*. Macmillan, Londres.

Morrow, K., y K. Johnson (1979). *Communicate*. Cambridge University Press, Cambridge.

Moskowitz, G. (1978). *Caring and Sharing in the Foreign Language Class*. Newbury House, Rowley, Mass.

Moulton, W. G. (1961). «Linguistics and language teaching in the United States: 1940–1960.» En C. Mohrmann, A. Sommerfelt, and J. Whatmough (edits.), *Trends in European and American Linguistics, 1930–1970*, págs. 82–109. Spectrum, Utrecht.

Moulton, W. G. (1963). «What is structural drill?» *International Journal of American Linguistics*, 29 (2, pt. 3), págs. 3–15.

Moulton, W. G. (1966). *A Linguistic Guide to Language Learning*. Modern Language Association, Nueva York.

Mrowicki, L. (1986). *Project Work English Competency-Based Curriculum*. Portland, Oreg.: Northwest Educational Cooperative.

Munby, J. (1988). *Communicative Syllabus Design*. Cambridge University Press, Cambridge.

Murison-Bowie, S. (1996). Linguistic corpora and language teaching. *Annual Review of Applied Linguistics* 16: 182–199.

Nation, I. S. P. (1990). *Language Teaching Techniques*. Wellington: English Language Institute, Victoria University.

Nation, I. S. P. (1999). *Learning Vocabulary in Another Language*. ELI Occasional Publication No. 19, Victoria University of Wellington, New Zealand.

Nattinger, J. (1980). A lexical phrase grammar for ESL. TESOL Quarterly 14: 337–344.

Nattinger, J., and J. DeCarrico. (1992). Lexical Phrases and Language Teaching. Oxford: Oxford University Press.

Newmark, L., y Reibel, D. A. (1968). «Necessity and sufficiency in language learning.» International Review of Applied Linguistics, 6 (2): págs. 145–64.

Nicholson-Nelson, K. (1988). Developing Students' Multiple Intelligences. New York: Scholastic.

Nicholls, A. H., and H. Nicholls (1972). Developing Curriculum: A Practical Guide. London: George Allen and Unwin.

Nitko, A. J. (1983). Educational Tests and Measurement. New York: Harcourt Brace Jovanovich.

Norris, J., J. Brown, T. Hudson, and J. Yoshioka. (1998). Designing Second Language Performance Assessments. Honolulu: University of Hawaii Press.

Northrup, N. (1977). The Adult Performance Level Study. Austin: University of Texas Press.

Nunan, D. (1989). Designing Tasks for the Communicative Classroom. New York: Cambridge University Press. [Trad. esp.: El diseño de tareas para la clase comunicativa, Madrid, Cambridge University Press, 1996.]

Nunan, D. (1989). Understanding Language Classrooms: A Guide for Teacher Initiated Action. New York: Prentice Hall.

O'Neill, R. (1973). Kernel Lessons Plus. Longman, Londres.

Olsen, J. W. B. (1978). Communication Starters and Other Activities for the ESL Classroom. San Fransisco: Alemany Press.

Olsen, R., and S. Kagan (1992). About cooperative learning. In C. Kessler (ed.), Cooperative Language Learning: A Teacher's Resource Book. New York: Prentice Hall. 1–30.

Ostrander, S.; L. Schroeder y N. Ostrander (1979). Superlearning. Dell, Nueva York. [Trad. esp.: Superaprendizaje, Barcelona, Grijalbo, 1985.]

Oxford, R. (1989). Language learning strategies, the communicative approach and their classroom implications. Foreign Language Annals, 22 (1): 29–39.

Ozolins, U. (1993). The Politics of Language in Australia. Melbourne: Cambridge University Press.

Page, B. (1983). Graded objectives in modern-language learning. Language Teaching 16 (4): 292–308.

Palmer, A., and T. Rodgers (1986). Back and Forth: Pair Activities for Language Development. San Fransisco: Alemany Press.

Palmer, H. E. (1917). The Scientific Study and Teaching of Languages. Reimpreso en 1968. Oxford University Press, Londres.

Palmer, H. E. (1921). Principles of Language Study. World Book Co., Nueva York.

Palmer, H. E. (1923). The Oral Method of Teaching Languages. Heffer, Cambridge.

Palmer, H. E. (1934). Specimens of English Constructions Patterns. Departamento de Educación, Tokio.

Palmer, H. E. (1938). Grammar of English Words. Longman, Londres.

Palmer, H. E. (1940). The Teaching of Oral English. Longman, Londres.

Palmer, H. E., y F. G. Blandford (1939). A Grammar of Spoken English on a Strictly Phonetic Basis. Heffer, Cambridge.

Palmer, H., y D. Palmer (1925). English Through Actions. Reimpreso en 1959. Longman Green, Londres.

Parker, W. (1962). The National Interest and Foreign Languages. Departamento de Estado, Washington D. C.

Pattison, B. (1952). English Teaching in the World Today. Evans, Londres.

Pattison, B. (1964). «Modern methods of language teaching.» English Language Teaching, 19 (1), págs. 2–6.

Patzelt, Karen E. (1993). Principles of Whole Language and implications for ESL learners. ERIC Document: ED400526.

Pawley, A., and F. Syder (1983). Two puzzles for linguistic theory: Native-like selection and native-like fluency. In J. Richards and R. Schmidt (eds.), *Language and Communication*. London: Longman. 191–226

Pennycook, A. (1989). The concept of method, interested knowledge, and the politics of language teaching. *TESOL Quarterly* 23: 589–618.

Pennycook, A. (1994). *The Cultural Politics of English as an International Language*. London: Longman.

Peters, A. (1983). *The Units of Language Acquisition*. Cambridge: Cambridge University Press.

Phillips, M. (1989). *Lexical Structure of Text*. Discourse Analysis Monograph No. 12, English Language Research, University of Birmingham (UK).

Phillipson, R. (1992). *Linguistic Imperialism*. Oxford: Oxford University Press.

Piaget, J. (1965). *The Language and Thought of the Child*. New York: World Publishing Co. [Trad. esp.: *El lenguaje y el pensamiento del niño pequeño*, Barcelona, Altaya, 1999.]

Pica, T. (1988). Communicative language teaching: An aid to second language acquisition? Some insights from classroom research. *English Quarterly* 21 (2): 70–80.

Pica, T. (1994). Research on negotiation: What does it reveal about second language learning, conditions, processes, outcomes? *Language Learning* 44: 493–527.

Pica, T., R. Kanagy, and J. Falodun (1993). Choosing and using communicative tasks for second language instruction. In G. Crookes and S. Gass (eds.), *Tasks and Language Learning: Integrating Theory and Practice*. Clevedon: Multilingual Matters. 934.

Piepho, H.-E. (1981). «Establishing objectives in the teaching of English.» En C. Candlin (edit.), *The Communicative Teaching of English: Principles and an Exercise Typology*. Longman, Londres.

Pittman, G. (1963). *Teaching Structural English*. Jacaranda, Brisbane.

Plough, I., and S. Gass (1993). Interlocutor and task familiarity: effect on interactional structure. In G. Crookes and S. Gass (eds.), *Tasks and Language Learning: Integrating Theory and Practice*. Clevedon: Multilingual Matters. 35–56.

Porter, P. A. (1983). «Variations in the conversations of adult learners of English as a function of the proficiency level of the participants.» Tesis doctoral, Stanford University.

Prabhu, N. (1983). «Procedural syllabuses.» Ponencia presentada en RELC Seminar, Singapur.

Prabhu, N. S. (1990). There is no best method - why? *TESOL Quarterly* 24: 161–176.

Prabhu, N.S. (1987). *Second Language Pedagogy*. Oxford: Oxford University Press.

Rardin, J. (1976). «A Counseling-Learning model for second language learning.» *TESOL Newsletter*, 10 (2), 1–2.

Rardin, J. (1977). «The language teacher as facilitator.» *TESOL Quarterly*, 11 (4): 383–8.

Reid, J. (1997). *Understanding Learning Styles in the Second Language Classroom*. Englewood Cliffs, N.J.: Prentice Hall/Regents.

Resource Kits: English for Upper Secondary Schools. (1979). Kuala Lumpur: Pusat Perbangunan Kurikulum, Kementarian Pelajaran Malaysia.

Richards, J., and R. Schmidt (1983). *Language and Communication*. London: Longman.

Richards, J. C. (1985). «The secret life of methods.» En Richards, *The Context of Language Teaching*, págs. 32–45. Cambridge University Press, Cambridge.

Richards J. C. (1990). Beyond methods. In J. C. Richards, *The Language Teaching Matrix*. New York: Cambridge University Press.

Richards, J. C. (2000). *Curriculum Development in Language Teaching*. New York: Cambridge University Press.

Richards, J. C., and C. Sandy (1998). *Passages*. New York: Cambridge University Press.

Richards, J. C., and D. Hurley (1990). Language and content: Approaches to curriculum alignment. In J. C. Richards, *The Language Teaching Matrix*. New York: Cambridge University Press. 144–162.

Richards, J. C. (1998). Teachers' maxims. In J. C. Richards, *Beyond Training*. New York: Cambridge University Press. 45–62.

Richards, J. C., B. Ho, and K. Giblin. (1996). Learning how to teach in the RSA Cert. In D. Freeman and J. Richards (eds.), *Teacher Learning in Language Teaching*. New York: Cambridge University Press. 242–259.

Rigg, P. (1991). Whole Language in TESOL. *TESOL Quarterly* 25(3): 521–542.

Rivers, W. M. (1964). *The Psychologist and the Foreign Language Teacher*. University of Chicago Press, Chicago.

Rivers, W. (1981). *Teaching Foreign-language Skills*. 2ª edición. University of Chicago Press, Chicago.

Rivers, W. M. (ed.). (1987). *Interactive Language Teaching*. Cambridge: Cambridge University Press.

Robinson, P. (1980). *ESP (English for Specific Purposes)*. Pergamon, Oxford.

Robinson, P. (1995). Task complexity and second language narrative discourse *Language Learning* 45 (1): 99–140.

Rogers, C. R. (1951). *Client-Centered Therapy*. Houghton Mifflin, Boston, Mass.

Rodgers, T. (1988). Cooperative language learning: What's new? *PASAA: A Journal of Language Teaching and Learning* 18 (2): 12–23.

Rodgers, T. (1990). After methods, what? In S. Aninan (ed.), *Language Teaching Methodology for the Nineties*. Singapore: SEAMEO Regional Language Centre.

Rodgers, T. S. (1993). Teacher training for Whole Language in ELT. Paper given at City University of Hong Kong Seminar on Teacher in Education in Language Teaching. April.

Rossner, R. (1982). «Talking shop: a conversation with Caleb Gattegno, inventor of the Silent Way.» *ELT Journal*, 36 (4), págs. 237–41.

Rylatt, A., and K. Lohan (1997). *Creating Training Miracles*. Sydney: Prentice.

Safire, W. (1998). On language: The summer of this content. *New York Times*, August 19, 1998, 15.

Samimy, K. (1989). A comparative study of teaching Japanese in the audiolingual method and the counseling–learning: approach. *Modern Language Annals* 73 (2): 169–177.

Samimy, K., and J. Rardin (1994). Adult language learners' affective reactions to community language learning: A descriptive study. *Forening Language Annals* 27 (3): 379–90.

Sato, C. (1988). Origins of complex syntax in interlanguage development. *Studies in Second Language Acquisition* 10: 371–395.

Savignon, S. (1972). «Teaching for communicative competence: a research report.» *Audiovisual Language Journal*, 10 (3), págs. 153–62.

Savignon, S. (1983). *Communicative Competence: Theory and Classroom Practice*. Addison–Wesley, Reading, Mass.

Savignon, S. (1991). Communicative language teaching: State of the art. *TESOL Quarterly* 25 (2): 261–277.

Scott, M. S. (1974). A note on the relationship between English proficiency, years of language study and the medium of instruction. *Language Learning* 24: 99–104.

Scott, R., y M. Page (1982). «The subordination of teaching to learning: a seminar conducted by Dr. Caleb Gattegno.» *ELT Journal*, 36 (4), págs. 273–4.

Scovel, T. (1979). «Review of *Suggestology and Outlines of Suggestopedy*.» *TESOL Quarterly*, 13, págs. 255–66.

Schneck, E. A. (1978). *A Guide to Identifying High School Graduation Competencies*. Portland, Oreg.: Northwest Regional Educational Laboratory.

Searle, J. R. (1969). *Speech Acts: An Essay in the Philosophy of Language*. Cambridge University Press, Cambridge. [Trad. esp.: *Actos de habla: ensayo de filosofía del lenguaje*, Barcelona, Planeta–Agostini, D.L., 1992.]

Seely, Contee (1998). *TPR Is More Than Commands at All Levels*. Los Gatos, Calif.: Sky Oakes Productions.

Selman, M. (1977). «The silent way: insights for ESL.» *TESL Talk* (8), págs. 33–6.

Shannon, J. (1994). Experimenting with a community language learning principle in an ESL second language writing class. ERIC Document ED373583.

Shao, X. (1996). A bibliography of Whole Language materials. Biblio. Series 1993, No. 1. ERIC Document: ED393093.

Sharan, S. (ed.). (1994). *Handbook of Cooperative Learning Methods*. Westport, Conn.: Greenwood Press.

Shih, M. (1986). Content-based approaches to teaching academic writing. *TESOL Quarterly* 20 (4) (December): 617–648.

Short, D. (1997). Revising the ESL standards. *TESOL Matters* (February-March): 1, 6.

Sinclair, J. McH., y R. M. Coulthard (1975). *Towards an Analysis of Discourse*. Oxford University Press, Oxford.

Situational English for Newcomers to Australia. Sydney: Longman.

Skehan, P. (1996). Second language acquisition research and task-based instruction. In J. Willis and D. Willis (eds.), *Challenge and Change in Language Teaching*. Oxford: Heinemann. 17–30.

Skehan, P. (1996a). A framework for the implementation of task-based instruction. *Applied Linguistics* 17 (1): 38–61.

Skehan, P. (1996b). Second language acquisition research and task-based instruction. In J. Willis and D. Willis (eds.). *Challenge and Change in Language Teaching*. Oxford: Heinemann. 17–30.

Skehan, P. (1998). *A Cognitive Approach to Language Learning*. Oxford: Oxford University Press.

Skinner, B. F. (1957). *Verbal Behavior*. Appleton-Century-Crofts, Nueva York.

Slavin, R. (1995). *Cooperative Learning: Theory, Research and Practice*. 2nd ed. New York: Prentice Hall.

Smith, D. (1971). Task training. In *AMA Encyclopedia of Supervisory Training*. New York: American Management Association. 581–586.

Smith, H. L. (1956). *Linguistic Science and the Teaching of English*. Harvard University Press, Cambridge, Mass.

Snow, M., and D. M. Brinton (eds.). (1998). *The Content-Based Classroom*. New York: Longman.

Snow, M., M. Met, and F. Genesee (1989). A conceptual framework for the integration of language and content in second/foreign language instruction. *TESOL Quarterly* 23: 201–217.

Spolsky, B. (1998). *Conditions for second Language Learning: Introduction to a General Theory*. Oxford: Oxford University Press.

Stack, E. (1969). *The Language Laboratory and Modern Language Teaching*. Oxford University Press, Nueva York.

Stahl, S. A. (1994). The effects of Whole Language instruction: An update and a reappraisal. ERIC Document: ED364830.

Stern, H. H. (1983). *Fundamental Concepts of Language Teaching*. Oxford University Press, Oxford.

Stevick, E. W. (1973). «Review article: Charles A. Curran's Counseling-Learning: a whole person model for education.» Language Learning, 23 (2), 259–71.

Stevick, E. W. (1976). Memory, Meaning and Method: Some Psychological Perspectives on Language Learning. Newbury House, Rowley, Mass.

Stevick, E. W. (1980). Teaching Languages: A Way and Ways. Newbury House, Rowley, Mass.

Stoller, F. (1997). Project work: a means to promote language and content. English Teaching Forum. 35 (4): 2–9, 37.

Stoller, F., and W. Grabe (1997). A Six-T's Approach to Content-Based Instruction. In M. Snow and D. Brinton (eds.), The Content-Based Classroom: Perspectives on Integrating Language and Content. White Plains, N.Y.: Longman. 78–94.

Stryker, S., and B. Leaver. (1993). Content-Based Instruction in Foreign Language Education. Washington, D.C.: Georgetown University Press.

Swaffar, J., K. Arens, and M. Morgan (1982). Teacher classroom practices: Redefining method as task hierarchy. Modern Language Journal 66 (1): 24–33.

Swan, M. (1985). «A critical look at the communicative approach.» English Language Teaching Journal, pt. 1, 39 (1), págs. 2–12.

Sweet, H. (1899). The Practical Study of Languages. Reimpreso por Oxford University Press, Londres.

Syllabuses for Primary Schools (1981). Curriculum Development Committee, Hong Kong.

Tarvin, W., and Al Arishi. A. (1990). Literature in EFL: Communicative alternatives to audiolingual assumptions. Journal of Readings 34(1): 30–36.

Taylor, B. P. (1979). «Exploring Community Language Learning.» En C. Yorio et al. (edits.), On TESOL'79, págs. 80–4. TESOL, Washington, D. C.

Teele, S. (2000). Rainbows of Intelligence: Exploring How Students Learn. Thousand Oaks, Calif.: Corvvin Press.

Terrell, T. D. (1977). «A natural approach to second language acquisition and learning.» Modern Language Journal, 61, págs. 325–36.

Terrell, T. D. (1981). «The natural approach in bilingual education.» Ms. California Office of Bilingual Education.

Terrell, T. D. (1982). «The natural approach to language teaching: an update.» Modern Language Journal, 66, págs. 121–32.

Thompson, G. J. (1980). The Silent Way: Interpretation and Application. Tesis M.A., University of Hawaii.

Thorndike, E. L., and I. Longe (1944). The Teacher's Word Book of 30,000 Words. New York: Teachers College, Columbia University.

Titone, R. (1968). Teaching Foreign Languages: An Historical Sketch. Georgetown University Press, Washington, D. C.

Tollefson, J. (1986). Functional competencies in the U.S. refugee program: Theoretical and practical problems. TESOL Quarterly 20 (4): 649–664.

Tranel, D. D. (1968). «Teaching Latin with the chromachord.» The Classical Journal, 63, págs. 157–70.

Tribble, C., and G. Jones (1990). Concordances in the Classroom: A Resource Book for Teachers. Harlow, Essex: Longman.

United States Offices of Education (1963). The Language Development Program. U. S. Government Printing Office, Washington D. C.

van Ek, J. A. (1975). The Threshold Level in a European Unit/Credit System for Modern Language Teaching by Adults. Systems Development in Adult Language Learning. Consejo de Europa, Estrasburgo.

van Ek, J., y L. G. Alexander (1980). *Threshold Level English*. Pergamon, Oxford.

Varvel, T. (1979). «The Silent Way: panacea or pipedream?» *TESOL Quarterly*, 13 (4), págs. 483–94.

Vygotsky, L. (1962). *Thought and Language*. Cambridge: MIT Press.

Warschauer, M., and R. Kern (eds.). (1999). *Network-Based Language Teaching: Concepts and Practices*. New york: Cambridge University Press.

Watcyn–Jones, P. (1981). *Pair Work*. Penguin Books, Harmondsworth.

Weeks, T. (1979). *Born to Talk*. Rowley, Mass.: Newbury House.

Weinreich-Haste, H. 1985. The varieties of intelligence: An interview with Howard Gardner. *New Ideas in Psychology* 3 (4): 47–65.

Wesche, M. (1993). Discipline-based approaches to language study: Research issues and outcomes. In M. Krueger and F. Ryan (eds.), *Language and Content*. Lexington, Mass.: D. C. Heath. 80–95.

West, M. (1953). *A General Service List of English Words*. London: Longman.

West, M. (1953b). *The Teaching of English: A Guide to the New Method Series*. Longman, Londres.

West, M. (edit.) (1953a). *A General Service List of English Words*. Longman, Londres.

White, R. (1998). *The ELT Curriculum*. Oxford: Blackwell.

Whiteson, V. (1998). *Play's the Thing: A Whole Language Approach*. New York: St. Martin's Press.

Widdowson, H. G. (1983). *Learning Purpose and Learning Use*. Oxford: Oxford Unversity Press.

Widdowson, H. G. (1972). «The teaching of English as communication.» *English Language Teaching*, 27 (1), págs. 15–18.

Widdowson, H. G. (1978). *Teaching Language as Communication*. Oxford University Press, Oxford.

Widdowson, H. G. (1979). «The communicative approach and its applications.» En H. G. Widdowson, *Explorations in Applied Linguistics*. Oxford University Press, Oxford.

Wiederhold, C. (1995). *The Question Matrix*. San Juan Capistrano, Calif.: Kagan Cooperative Learning.

Wilkins, D. A. (1972). «The linguistic and situational content of the common core in a unit/credit system.» Consejo de Europa, Estrasburgo.

Wilkins, D. A. (1976). *Notional Syllabuses: A Taxonomy and its Relevance to Foreign Language Curriculum Development*. Oxford University Press, Oxford.

Wilkins, D. A. (1979). «Notional syllabuses and the concept of a minimum adequate grammar.» En C. J. Brumfit y K. Johnson (edits.), *The Communicative Approach to Language Teaching*. Oxford University Press, Oxford.

Willis, J. (1996). A flexible framework for task-based learning. In J. Willis and D. Willis (eds.), 235–256 *Challenge and Change in Language Teaching*. Oxford: Heinemann. 52–62.

Willis, J. D. (1990). *The Lexical Syllabus*. London: Collins COBUILD.

Willis, J., and D. Willis. (1989). *Collins COBUILD English Course*. London: Collins.

Willis, J., and D. Willis (eds.). (1996). *Challenge and Change in Language Teaching*. Oxford: Heinemann.

Winitz, H. (edit.) (1981). *The Comprehension Approach to Foreign Language Instruction*. Newbury House, Rowley, Masss.

Winitz, H., y J. Reeds (1975). *Comprehension and Problem Solving as Strategies for Language Training*. Mouton, La Haya.

Wood, M. (1981). *A Definition of Idiom*. Manchester, UK: Centre for Computational Linguistics, University of Manchester.

Woolard, G. (2000). Collocation-encouraging learner independence. In M. Lewis (ed.), *Teaching Collocation: Further Developments in the Lexical Approach*. London: Language Teaching Publications. 28–46.

Wright, A. (1976). *Visual Material for the Language Teacher.* Longman, Londres.

Wu, S. M. (1996). Content-based ESL at high school level: A case study. *Prospect* 11 (1): 18–36.

Yalden, J. (1983). *The Communicative Syllabus: Evolution, Design and Implementation.* Pergamon, Oxford.

Yalden, J. (1987). *Principles of Course Design for Language Teacling.* Cambridge: Cambridge University Press.

Yorio, C. (1980). «Conventionalized language forms and the development of communicative competence.» *TESOL Quarterly,* 14 (4), págs. 433–42.

Zandvoort, R. W. (1945). *A Handbook of English Grammar.* Wolters, Groningen.

Zimmerman, C. B. (1997). Historical trends in second language vocabulary instruction. In J. Coady and T. Huckin (eds.), *Second Language Vocabulary Acquisition.* Cambridge: Cambridge University Press.

Índice de autores

Índice de materias

TÍTULOS DE LA COLECCIÓN

Títulos publicados:

Michael Byram y Michael Fleming
Perspectivas interculturales en el aprendizaje de idiomas. Enfoques a través del teatro y la etnología

Esta obra estudia la relación que existe entre el aprendizaje de idiomas, el estudio de otras culturas y la adquisición de la capacidad de comunicarse salvando las fronteras culturales. Sostiene que los estudiantes de idiomas tienen que desarrollar una sensibilidad hacia la diferencia cultural y el impacto que esta ejerce en la comunicación, pero también que deben adquirir la capacidad de descubrir e interpretar otras culturas, otros sistemas de valores, creencias y conductas que organizan la comunicación transcultural.

Los colaboradores muestran cómo se puede utilizar el teatro para desarrollar la sensibilidad cultural y cómo los estudiantes pueden adquirir una competencia en temas etnográficos que les ayuden a investigar y entender aquellos aspectos socio-culturales del lenguaje que desempeñan una función destacada en la adquisición de la segunda lengua.

ISBN 978-84-8323-079-4

Catherine Doughty y Jessica Williams
Atención a la forma en la adquisición de segundas lenguas en el aula
(Focus on Form in Classroom Second Language Acquisition)

Este volumen se presenta como una colección de ensayos. Contiene 10 capítulos originales que reflejan la investigación y la discusión sobre el papel o efecto de la atención a la forma lingüística (AF) en la instrucción de una segunda lengua. Es oportuno discutir y clarificar cuestiones de terminología e investigación relacionadas con la atención a la forma, debido principalmente a la diversidad de reacciones que suscita este concepto.

ISBN 978-84-9848-137-2

David Vale y Anne Feunteun
Enseñanza de inglés para niños.
Guía de formación para el profesorado

Se trata de un exhaustivo programa de trabajo en el que se da cuenta de los niveles de acceso al conocimiento de una lengua, los materiales didácticos más adecuados para cada momento, la planificación de la enseñanza y su adecuación a los objetivos. El libro va acompañado de una guía, multitud de ejemplos, ejercicios y propuestas.

ISBN 978-84-8323-029-9

Jane Arnold
La dimensión afectiva en el aprendizaje de idiomas

La dimensión afectiva y los factores emocionales que influyen en el aprendizaje de idiomas han sido tema de interés en el campo de la enseñanza de idiomas durante los últimos años. En esta obra se presentan organizados de forma sistemática los principales conceptos relativos a la afectividad en la clase de idiomas, desde las tres perspectivas analizadas: el alumno, el profesor y la situación de aprendizaje.

Las aportaciones de distintos investigadores analizan la dimensión afectiva que se establece en la dinámica educativa, el nuevo papel que le corresponde desempeñar al profesor en un modelo de enseñanza centrada en el alumno y el espacio del aprendizaje ocupado por los recursos disponibles para facilitar la interacción: materiales, ejercicios y actividades utilizados en clase y que inciden en la importancia de incorporar la dimensión afectiva.

ISBN 978-84-8323-077-0

J. C. Richards y Theodore S. Rodgers
Enfoques y métodos en la enseñanza de idiomas

A partir de un esquema de análisis de gran sencillez y claridad, se describen los rasgos principales de los enfoques y métodos de mayor aceptación en las últimas décadas. En un esfuerzo de síntesis y de rigor conceptual, los autores analizan el Método Audiolingüístico, el Enfoque Natural, la Enseñanza Comunicativa de la Lengua, la Sugestopedia y otros tantos enfoques y métodos que constituyen hoy la base de los planteamientos didácticos de los especialistas y los profesores de idiomas.

ISBN 978-84-8323-355-9

William Littlewood
La enseñanza comunicativa de idiomas.
Introducción al enfoque comunicativo

Todo un clásico, este libro ofrece al profesor de segundas lenguas una intro-ducción exhaustiva al método comunicativo. El autor presenta de manera clara y concisa todas y cada una de las ideas comunicativas fundamenta-les, un marco educativo que considera la lengua no sólo en su función estructural (gramática y vocabulario), sino a partir de las funciones comu-nicativas que cumple. Incide especialmente en los aspectos más importan-tes que se dan en el aula con el objeto de que el lector pueda integrar las nuevas ideas en su metodología.

ISBN 978-84-8323-045-9

Tessa Woodward
La planificación de clases y cursos.
Diseño de secuencias de trabajo para la clases de idiomas

¿Te desanima la idea de preparar tus clases? ¿Buscas un libro que refleje la realidad cotidiana de la clase de idiomas y que lo traduzca en un esquema de trabajo de éxito? *La planificación de clases y cursos* proporciona una propuesta paso a paso de una preparación de clase. Aunque muy acce-sible, las ideas que presenta están fundamentadas en teorías educativas establecidas.

ISBN 978-84-8323-302-3

J. C. Richards y Charles Lockhart
Estrategias de reflexión sobre la enseñanza de idiomas

La convicción de que la formación de los profesores de lenguas debe fun-damentarse en la reflexión sobre la propia práctica docente inspira esta aportación de Richards y Lockhart. A propósito de aspectos cruciales de la enseñanza de lenguas, como el análisis de las características de los alum-nos, el papel del profesor, las pautas de interacción, etc., la obra considera los problemas más frecuentes a los que se enfrenta el profesor en la clase, y proporciona una variedad de instrumentos prácticos para resolver casos concretos y enfocar la actividad docente a partir de la reflexión sobre la propia enseñanza.

ISBN 978-84-8323-013-8

Seth Lindstromberg
110 actividades para la clase de idiomas
Todo un fondo de actividades e ideas para el profesor de idiomas, como complemento imprescindible a cualquier libro de texto. Una fuente de recursos sumamente flexible y ecléctica, adaptable a planes de estudio de carácter diverso.

ISBN 978-84-8323-119-7

Marion Williams y Robert L. Burden
Psicología para profesores de idiomas.
Enfoque del constructivismo social
Este importante libro reúne parte de los avances y de las ideas más recientes en el campo de la psicología educativa, e incluye asuntos de interés para muchos profesores de idiomas. Analiza varios temas que pueden contribuir a que los profesores de idiomas adquieran una comprensión más profunda de la psicología educativa.

ISBN 978-84-9848-153-2

J. Charles Alderson, Caroline Clapham y Dianne Wall
Exámenes de idiomas. Elaboración y evaluación
Un libro escrito para el profesorado de idiomas que orienta acerca de la manera de preparar una evaluación que incluya todos los niveles en los que debe aprenderse una lengua: desde la adecuada comprensión y la habilidad para hacer construcciones gramaticales hasta la capacidad de argumentación y del manejo de distintos registros (lenguaje jurídico, periodístico, etc.), al mismo tiempo que muestra las deficiencias y las maneras de resolverlas.

ISBN 978-84-8323-030-5

Próxima aparición:

David Nunan
La enseñanza de lenguas mediante tareas

Tras el éxito obtenido con El diseño de tareas para la clase comunicativa (1989), David Nunan se planteó la revisión de su trabajo anterior con la aparición de La enseñanza de lenguas mediante tareas en 2004. Esta labor conduce al autor a formular cuatro nuevos capítulos en los que amplía y actualiza contenidos, definiciones y esquemas para la comprensión de la enseñanza comunicativa mediante tareas.

ISBN 978-84-9848-196-9

Peter Robinson
La dimensión cognitiva en la enseñanza de lenguas
(Cognition and Second Language Instructions)

La influencia del proceso cognitivo en la adquisición de una segunda lengua ha sido siempre un tema de interés importante entre los investigadores y demás agentes implicados en la pedagogía de lenguas extranjeras. La investigación teórica reciente demuestra ese interés renovado en el papel de variables cognitivas tales como la atención, la memoria a largo plazo y la automaticidad. Este volumen recopila un total de doce ensayos referidos a los aspectos cognitivos que describen el proceso mental de adquisición de una segunda lengua a la vez que aporta descripciones orientadas a la práctica docente.

ISBN 978-84-9848-138-9